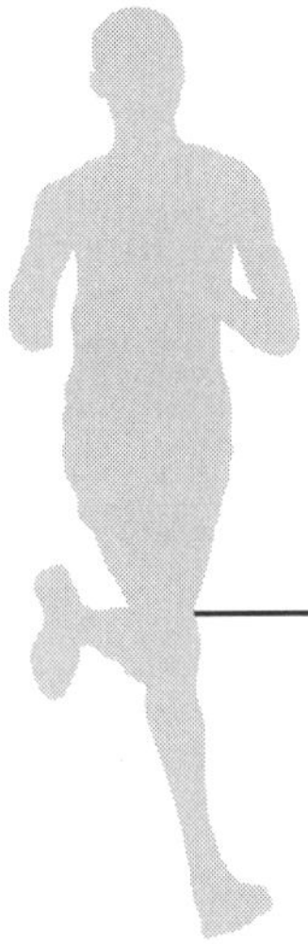

运动生物力学

Sports Biomechanics

《运动生物力学》编写组　编

北京体育大学出版社

策划编辑：佟　晖
责任编辑：佟　晖
责任校对：未　茗
版式设计：佟　晖

图书在版编目（CIP）数据

运动生物力学 / 《运动生物力学》编写组编. -- 2版. -- 北京 : 北京体育大学出版社, 2020.5（2023.3重印）
高等教育体育学精品教材
ISBN 978-7-5644-3345-1

Ⅰ. ①运… Ⅱ. ①运… Ⅲ. ①运动生物力学－高等学校－教材 Ⅳ. ①G804.6

中国版本图书馆CIP数据核字(2020)第059799号

运动生物力学　　**《运动生物力学》编写组 编**

出版发行：北京体育大学出版社
地　　址：北京市海淀区农大南路1号院2号楼4层办公B-421
邮　　编：100084
网　　址：http：//cbs.bsu.edu.cn
发 行 部：010-62989320
邮 购 部：北京体育大学出版社读者服务部 010-62989432
印　　刷：北京昌联印刷有限公司
开　　本：787mm × 1092mm　　1/16
成品尺寸：185mm × 260mm
印　　张：15.25
字　　数：390千字
版　　次：2013年9月第1版　2020年5月第2版
印　　次：2023年3月第2次印刷
定　　价：60.00元

序

人才培养是高等学校的根本任务，对处于学校工作中心地位的教学工作来说，其质量建设是高等学校的永恒主题。作为传授知识、掌握技能、提高素质的载体，教材在人才培养过程中起着非常重要的作用，是高等学校提高教学质量，促进内涵发展的有力抓手。

一本好的教材，不仅要充分体现教材应有的基础性、示范性和权威性，还要正确把握教学内容和课程体系的改革和创新方向，充分反映学科的教育思想观念、人才培养模式以及教学科研的最新成果，集中展现教材体系的创新，教材内容的更新和教学方法、手段的革新，善于处理好理论与实践、继承与创新、广度与深度、知识与技能、利学与利教的关系，成为开拓学生视野、引导学生探索、鼓励学生奋进的学业与人生兼备的“工具书”。

从中央体育学院到北京体育学院再到北京体育大学，这60年的办学历程，是继承发展的60年，是改革创新的60年，也是教材建设硕果累累的60年。学校不断探索教材建设的内在规律，引领高等体育教育教材建设的创新之路，发展了具有自身特色的教材体系，形成了特色鲜明的三个发展阶段。第一阶段是在上世纪50年代至60年代，我校教师在苏联专家的指导下，制定和编写了各专业的教育计划、大纲和主要教材。这批教师在主持和参与1961年国家体委组织的体育院校18门课程教材编著工作中发挥了重要作用：而这批教材也成为我国独立编写的、对苏联教材模式有所突破的第一批体育院校教材。第二阶段是上世纪70年代末至90年代，我校教师在大量承担第二次重编体育院校教材牵头组织工作的同时，针对学校“三结合”的办学目标和人才培养模式，开始了多学科、多专业的自编教材建设。第三阶段是进入21世纪以后，特别是国家体育总局于2002年下拨教材建设专款480万元之后，我校教材建设在数量和质量上都取得了重大突破。至2010年共立项建设了涵盖我校各专业课程的187项教材，其中有4项教材获得国家级优秀（精品）教材称号，14项教材获得北京市精品教材称号。可以说上述三个阶段的发展，使我校教材建设水平达到了一个空前的高度，为高等体育人才的培养发挥了重要的作用。

为全面提高高等体育教育质量，深化高等体育教育教学改革，继续加强体育学精品教材建设，2012年初，在北京体育大学教学指导与教材建设委员会的具体指导下，我们启动了高等教育体育学精品教材建设工程。学校遴选教育部新颁布的体育学类所属的体育教育、运动训练、社会体育指导与管理、武术与民族传统体育、休闲体育、运动康复、运动人体科学7个本科专业的部分基础课程和主干课程开展精品教材建设。我们整合了全校的优质资源，组织专家、教授全程参与教材的规划、编写、初审、终审等过程。按照精品教材的要求，以优秀的教学团队编写优质的教材，出精品、出人才为建设思路，编委会优选学术水平与教学水平兼备、具有创新精神的专家、教授担任教材主编，组织优秀教学团队成员参与教材编写；精确定位教材适用对象，准确把握专业知识结构、能力结构和综合素质要求，深刻领会课程内涵，简洁洗练地表达知识点、能力点和素质点；融入最新的教改成果和科研成果，吸收国外优秀教材的先进理念和成果，创新利于学生自学和教师讲授的教材体例；学校还投入专项资金，对教材进行一体规划、一体设计、一体编审；为全力保证教材编写质量，北京体育大学出版社资深编辑深度介入教材编写的所有环节。当这批教材展现在读者面前时，我们充满了期待。

岁月如流，薪火相传。60年的教材建设成绩斐然，推动着体育学教材建设步入新的起点、站在新的高度。展望未来，一批批体育学精品教材将随世界一流体育大学的建设进程应运而生，不仅在学校内涵式发展的改革进程中发挥重要作用，而且在全国高等体育院校人才培养中做出积极贡献，在高等教育教材建设中留下浓墨重彩的一笔。

北京体育大学校长

校教学指导与教材建设委员会主任

2013年9月

教材编写组

组　　长：曲　峰

成　　员：刘　卉　周兴龙　王　锐

李翰君　廖　苏　万祥林

邓　辰

前言

本教材是根据北京体育大学教学培养计划的要求并结合教学的实际需要，在总结及参考国内外相关教材的基础上编写而成的。目的在于为培养合格的体育教师和教练员提供运动生物力学的基础知识，使学生通过学习本课程，能对体育运动中的具体问题进行生物力学分析，并能在教学、训练实践中加以应用，以提高教学、训练质量。因此本教材适用于体育教育专业、运动训练专业和民族传统体育专业本科生使用，也可作为运动人体科学专业和运动康复专业本科生的参考教材。

本教材在继承以往教材知识结构和经典范例的基础上，参考了大量国内外相关教材和最新科研成果，同时注重对知识内容表述的准确和严谨。教材充分考虑了体育专业学生的特点和需要，尽量避免繁复的公式推导和深奥的理论叙述，应用大量图片和实例说明生物力学原理对体育运动实践的指导。帮助学生更好地理解和应用所学知识。与传统教材相比，本书增加了“关节软骨、肌腱韧带的生物力学特性”和“力量素质训练的生物力学原理”等内容，更增强了在预防运动损伤、提高训练科学性等方面的实用价值。本书还对目前常用的运动生物力学测试与研究方法进行了比较全面系统的介绍，可以为学生今后的科研工作提供借鉴。各院校在使用本教材时可根据学生的具体情况选择教学内容和深度。对“人体运动器官的生物力学”“运动生物力学参数测量方法”等章节内容，可根据教学课时计划和教学条件有选择地讲授。

本教材由北京体育大学曲峰教授主持，运动生物力学教研室教师协作编写完成。第一章由曲峰教授编写；第二章由周兴龙副教授、王锐和廖苏博士编写；第三章由刘卉教授、万祥林博士编写；第四章、第五章由曲峰教授、李翰君副教授和万祥林博士编写；第六章由李翰君副教授、邓辰博士编写。全书的统稿、校对和索引的编制由曲峰教授和廖苏博士完成。

感谢北京体育大学教学指导与教材建设委员会在教材编写过程中的指导和大力支持。由于本教材在较短的时间内编写而成，限于编者的水平，书中如有错误及不足之处，希望读者批评指正，以备日后修订。

《运动生物力学》编写组

2014年3月

目录 CONTENTS

第一章　绪　论

教学提示

本章主要讲授运动生物力学的基本概念，运动生物力学的研究任务，通过学生的学习，使学生掌握什么是运动生物力学，运动生物力学在体育运动中的应用，以及运动生物力学与其他学科的联系。

绪论

当我们观看奥运会跳水比赛时往往会被运动员精彩完美的动作所震撼。运动员需要如何起跳才能完成如此大难度的空中动作，他们起跳走板的速度、上下肢的运动配合、起跳时各个环节以及身体的转动角速度、角加速度、身体姿位等等都会对运动员空中动作的完成造成影响。运动生物力学可以使你找到这些问题的答案。

一、运动生物力学的概念

自然界是由物质组成的，自然界的各种现象都是物质运动的形式、恩格斯说："就最一般的意义来说，运动是物质的存在形式、物质的固有属性，它包括宇宙中所发生的一切变化和过程，从简单的位置变动起到思维而不限于某种具体的运动形态。"

运动分广义和狭义两种。广义的运动是指自然界各种物质存在的形式，物质固有的属性。狭义的运动是指物体的机械运动。运动生物力学中所指的运动是运动动作或体育动作。

生物学是研究物体生命现象规律的科学，它研究生物体形态、结构、功能及其三者的统一；生物体内部之间的相互作用，局部和整体的统一；生物体与外界环境之间的相互作用中生物体与环境的统一。运动生物力学中所指的生物是活的人体。人体既是从属于自然科学中生物科学规律的生物人，又是从属于社会科学规律的社会人。

力学是研究物体机械运动规律的科学。它所研究的客体是物体的空间位置随时间变化的规律以及变化的原因，几乎在物质的一切运动形式中都包含有这种最基本、最简单的运动形式。

生物力学是研究生物体的机械运动规律及此规律与其他运动形式相互转化规律的科学。生物力学作为生物物理学的一个分支，是力学与生物学交叉、渗透、融合而形成的一门边缘性学科。它研究的内容极为广泛，涉及生物体与力学有关的所有问题，它是从力学的原理出发来研究复杂的生物体。由于研究的对象和领域不同，生物力学又分为人类工程生物力学、劳动生物力学、整形生物力学、康复生物力学、医用生物力学及运动生物力学等。生物力学本身已超越了传统的学科界线，它已是数学、力学等学科与生物学相互渗透的新兴学科。运动生物力学是一门边缘学科，它是生物力学的一个分支。运动生物力学同时也是一门交叉学科，它的内容涉及力学、数学、解剖学、生理学、运动技术、运动训练等学科。

运动生物力学是研究体育运动中人体及器械的机械运动规律的学科。运动生物力学是以经典力学的理论和方法为主要工具，研究体育运动中的各种力学现象。它是体育科学的重要组成部分。

体育科学是一门新兴的边缘性科学，随着现代体育运动的迅速发展，体育科学本身也产生了一些新学科，运动生物力学就是其中之一。它把体育运动中各项动作技术的研究课题，赋予生物学和力学的观点及方法，即使复杂的体育动作技术也是建立在最基本的生物学和力学的规律之上，并以数学、力学、生物学及运动技术原理的形式加以定量描述。

运动生物力学要具体回答人体完成各项运动动作时如何运动和为什么会运动的问题，同时也要研究影响人体运动的外界条件（如体育场地质量及各种训练和比赛的器材设备等）与运动技术的关系。根据人体的形态和机能的特点，结合对运动场地、器材的改进，研究最合理、最有效的运动技术，以求达到最好的运动成绩。

运动生物力学研究体育运动中人体所进行的各种体育动作的力学和生物学原因。因此，运动生物力学研究应以体育动作为核心，运用运动解剖学、运动生理学、力学的理论与方法，研究人体运动器官的生物力学特性和人体运动动作规律，并根据影响人体运动的内部和外部条件寻求人体动作技术的合理性和最佳化，以及训练手段的有效性，为提高运动能力提供理论依据。由此可知，运动生物力学是体育科学中的一门交叉学科。运动生物力学是以运动解剖学、运动生理学、力学的理论与方法，研究人体运动器官的生物力学特性和人体运动动作的力学规律以及器械机械运动规律的科学。

运动生物力学的主要研究对象是人体。人体的机械运动包括人体空间位置的变化和空间形状的变化。在研究人体空间位置的变化时，常常把人体的肌肉和内脏等的形变忽略不计，而把人体简化为一个具有刚性连接的多刚体系统，这是因为肌肉、内脏的形变量相对于人体的位置移动是一个小量。在研究人体的空间形状变化时，一般认为骨骼系统是小变形体，而认为软组织系统是大变形体。

从运动生物力学角度看，要建立运动技术的力学模型，必须知道内在规律和约束条件两类因素。这里的约束条件不仅包含力学条件，还包含人体生物学条件和专项技术条件，甚至还包含场地环境和裁判规则等约束条件。约束条件的复杂性正是运动生物力学研究工作比一般力学研究工作复杂得多的主要原因之一。只有全面掌握这些约束条件，才能建立精确的运动技术力学模型，研究结果才能对专项运动有实际的指导意义。

运动生物力学的研究宗旨是通过动作分析来揭示运动技术的规律。美国有一种观点：运动生物力学主要是解决体育运动中合理技术和最佳技术的问题。

运动生物力学的研究分为两个方面：一方面，它利用力学原理和各种科学方法，对体育运动中人体的运动进行定量描述和分析，并结合运动解剖学和运动生理学等生物学科原理对运动进行综合评定，从力学和生物学的相互关系中得出人体运动的内在联系及基本规律，从而确定不同运动项目运动行为的不同特点；另一方面，密切关注并研究体育运动（包括运动素质训练）对人体有关器官系统的结构及机能的反作用。由此可见，运动生物力学的研究目的主要是为提高竞技体育成绩和增强人类体质服务的，并从中丰富和完善自身的理论和体系。

二、运动生物力学与相关学科的关系

运动生物力学是一门交叉的边缘学科，它与力学、生物科学、运动专项理论以及电子科学有着密不可分的联系。它们在研究人体运动的力学问题时相互交叉、渗透、融合，因此，运动生物力学必然带有这些学科的痕迹。

（一）运动生物力学与力学的关系

力学是研究物体机械运动规律的科学。牛顿用确定的坐标系，从可用实验验证的第二定律和必须的定理出发，经过牛顿分析数学的方法演绎推理并形成了完整的经典力学理论。应用经典力学理论于活体（人体）在基本思想方面有适应的一面，同时还存在着不服从或不完全服从的另一方面，这就是生物力学与力学的区别。如何摆脱用简单的力学原因解释复杂的人体高级运动本质的机械论思想，正确认识人体运动中丰富的物理学内容，需要寻求更适合研究活体运动力学规律的数学工具或分析方法。这也正是运动生物力学理论研究的基础工作和重要工作。

运动生物力学与力学有着极其密切的关系，力学知识是运动生物力学知识的核心。运动生物力学是以力学的原理和方法为主要工具，研究体育运动中的力学现象。例如：采用理论力学的理论和方法研究专项技术动作的运动规律；采用流体力学的理论和方法研究体育运动中的流体力学现象（如游泳、潜泳、器械的空中运动等）；采用材料力学和弹性力学的原理和方法研究运动器械和场地设施的变形规律等。

（二）运动生物力学与生物科学的关系

运动生物力学主要是研究人体的运动规律，因此必然会涉及人体结构和机能方面的知识。运动解剖学、运动生理学及生物力学等人体生物学科的知识，是运动生物力学研究的主要理论依据之一。

运动生物力学作为一门新兴的发展中的年轻学科，它的理论和方法需要借助于相关学科的理论和方法以弥补、修正、充实和完善。运动解剖学、运动生理学和力学作为运动生物力学的基础和相关学科，对运动生物力学的学科形成和理论构建都有着重要的作用和密切的关系。

1. 运动生物力学与运动解剖学

运动生物力学研究人体的运动动作，必然涉及人体运动器官的形态结构、特别是运动器官的形态结构与其功能的统一性和相互制约性。研究肌肉活动的时相，各肌群间的活动顺序，关节运动幅度的可能性，以及表现在人体局部和整体运动的外部机械力学特征，并与内部非机械力学特征结合起来研究人体运动的原因、过程、功能和规律。

2. 运动生物力学与运动生理学

运动生物力学研究人体运动动作，必然涉及肌肉活动的本体感受器、信息正负反馈和神经控制。这些都是正确实现人体运动动作过程中必不可少的条件，也是人体运动的重要特征。运动中能量的供给，释放能量做机械功，是反映人体肌肉活动功率或整体活动效率的重要依据。

（三）运动生物力学与体育专项理论的关系

运动生物力学的主要研究对象是人体的运动动作。运动动作是以一定的运动技术、技能的要求来体现的，由于人体活动特性和各种专项规则的特殊要求，人体的运动有着不同的条件和限制，运动所表现出的个体之间动作技术千差万别。要研究引起差别的原因，研究人体运动技术及其变化的原因，寻找运动技术的合理化和最佳化，对于运动技术、身体素质训练方法的有效性和最佳化，都需要从运动生物力学理论中找到依据。因此要使运动生物力学的研究结果有真正的实用价值，必须结合各种运动项目的技术理论和专项技术特点。

（四）运动生物力学与电子学科的关系

运动生物力学的研究方法还涉及物理、电子技术等学科的知识，尤其是计算机科学。计算机在运动生物力学研究中的数据测试、处理和计算中起着极其重要的作用，它是运动生物力学的主要研究手段之一。

三、运动生物力学的任务

运动生物力学是一门理论性、应用性很强的学科。运动生物力学的研究主要分为应用研究、基础研究、理论研究三个方面。应用研究是用运动生物力学的研究方法，具体解决体育实践中存在的有关问题，直接为提高运动成绩服务；基础研究是以人的简单的基础运动及影响这些动作的因素为主要的研究目标，为深入研究运动技术提供重要的依据；理论研究是以揭示复杂的人体运动的基本原因为主要目标。运动生物力学的任务极为广泛，不仅对促进全民健身科学化，而且对提高运动员竞技运动水平都具有重要的指导意义。运动生物力学主要承担以下几项研究任务：

（一）研究人体结构和机能的生物力学特征

运动生物力学主要研究任务之一就是揭示人体结构、机能的力学特性。运动的特点除了取决于运动的目的之外，还主要取决于人体本身。揭示人体，特别是人体运动器官系统的结构、机能和生物力学特性并综合评价身体运动素质是一项基础性的任务，诸如骨骼和关节的形态、生理功能、强度和肌肉的收缩（包括离心和向心收缩）特性等等都会对运动产生明显的影响。同时还必须认识到运动训练对于人体结构、机能和生物力学特性的反作用，通过科学的符合生物力学原理的运动训练（包括一般身体素质和专项身体素质训练及运动技术训练）可以使身体某些方面的运动能力得以充分的发展，从而不断提高运动技术水平。

在人体运动中，局部与整体、各个器官系统之间的协调是发展运动能力、提高运动水平的生物力学基础，也是运动生物力学理论研究的基本任务。

研究运动员身体结构和机能的生物力学特征，以生物力学观点来研究运动器官系统、呼吸系统、循环系统和神经系统的结构及身体运动素质的力学特性，并考虑不同年龄、性别、训练水平和心理特点来评价其运动能力。在研究不同运动员的身体形态、机能和运动素质条件的同时，可以预测其运动的潜力。它不仅为运动员寻求最佳运动技术方案提供依据，也为早期选拔各专项运动员提供必要的生物力学参数。

（二）研究动作技术，确立动作技术原理

动作技术原理是指完成某项动作技术的基本规律，它适用于任何人，不考虑运动员的性别、体型、运动素质的发展水平和心理素质等个体差异，是具有共性特点的一般规律。

随着运动生物力学的不断发展，目前已基本具备了对各种体育项目的运动技术进行深入研究的条件。

动作技术的形成有两个途径：一是通过长期的运动实践，另一个是利用运动生物力学理论揭示运动技术的原理及创造新的技术动作。由于人的意识参与了人体的运动，所以通过不断的实践可以逐步形成相应的动作技术形式。然而由于人的意识受到当时科学知识和技术水平以及时间、条件、经历等各方面的限制，不一定能够完全地理解和掌握运动生物力学原理的内涵，运动训练缺乏一定的科学性，从而导致技术发展较慢。

因此，我们可以采用运动生物力学为主要工具，揭示运动技术的力学原理，结合运动员的生物学特点和专项特点，建立合理的动作技术模式，并分析不同运动员的技术，找出不合理之处，提出改进措施，从而提高运动成绩。这是运动生物力学应用研究的主要目的所在。同时，在研究现有动作技术的前提下，运动生物力学将更有助于创立新的更佳的技术动作，例如背越式跳高技术和体操单杠上的特卡切夫腾越分别在1952年和1969年就被运动生物力学专家所提出。

（三）进行动作技术诊断，研究适合个人的最佳动作技术

通过进行动作技术诊断，结合运动员个人的身体形态、机能和运动素质等特点，可以研究适合个人的、能够创造最好成绩的动作技术方案。最佳动作技术是考虑了人体的身体形态、机能、心理素质和训练水平来应用一般技术原理，以达到最理想的运动成绩的动作技术，即它是既具有共性，也具有个性特征的运动技术。

一个运动员，即使是优秀运动员，其动作技术有合理的一面，也有不合理的一面。通过对高水平运动员的动作技术进行运动生物力学分析，可以总结出共性的一般技术原理，在遵循一般动作技术原理的前提下，对各个运动员的动作技术进行诊断，发现其个人的技术特

点和存在的问题，保留其合理的特点，改正其不合理之处，做到扬长避短。这一过程是一个“去粗取精，去伪存真”的过程。探索合理和最佳的动作技术方案，以提高竞技运动训练的科学性和竞技运动水平，从而为个别运动员制订出最佳运动技术方案，提高教学和训练的科学性。

如表1-1所示的是世界优秀跳远运动员卡尔·刘易斯、迈克·鲍威尔的技术参数的差异，刘易斯主项是短跑、速度更快；鲍威尔主项是跳高，起跳力量更大，所以起跳角更大，表明他们所采用的起跳技术的区别。

表 1-1 世界优秀跳远运动员刘易斯、鲍威尔的技术参数

姓名	最后5米助跑速度	起跳角度	成绩
卡尔·刘易斯	11.26m/s	20.3°	8.91m
迈克·鲍威尔	10.94m/s	24.6°	8.95m

文献来源：Vorobiev A. Two world's best long jumps: Comparative biomechanical analysis[J]. Track & Field Quarterly Review, 1992, 92(4): 6–10.

（四）探索预防运动创伤和康复手段的力学依据

体育运动中的损伤一般都是机械损伤，例如骨折、软组织拉伤等。运动生物力学可以揭示这种机械损伤的力学机制，揭示骨骼和软组织在什么情况下容易造成损伤，从而为运动损伤的预防和治疗提供力学依据。

运动创伤的发生往往与运动员不科学的动作技术有关。通过对人体结构和机能的生物力学研究和对动作技术的生物力学分析，一方面可以揭示运动器官的形态结构和运动功能的统一性和相互制约性，使人们知道什么样的动作对健康无害，什么样的动作易引起机体损伤，从而建立合理的动作技术以防止运动器官发生损伤。另一方面，可以揭示不同运动动作对人体局部负荷的影响，通过研究不同的动作对人体局部力量负荷的特点，找出运动器官发生损伤的力学原因和生物学原因，从而采取预防措施，一旦发生运动器官损伤，可以选择合理的生物力学康复手段。

如：单杠单臂大回环初学者易造成胼胝体脱落。造成损伤的力学原因是初学者重心不稳，旋转时手与杠子间相互作用的力很大，作用在手上的扭转的力量大，从而造成胼胝体脱落。

（五）为设计和改进运动器械提供力学依据

体育运动，都是人体与运动场地或者人体与运动器械相互作用的结果。运动场地的质量和器材的力学性能与运动成绩有直接的关系，如田径跑道的质量，铁饼、标枪的空气动力学性能，体操器械和各种球拍的弹性等。在竞赛规则允许的范围内，从生物力学的角度出发，提出运动场地、器材的最佳化标准，为设计新的运动器材、改进旧的运动器材提供生物力学参数，以期更加有效地增进人体健康和提高运动成绩。撑竿跳高项目就是一个典型的例子，撑杆从最早的竹竿到现在的玻璃钢杆和碳素纤维杆的不断更新，为优秀运动员不断创造世界纪录奠定了基础。

例如：标枪不仅有重心还有形心，美籍华人宋载镇对投掷标枪动作作出了动力学研究。他用五个非线性动力学微分方程描述了标枪的飞行过程，提出了数值解。并以1972年奥运会纪录为例，说明只要在规则允许的范围内，改变一下标枪的投掷角，使标枪的压力中心（形心）从25.7厘米前移到距重心0.8厘米，就可把1972年的奥运会男子标枪纪录提高16.61米。

当上述专项运动器材和专项训练器材从运动员走向普通民众健身时，就成为了全民健身用的器材。运动生物力学通过对健身器械科学性和安全性的研究，为人们利用健身器材进行健身提供着保障，由于全民健身是个大市场，这种转化和发展速度很快。例如计步器、运动手环、室外健身器材等等已是随处可见。

（六）为运动员选材提供依据

研究各项运动技术的生物力学特征，提出完成动作时人体应具备的形态、功能素质的条件，为不同项目的运动员选材提供生物力学理论依据。例如，优秀的体操运动员身体相对比较轻、矮，下肢长和躯干长的比值较小，小腿长与大腿长的比值较低；游泳运动员身材比较高大，上部躯干长，脚大，短距离游泳运动员和中长距离的游泳运动员相比，他们有较长的前臂和较短的上臂，同时短距离的游泳运动员小腿短大腿长，这对他们在打水时获得更多的力学效应有重要的作用；投掷运动员在技术素质相同的情况下，若有长而强壮的双臂，则会有助于投掷出更远的距离。所以，根据这些特点，可以有效地针对不同运动项目选取不同身体形态的运动员。

（七）为改进训练方法提供依据

随着运动生物力学的发展，人们对动作技术的提高提出了新的概念并有了新的认识，为设计和改进训练方法做出了贡献。对某项运动项目，提高其运动成绩首先要对运动员的动作技术进行分析，通过测试找出可以提高运动成绩的因素，并协助教练员判断运动员改善运动技术所需要的训练方法手段。例如，短跨项目运动员需要优秀的速度素质，而小肌肉群的专项力量训练可以明显地提高运动员的运动速度，通过小负荷上臂末端负重训练，可以增加肌肉尤其是对抗肌群的速度力量，以提高短跨项目的训练效果。再例如，跑步的支撑时间会影响到步频，要缩短步时就要适当缩短支撑时间，所以应当加强摆动腿向前摆动阶段制动时髂腰肌和臀大肌的训练，这样不仅为运动提供了动力，也不会影响大腿的摆动速度。

四、运动生物力学进展

人们在很早以前就想知道活的有机体的运动规律。早在公元前古希腊被称为“运动学之父”的哲学家和自然科学家亚里斯多德（前384—前322年）就对生物体的运动发生了兴趣，他在日常生活中观察人和动物运动的力学问题。意大利的著名医生加伦（131—201年）通过对动物解剖的实验证明：来自大脑的运动冲动沿神经传导至肌肉，使肌肉产生收缩而引起关节运动的理论。但因教会反动势力对任何涉及肉体的研究都加以压制，根本就谈不上研究人体的构造和运动。

15世纪末，伟大的意大利科学家列奥纳尔德·达·芬奇（1452—1519年）对人体运动发生了浓厚的兴趣。他用人的尸体研究解剖学，非常重视从解剖学和力学的基础上来研究人体的各种姿势和运动，并提出人体的运动必须服从于力学定律的观点。他认为：“力学之所以比其他科学更为重要和实用，那是因为所有一切能够运动的生物体都遵循力学的定律而运动。”但当时解剖尸体是违背教义的，为了避免教会的迫害，他不得不把自己的著作收藏起来，直至过了几百年，这些著作才被后人所发现。

17世纪，意大利的医生、解剖学家阿·鲍列里（1608—1679年）进一步把力学和解剖学结合起来研究人体运动，他在1679年完成的《论动物的运动》一书，可谓是第一部生物力学著作。在这部著作中发表了他利用杠杆原理来测定人体重心的实验材料，并把人和动物在空间的主动位移运动分为三种基本形式：蹬离地面（如走、跑、跳等）、蹬离周围介质（如游泳、飞翔）和拉引（如攀登、爬竿等）。

19世纪初，由于军事训练的需要以及工业生产的发展，研究方法有了改进。德国生理学家维伯尔兄弟采用实验的方法对人体运动进行了研究。他们除用肉眼观察以外，开始用最基本的带尺和秒表来测量人体运动的空间和时间特性，积累了许多有关人体位移运动的定量数值资料。但当时还不能客观地描记运动的外形。

19世纪中叶，随着照相技术的出现，法国生理学家马勒对客观描记人体运动的方法进行了大量的研究，为生物力学研究提供了许多新的测试手段。1877年美国摄影师麦布里奇（1830—1904年）第一次用24部照相机排成一列，按顺序拍摄了骑马奔跑的连续动作照片，这是影片分析的萌芽。为纪念他对生物力学的贡献，从1987年第11届国际生物力学大会开始设立了“麦布里奇杰出贡献奖”，以表彰那些在生物力学基础理论、研究方法及应用研究方面做出突出贡献的科研工作者。

1882年马勒拍摄了鸽子、蜜蜂以及子弹的飞行情况，后来又和他的学生德美尼一起发明了运动轨迹定片照相法和运动轨迹连续光点照相法等，这种照相方法直到现在仍可用于研究人体运动的运动学特征。

电影摄影机的出现是运动生物力学发展史上的一个重要的里程碑，使运动生物力学研究达到了真正的连续定量阶段。它可以采集人体和器械在不同时刻的位置、速度、角速度等运动学参数。

20世纪初，德国学者布拉温和菲舍尔的突出贡献是用解剖尸体的实验方法测定了人体各部分的相对重量和重心位置，并采用测量速度、加速度和人体各环节重量来推算引起加速度的力，开始从动力学方面研究人体运动。菲舍尔关于人体各环节相对重量和重心位置的资料，为运动生物力学的应用研究提供了一个完整的惯性参数模型，至今仍被用于计算人体重心。

20世纪30年代，英国生理学家希尔利用青蛙的缝匠肌进行离体实验，确立了骨骼肌收缩力与收缩速度之间的定量关系式，即著名的希尔方程，这项成果获得了诺贝尔奖。

20世纪60年代，微型计算机的诞生为运动生物力学带来了革命性的变化。它解决了大量的测试数据的处理计算问题，同时还促进了现代测试仪器的出现。至此，运动生物力学才真正成为一门独立的学科。

近30年来，运动生物力学的发展日趋加快，国际交往日益频繁。1967年召开了第一届国际生物力学讨论会，其中运动生物力学论文占相当大的比例。1973年在第四届国际生物力学大会上，成立了国际生物力学学会（International Society of Biomechanics，简称ISB），每两年召开一次学术交流会。1982年成立了国际运动生物力学学会（International Society of Biomechanics in Sport，简称ISBS），几乎每一年召开一次学术交流会。2005年8月，中国体育科学学会运动生物力学分会在北京承办了第23届国际运动生物力学学术研讨会。在近几届举办的奥运会和亚运会期间，都相应地举办了奥运会和亚运会体育科学论文报告会，其中，运动生物力学是重要的内容之一。自2001年北京奥运会申办成功以及我国经济的高速发展，我国运动生物力学的研究也进入快速发展的时期。运动生物力学在奥运科技服务的过程中，为运动员成绩的提高，为我国运动员在2008年奥运会上的出色表现做出了巨大的贡献。

思考题

1. 什么是运动生物力学？
2. 运动生物力学的研究任务有哪些？
3. 什么是合理技术？
4. 什么是最佳技术？

参考文献

[1] 全国体育学院教材委员会. 运动生物力学[M]. 北京: 人民体育出版社,1990.

[2] 李建设，潘慧炬，过东升，吴忠贯. 运动生物力学学科发展的几个理论问题[J]. 体育科学, 1997，7（6）：77-80.

第二章
人体运动的力学基础

教学提示

学习运动生物力学的力学基础知识和基本概念。掌握牛顿力学中静力学、运动学和动力学三部分内容的主要概念。学习描述人体运动的运动学参数，如平动问题中的位置、位移、速度、加速度；转动问题中的角位置、角位移、角速度和角加速度等。学习描述人体运动的动力学规律，如牛顿三定律、动量定理、动量矩守恒定律及转动定律等，并运用定理、定律分析体育运动中的实际问题。

第一节　人体运动中的运动学

任何物体的机械运动都是在一定的空间和时间中进行的。人体和器械的运动也不例外。人体和器械的运动在运动形式上多种多样，千差万别。这种差别主要表现在时间和空间两个主要方面。况且有不少的运动项目就直接用空间距离和时间的长短来标志成绩的优劣。物体的运动在空间和时间等方面所表现出的差异特征称运动学特征。如物体运动的轨迹、路程、位移所描述的空间特性。物体运动的先后次序、延续时间等特点为时间特性。运动学特征还包括速度和加速度这一类派生的时空特性。人体运动的运动学任务就是通过位置、速度、加速度等物理量描述和研究人体和器械的位置随时间变化的规律或在运动过程中所经过的轨迹，而不考虑人体和器械位置和运动状态改变的原因。

人体运动的运动学研究是以经典牛顿力学理论为基础的。在研究人体运动时，为了突出主要矛盾，需要把人体和器械进行简化处理，即近似地看成质点（具有质量，但可忽略其大小、形状和内部结构而视为几何点的物体，系由实际物体抽象出来的力学简化模型）或刚体（由相互间距离始终保持不变的许多质点组成的连续体，是由实际物体抽象出来的力学简化模型）。在运动生物力学中，把人体看作是一个多刚体系统。但人体的运动有别于非生命体，在研究人体运动时，应尽可能地考虑人的生命特征。这样，才能正确地研究人体的运动。

一、运动的相对性及参考系

（一）相对性

宇宙万物无一不在永恒运动中，不存在绝对不动的物体。从哲学的观点来看，运动是绝对的。

在力学中要对物体的运动进行描述，如通常所说的某物静止，某物以多大速度运动，就是对机械运动的描述问题。由于机械运动是物体间相对位置的变化，因此，要考虑、描述某物体的运动情况，一般总需预先选定一个或若干个物体作参考，观察所研究的物体与这些选定物体相对位置的变化情况。如果相对位置发生了变化，就说该物体是运动的；如果相对位置没有发生变化，则认为该物体是静止的。在划船运动中，船和运动员相对岸边的位置不断地发生变化，所以说船与运动员相对岸边是运动的。但运动员相对于船来说，运动员的位置是不变的，这时可认为他相对于船是静止不动的。由此可见，判断一个物体是运动还是静止是相对而言的。物体的运动取决于参考物体选取的性质叫作运动的相对性。

（二）参考系与坐标系

描述物体运动时选作为参考的物体或物体群叫作参考系（或参照系）。由运动的相对性可知，选择不同的参考系描述同一物体的运动，往往会有不同的结果。所以，在描述物体运动时，需要指明是以什么为参考系的。参考系的选择应根据研究的目的而定。参考系选择得当，可使研究的问题简化。跑常取地面为参考系；体操运动把体操器械作为参考系；为了拍摄记录动作，设置标杆作为参考系；在描述人体某环节的运动时，多选用人体总重心或邻近环节作为参考系。

根据选定的参考系，只能定性地描述物体的运动情况。为了定量地描述物体的位置变化，需要在参考系上标定尺度，即建立坐标系。在体育运动技术的研究中，最常用的是直角坐标系。

直角坐标系分一维、二维和三维三种。一维坐标系用于描述直线运动，只须选取一根坐标轴并确定一个点即可。在计算人体百米跑的分段速率时，人体重心的运动轨迹可近似地看作为直线运动，可取跑道作为坐标轴，起跑点为原点。当物体的运动是平面运动时，应在物体运动的平面上选取两根相互垂直的线X、Y作坐标轴。用X、Y两个坐标值才能确定物体的位置，如要确定跳远运动员重心的运动就需要二维坐标系，即平面直角坐标系，用OXY表示。当物体的运动是立体三维空间的运动，如排球的飘球，球的飞行轨迹是一条空间曲线，则需要相互垂直的并相交于一个原点的三根坐标轴X、Y、Z来确定物体的位置和运动。即立体空间坐标系，用OXYZ表示。

用一架电影摄影机摄影时，我们只能将一个平面（如OXZ面或OYZ面）的动作拍摄下来。因此，在研究三维空间的运动时，应用两架摄影机从不同的方位同步地记录其运动特征，然后合并在一个空间直角坐标系OXYZ中去。

在运动生物力学中，还要遇到惯性参考系和非惯性参考系的问题。

惯性参考系：把相对于地球静止的物体或相对于地球做匀速直线运动的物体作为参考标准的参考系叫惯性参考系，又称为静坐标系或静系。如前面提到的跑道、体操器械等。

非惯性参考系：把相对于地球做变速运动的物体作为参考标准的参考系叫非惯性参考系，又叫动参考系或动系。在描述人体运动的局部肢体的运动状态时，往往需要采用这种坐标系，例如，描述游泳运动员手臂划水运动时，就采用动系，坐标系建立在运动的人体上（肩关节处）。采用动系后，要考虑物体间的相对运动及矢量合成问题。

二、人体运动学的基本概念

（一）轨迹·路程·位移

1. 轨迹

即质点运动的路径。例如，人造地球卫星的运行轨迹为一椭圆。当我们把人体或器械简化为质点来描述其运动时，把代表人体的质点在一定时间内用坐标值确定的位置点连接起来，就是人体或器械某质点的运动轨迹。例如，跳远中，人体总质心的运动轨迹是一条抛物线；体操运动员做单杠向前大回环运动时，其总质心的轨迹是一条近似圆周的曲线；高尔夫全挥杆杆头轨迹近似一圆形；链球旋转时的运动轨迹近似为一椭圆（图2-1、图2-2、图2-3）。

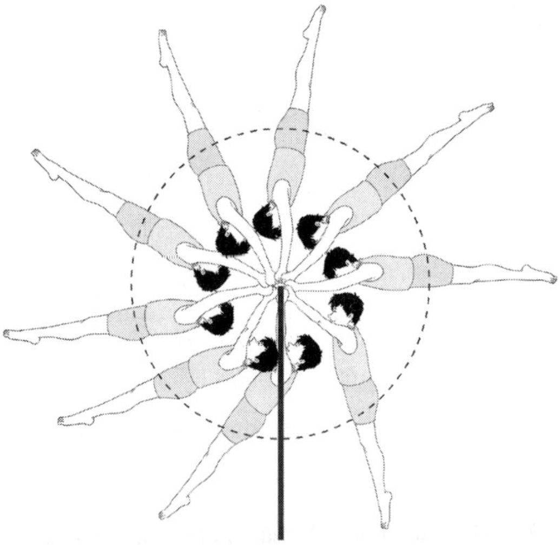

图2-1　单杠向前大回环身体总质心的轨迹

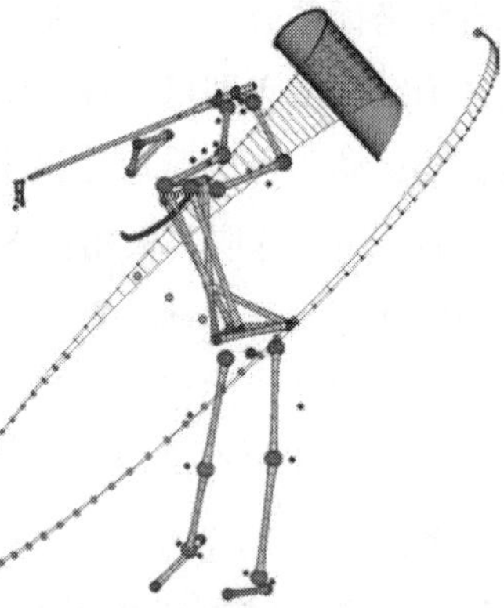

图2-2　高尔夫全挥杆杆头运动轨迹

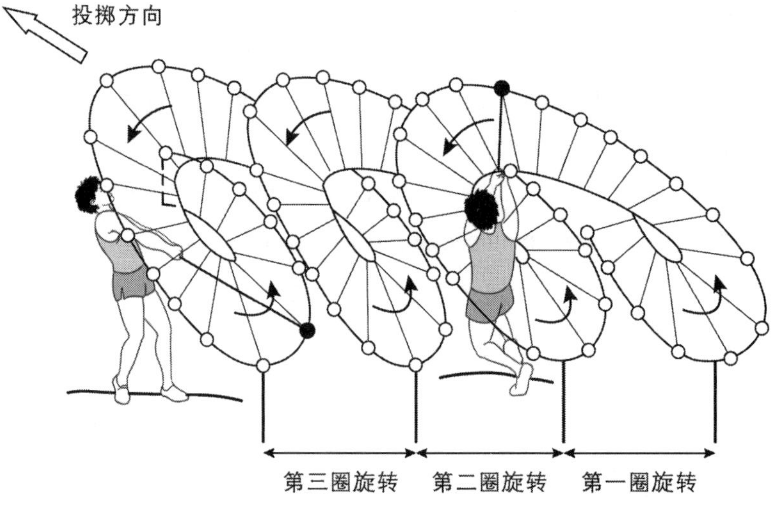

图2-3　链球旋转时的运动轨迹

2. 路程・位移

路程和位移是用来描述物体运动范围的。路程是指物体从一个位置移到另一个位置时的实际运动路线的长度，也是质点运动轨迹的全长。路程只有数值的大小，没有方向，是标量。但是，在很多情况下，不仅需要了解运动的长度，同时也需要了解运动的方向，为了同时表明位置变化的这两个方面，通常引入位移这个概念。位移的定义是：其大小等于质点运动的始点到终点的直线距离，其方向由始点指向终点，是矢量。除了直线运动中位移与轨迹重合外，在曲线运动中，位移与曲线一般不重合，因而除了直线运动外，位移的大小并不等于路程，一般小于路程。在田赛中，大多数项目的成绩是以位移的长度来计算的（如投掷项目、跳高和跳远等）。而在径赛中，运动的长度却是按路程来量度的。在一定的路程中，以完成的延续时间来确定成绩。位移和路程都使用长度单位，如米（m）、千米（km）和厘米（cm）。

（二）速度、加速度

1. 速度

质点位置发生变化时，常有快慢之分，在力学上一般用速率和速度来反映运动的快慢程度。

（1）速率：速率是路程与通过这段路程所经历的时间之比。

其表达式为：

$$v\text{（速率）}=\frac{\Delta S\text{（路程）}}{\Delta t\text{（时间）}} \tag{2-1}$$

按这个公式算出的速率又叫作平均速率。

（2）速度：速度是位移与通过这段位移所经历的时间之比。

其表达式为：

$$\boldsymbol{v}\text{（速度）}=\frac{\Delta \boldsymbol{X}\text{（位移）}}{\Delta t\text{（时间）}} \tag{2-2}$$

公式中的加粗斜体表示该物理量是矢量。由该公式算出的速度又叫作平均速度。同位移和路程的关系一样，只有在直线运动中而且沿同一方向运动时，平均速率和平均速度在数值上相等。如果人体或器械做曲线运动，那么平均速度与平均速率的数值会不相同。

例题：一运动员在田径场上跑200米，成绩为22秒（图2-4）。试计算他跑的平均速率和平均速度。

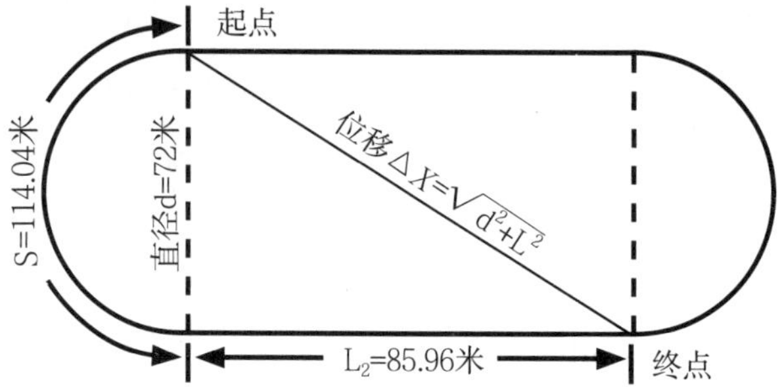

图2-4　运动员跑200米的路程和位移示意图

解：∵ Δs=200米　Δt=22秒

由公式2-1有：

$v=\Delta s/\Delta t$=200/22=9.1（米/秒）

位移的大小$\Delta \boldsymbol{X}$是从起点到终点的直线距离，由图2-4得：

$$\Delta \boldsymbol{X}=\sqrt{d^2+L^2}=\sqrt{72^2+85.96^2}=112.1\text{（米）}$$

由公式2-2有：

$$v=\Delta \boldsymbol{X}/\Delta t=112.1/22=5.1\text{（米/秒）}$$

可见，运动员跑的平均速度和速率是不相同的。速度是矢量，既有大小又有方向，速率是标量，只有大小没有方向。在体育运动中，经常关心的是运动员实际通过的路程和经历的时间，而不太关心其位移的多少。有的运动项目（如径赛）中的路程是固定的，其运动方向也是事先规定了的。这时在描述人体运动时，一般采用的是平均速率。事实上，不少人习惯于把平均速率当成平均速度使用。因此，在采用这两个物理量描述运动时，要根据问题的具体情况具体分析。

（3）瞬时速度：物体在某一时刻或通过运动轨迹上某一点的速度称为瞬时速度，又叫即时速度。在匀速直线运动中，各个时刻的瞬时速度都相同，且等于平均速度。在变速直线运动中，每时每刻都具有一定的瞬时速度，各个时刻的瞬时速度互不相同。因为瞬时速度能反映运动中各个时刻或各个点上的运动情况，而用平均速度则不能准确反映任意时刻物体运动的快慢，只能反映运动的大致情况。在运动技术分析中，重要的往往是瞬时速度或瞬时速率。如在投掷和跳远等项目中，器械的出手或运动员腾起的瞬时速度，对运动成绩起决定性作用。

要精确地描述变速运动，就必须把每一时刻（或每一位置）的运动状况反映出来。实际上就是提出了一个如何理解和计算某一时刻的速度问题。在体育实践中，许多运动还没有能代表它运动规律的数学公式，因此，这里的瞬时速度只能凭借逐步逼近法求得。在数学上，这一方法又叫做取“极限”。简要地说，就是把平均速度的时间间隔无限地划小，把质点运动的过程也无限地划小，使得平均速度的时间间隔趋向于瞬时，使它的路程趋向于一点，这样，就使平均速度转化为瞬时速度。例如，在百米跑研究中，要了解运动过程中运动员跑速的变化特点，常常要测量运动员的分段速度。如把100米分成10段，每段10米，测出运动员通过每段所需时间，分别求出每一段的平均速度（图2-5）。这样求出的结果，虽然还不是瞬时速度，但较100米全程平均速度更接近实际情况，已大致反映出速度变化特点。倘若对这样的结果还不满意，还可以把每段长度缩小，如每段5米或1米，甚至0.1米，以此类推。每段长度愈短，通过每段所需的时间亦愈短，则所求出的每一个平均速度就愈接近实际的瞬时速度。当每一段的时间间隔取得足够短以致接近于零时，在这样短暂的时间间隔内，质点的运动速度几乎来不及变化，运动便可看成是匀速的。这样求出的平均速度与实际的瞬时速度就几乎完全一致。这样相当于用很多段非常短暂的匀速直线运动来代替变速直线运动。如此，由每一个无限短的位移除以无限短的时间，所得出的值就定义为瞬时速度。即瞬时速度等于平均速度在时间间隔趋于零时的极限值:

$$v=\lim_{\Delta t\to 0}\frac{\Delta X}{\Delta t} \tag{2-3}$$

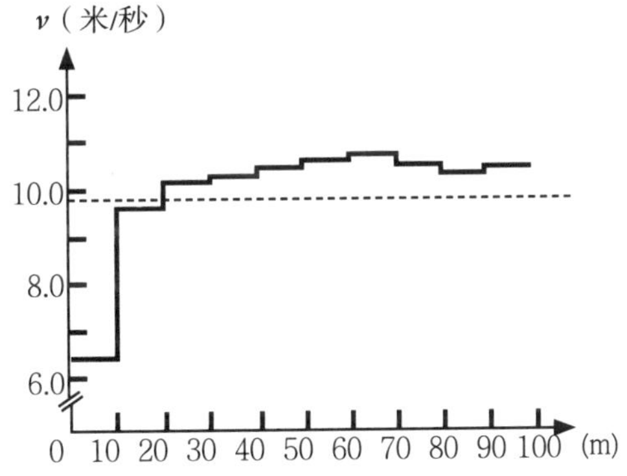

图2-5　百米分段速度

用电影图片计算人体运动的瞬时速度就是根据这个原理进行的。当摄影拍摄频率足够高（如100帧/秒）时，每两张图片之间的时间间隔也就相应的足够短，在这样短的时间内，人体的运动可以近似看作是匀速的，从图片中量出人体的位移，用求平均速度的方法所得出的速度值在运动技术的一般分析中就可以认为是瞬时速度。

在体育实践中，经常提到的初速度、末速度都是瞬时速度。应该注意的是，初速度和末速度是相对而言的。随着研究问题的不同而命名上有所变化。例如，当研究跳远的助跑时，运动员开始助跑时的速度是初速度（这时的V_0=0），运动员上板踏跳瞬间的速度是助跑的末速度。但是，当研究跳远的踏跳技术时，则上板瞬时的速度（助跑的末速度）又是踏跳时的初速度。

2. 加速度

在变速运动中，速度是变化的，研究速度的变化规律时，要采用描述速度变化快慢的物理量——加速度。

（1）平均加速度

如图2-6所示，一个人沿OX方向做变速直线运动，在X_1和X_2处的速度分别为v_1、v_2，其对应的时刻为t_1、t_2，在时间间隔$\Delta t=t_2-t_1$内，速度的改变量是$\Delta v=v_2-v_1$，我们把速度的改变量与这段时间的比值定义为在时间间隔Δt内的平均加速度。

$$a=\frac{v_2-v_1}{t_2-t_1}=\frac{\Delta v}{\Delta t} \quad (2\text{-}4)$$

因此，加速度即速度的时间变化率。其单位是米/秒^2（m/s^2）。

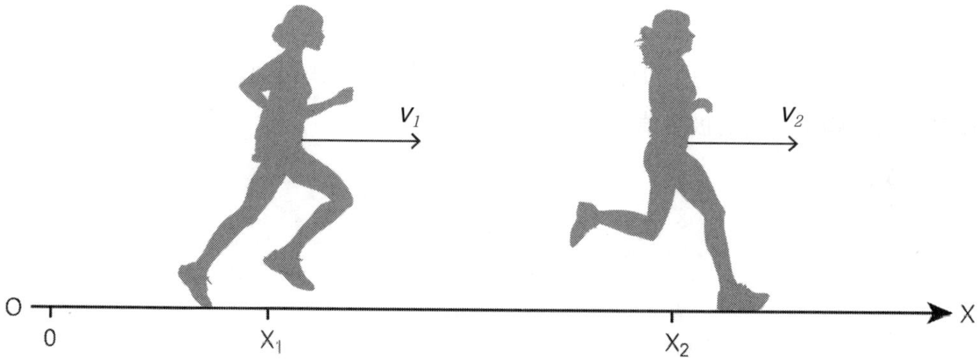

图2-6　速度变化图

加速度是一个矢量，有大小和方向。由加速度的定义式可以看出，加速度值可取正值、零值或负值，这三种情况，正反映了运动的性质:

取向右为坐标轴的正向（图2-7），则有$v_1>0$、$v_2>0$。

图2-7　速度变化与速度方向关系图

当$v_2>v_1$时，这表明运动速度增大，$a>0$，加速度与速度同向，为加速运动。如人体运动中的短距离的疾跑阶段、各种起动、蹬跳和投掷的最后用力阶段都属于此种运动。

当$v_2=v_1$时，这表明运动速度不变，$a=0$，为匀速运动。如人体静止平衡动作和长距离跑、滑冰、游泳等项目中途中的某一段距离可近似地看作匀速运动。

当$v_2<v_1$时，加速度与速度方向相反，为减速运动。如人体的各种急停、制动和缓冲动作属于这类运动。

加速度的绝对值越大，表明物体的运动速度变化得越急剧。在直线运动中，如果在任何相等的时间内速度的变化（增加或减少）量都相等，则这种运动叫做匀变速直线运动。在这种运动中，加速度值不改变，用平均加速度就能正确地反映运动速度的变化情况。在直线运动中，如果速度的改变是不均匀的，则为非匀变速直线运动。在这种运动中，加速度的大小是变化的，如百米跑的疾跑阶段，加速度一般是一个较大的正值，人体做加速运动。在途中跑阶段，加速度逐渐减少，甚至变为负值。由此可见，在非匀变速直线运动中，各个阶段，甚至各个瞬时的加速度各不相同，一般不等于平均加速度，取不同的时间间隔所求出的平均加速度也不相等，所以在说明平均加速度时，应指出是哪一段时间的平均加速度。

（2）瞬时加速度

用平均加速度描述物体速度变化是比较粗糙的，它只能反映一定时间间隔内速度变化的平均情况，不能精确反映每一时刻速度变化情况。所以在研究变速运动时，常常引用瞬时加速度这个量。所谓瞬时加速度，就是某一瞬时物体运动的加速度。求瞬时加速度的思维和方法与求瞬时速度的思维和方法是一样的。当取的时间Δt很短以致接近于零时，平均加速度就转化为瞬时加速度。瞬时加速度的表达式为:

$$\boldsymbol{a}=\lim_{\Delta t\to 0}\frac{\Delta \boldsymbol{v}}{\Delta t} \qquad (2\text{-}5)$$

瞬时加速度又简称为加速度。

三、运动的形式及其描述

人体运动的形式是多种多样的。如把人体简化为质点，按质点运动的轨迹可分为直线运动和曲线运动。

（一）直线运动

质点始终在一直线上的运动，或者说质点的运动轨迹是一条直线，则该质点做直线运动。直线运动分为:

1. 匀速直线运动

质点始终以相等的速度在一条直线上运动，即在任何相等的时间间隔内，质点通过的路程都相等。这种情况在体育运动中不多见。

匀速直线运动的运动特征如图2-8至图2-10。

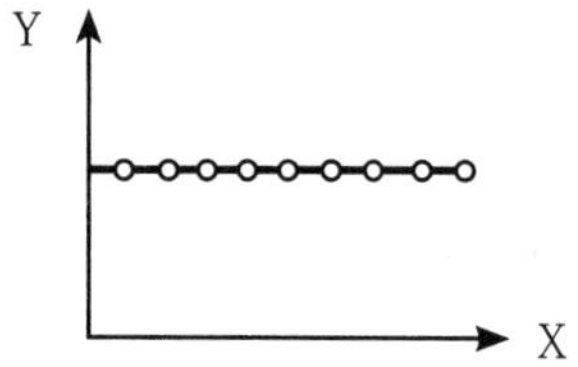

图2-8 匀速直线运动的运动轨迹

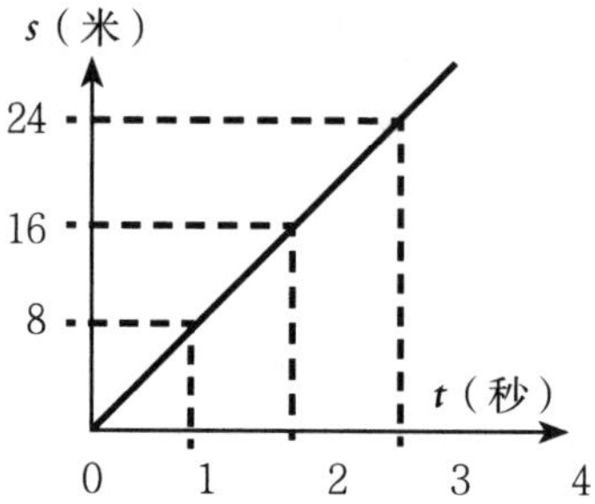

图2-9 匀速直线运动位移-时间曲线

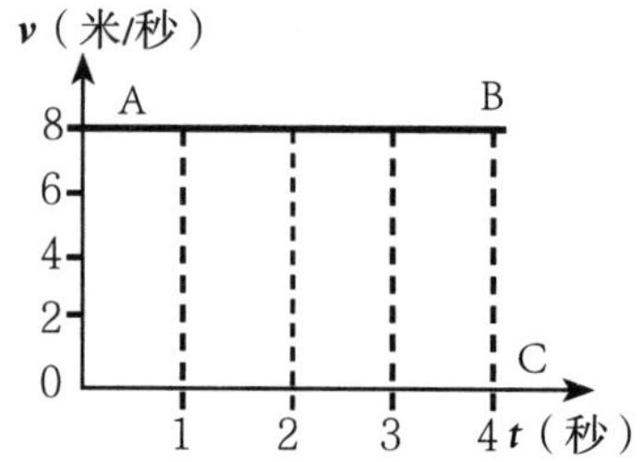

图2-10 匀速运动的速度-时间曲线

表 2-1　匀速直线运动位移-时刻表

时刻t（秒）	距离S（米）
0	0
1	8
2	16
3	24
4	32
5	40
6	48

2. 变速直线运动

质点做直线运动时，其运动速度是变化的，也就是说在任何相等的时间间隔内，质点通过的路程不相等。体育实践中，变速直线运动的情况比较多见。根据速度变化的情况，变速直线运动又可分为匀变速直线运动和非匀变速直线运动两种。

（1）匀变速直线运动

匀变速直线运动是指一个物体在某一段时间内加速度的大小和方向均不变，物体的平均加速度与这段时间内任一瞬间的加速度完全相等。

匀变速直线运动规律及其应用:

在建立坐标系以后，匀变速直线运动的运动方程和速度方程为

$$X = X_0 + \boldsymbol{v}_0 (t - t_0) + \frac{1}{2}\boldsymbol{a}(t - t_0)^2 \qquad (2\text{-}6)$$

$$\boldsymbol{v}_t = \boldsymbol{v}_0 + \boldsymbol{a}(t - t_0) \qquad (2\text{-}7)$$

式中X_0、$\boldsymbol{v}_0$为质点在初时刻t_0的坐标和速度，$\boldsymbol{a}$为加速度，是一常数，只要确定了X_0、$\boldsymbol{v}_0$，并已知加速度$\boldsymbol{a}$，就可以由上面两式求出任意时刻质点的坐标和速度。

若质点的初始时刻$t_0=0$，而且初始位置$X_0=0$，则上述公式可简化为：

$$X = v_0 t + \frac{1}{2}at^2 \tag{2-8}$$

$$v_t = v_0 + at \tag{2-9}$$

$$v_t^2 - v_0^2 = 2aX \tag{2-10}$$

这是我们熟悉的三个匀变速直线运动基本公式。

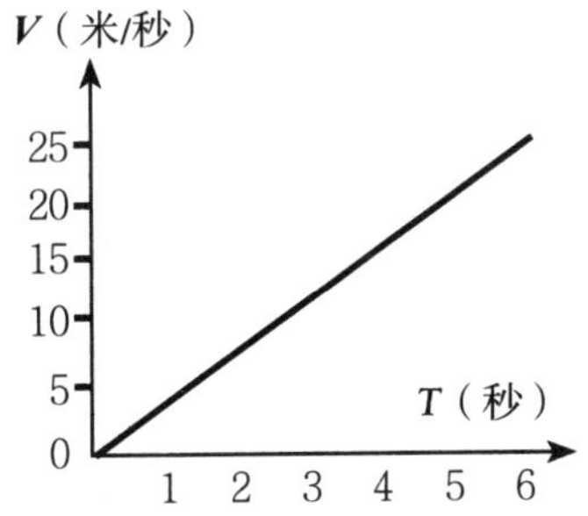

图2-11　匀变速直线运动的速度-时间曲线

表 2-2　匀变速直线运动位移-时刻表

时刻t（秒）	距离S（米）
0	0
1	1
2	4
3	9
4	16
5	25
6	36

例题：根据运动的技术图片分析得知：标枪运动员在助跑阶段中使标枪获得6米/秒的速度，在最后用力阶段，标枪向前移动了1.2米，所花时间为0.1秒。假设标枪移动是匀加速的，而且方向与助跑中得到的方向一致，问标枪出手时的速度多大？

解：把助跑后标枪获得的速度作为初速度v_0，而标枪最后出手时的速度作为末速度v_t，已知t=0.1秒；X=1.2米；v_0=6米/秒，根据公式$X = v_0 t + \frac{1}{2}at^2$得

$$a = \frac{2(X - v_0 t)}{t^2} = \frac{2\times(1.2-6\times0.1)}{0.1^2}$$

=120（米/秒^2）

又根据公式：

$v_t = v_0 + at = 6 + 120\times0.1 = 18$（米/秒）

① 自由落体运动

自由落体运动：自由落体运动是指物体以重力加速度作竖直向下的匀加速直线运动。重力加速度用**g**表示，大小约为9.8米/秒^2。运动方程为：

$$H = \frac{1}{2}gt^2 \tag{2-11}$$

$$v_t = gt \tag{2-12}$$

$$v_t^2=2gH \tag{2-13}$$

例题：跳水运动员从10米跳台垂直入水，人体重心高度距跳台为0.6米，求重心落到水面所需的时间以及人体入水时的速度（空气阻力不计）。

解：已知H=10+0.6=10.6（米）

根据 $H=\frac{1}{2}gt^2$　　$t=\sqrt{2H/g}$

则 $t=\sqrt{2\times10.6/9.8}=1.47$（秒）

$V_t=gt=9.8\times1.47=14.4$（米/秒）

② 竖直上抛运动

竖直上抛运动是重力加速度方向与运动方向相反的匀减速直线运动，一般我们选取竖直向上的方向为正，则重力加速度为负值，竖直上抛运动也属于匀变速直线运动。竖直上抛运动公式为：

$$H=v_0t-\frac{1}{2}gt^2 \tag{2-14}$$

$$v_t=v_0-gt \tag{2-15}$$

$$v_t^2-v_0^2=2gH \tag{2-16}$$

当竖直上抛物体到达最高点时速度为零。此时，可由公式 $v_t=v_0-gt$ 得到，物体上升到最大高度的时间 $t_上=v_0/g$，代入$H=v_0t-\frac{1}{2}gt^2$中可得物体上升的最大高度，$H=v_0^2/2g$。

如果物体抛出点和落地点在同一水平面上，那么物体的上抛和下落时间相等，抛出速度和落地速度大小相等。

例题：运动员竖直上跳，起跳时蹬伸距离为0.4米，蹬伸时间为0.2秒，假定蹬伸时身体重心是匀加速升高，试求该运动员起跳离地时的速度和重心上升高度（图2-12）。

图2-12　竖直上跳

分析：运动员起跳前先要下蹲，从下蹲到最低点时的重心高度到蹬地结束刚要离地时的重心高度，两者之间的距离叫蹬伸距离，通过这段距离所花去的时间叫蹬伸时间。可见在蹬伸阶段，运动员在发力加速，使下蹲结束时等于零的初速度增加到离地时的起跳速度，然后以这个起跳速度为腾起速度，使身体腾空。因此本题分两步解，第一步求起跳速度，第二步求重心上升的高度。

解：已知：$v_0=0$，$S=0.4$米，$t=0.2$秒。

求 $v_t=?$

根据公式2-11　$S=\frac{1}{2}at^2$ 得：

$$a=\frac{2s}{t^2}=\frac{2\times0.4}{0.2^2}=20(米/秒^2)$$

$$\therefore\ v_t=v_0+at=20\times0.2=4(米/秒)$$

求$H=?$ 此时，已知 $v_0=4$米/秒　$v_t=0$　$g=9.8$米/秒^2

根据公式：$v_t^2-v_0^2=2gH$

$$H=v_0^2/2g=\frac{4^2}{2\times9.8}=0.82(米)$$

（2）变加速运动

加速度(非匀变速)曲线（$a-t$）用来表示质点速度变化的曲线叫加速度–时间曲线（图2-13），即用X、Y坐标轴分别表示时间和加速度的曲线，这种曲线一般是仪器描绘出来的，下面是记录仪器描记的起跑动作加速度曲线和原地纵跳的加速度曲线（图2-14、图2-15）。

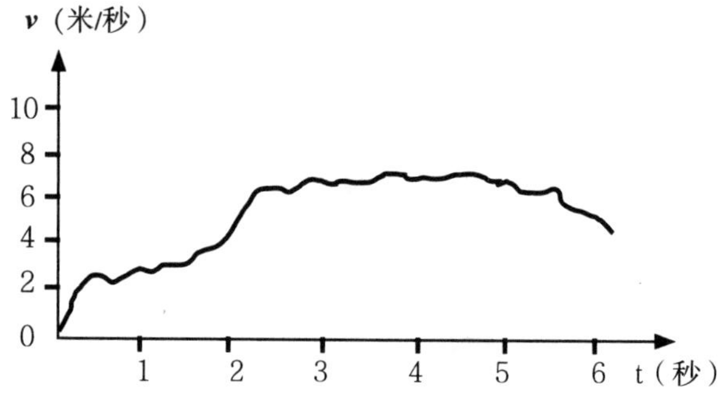

图2-13　变速运动的速度-时间曲线

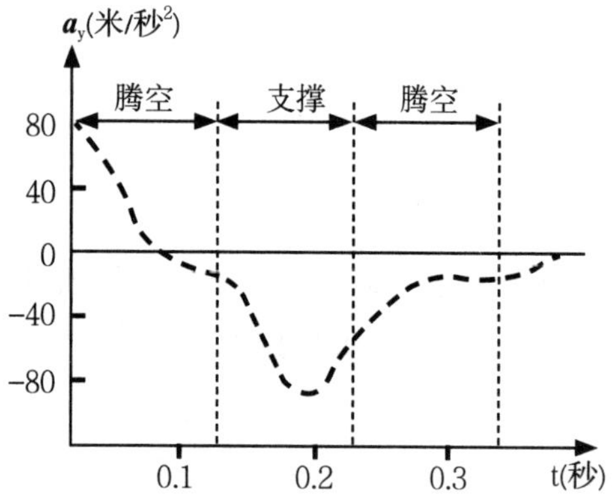

图2-14　跑时摆动腿垂直加速度-时间曲线

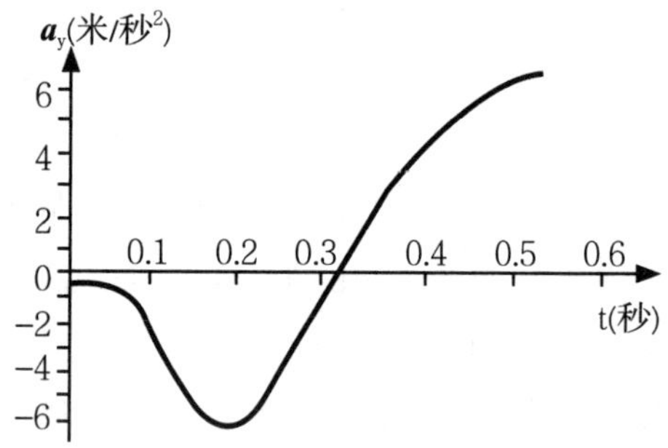

图2-15　原地纵跳的加速度-时间曲线

（二）曲线运动

质点的运动轨迹是一条曲线，这种运动称曲线运动。它的特点是：运动方向始终在变化。曲线运动的变化包含了速度大小的变化和方向的变化两个因素，所以研究曲线运动时必须注意它的矢量性。

匀速曲线运动：速率大小一定，方向不断改变的曲线运动。常见的有匀速圆周运动。

变速曲线运动：比较常见的变速曲线运动有斜抛运动以及平抛运动等。

（三）圆周运动

圆周运动：质点的运动轨迹是个圆。圆周运动是曲线运动的一个特例。它又可分为匀速圆周运动和变速圆周运动。

（四）复合运动

质点的复合运动：如果一个物体参与数种运动，那么要研究它的总的运动情况，就需要加以合成。体育运动中，人体运动很复杂，往往是肢体绕关节转动，而关节又随整个人体在运动。例如，走、跑、跳跃中腿臂的摆动就是这样。又如标枪出手速度则是由助跑速度与挥臂速度加以合成的，是一种复合运动。

1. 质点的绝对运动、相对运动和牵连运动的概念

绝对运动：运动着的质点（动点）相对于静参考系的运动，称为绝对运动。

相对运动：动点相对于动参考系的运动，称为相对运动。

牵连运动：动参考系相对于静参考系的运动，称为牵连运动。

应该指出，绝对运动和相对运动都是指动点的运动，而牵连运动则是指动参考系的运动，也就是与动参考系固连着的刚体的运动。例如，标枪运动员的整个人体运动中，把地面作为静参考系OXY，助跑中的运动员的身体看作动参考系O′X′Y′，标枪看作一个动点，那么标枪相对于人体的运动称为相对运动，人体相对地面的运动（助跑）称为牵连运动，则标枪相对地面的运动为绝对运动。可用图2-16a示意说明。

为了说明相对运动、牵连运动和绝对运动之间的联系，可用如下示意图（图2-16b）表示。

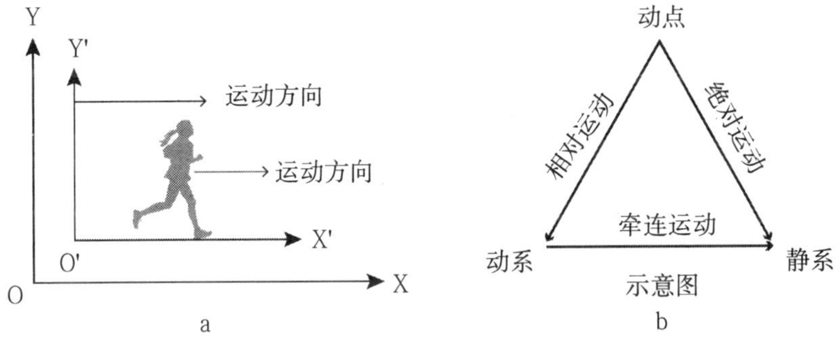

图2-16　相对运动、牵连运动和绝对运动关系示意图

2. 质点速度合成定理

动点的绝对速度等于其牵连速度与相对速度的矢量和。

$$\boldsymbol{v}_a=\boldsymbol{v}_e+\boldsymbol{v}_r$$

式中$\boldsymbol{v}_a$为绝对速度，$\boldsymbol{v}_e$为牵连速度，$\boldsymbol{v}_r$为相对速度。上式是普遍成立的，不管牵连运动是何种运动。

例题：如图2 -17，运动员的游速为1.3米/秒，方向是指北偏西30°，水流速为5000米/小时，向东，问运动员的实际游进速度是多少？

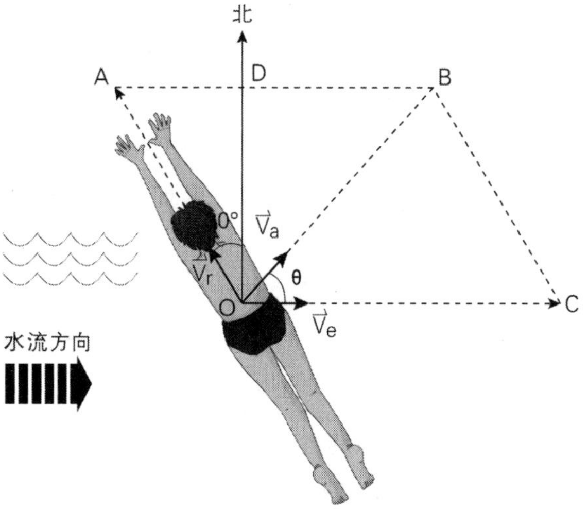

图2-17　游泳速度关系图

解：地面为静参考系，水为动参考系，有牵连速度

$\boldsymbol{v}_e$=5000米/小时

=1.39米/秒

相对速度$\boldsymbol{v}_r$=1.3米/秒，指北偏西30°，根据公式$\boldsymbol{v}_a=\boldsymbol{v}_e+\boldsymbol{v}_r$，在三角形OBC中有：

$\boldsymbol{v}_a^2=\boldsymbol{v}_e^2+\boldsymbol{v}_r^2-2\boldsymbol{v}_e\boldsymbol{v}_r\cos\angle c$

∵ ∠C=90° −∠DOA=90° −30° =60°

$\because \boldsymbol{v}_a=\sqrt{1.39^2+1.3^2-2\times1.39\times1.3\times\cos60^\circ}$

≈1.35（米/秒）

$\boldsymbol{v}_a$的方向

$\boldsymbol{v}_a/\sin60^\circ=\boldsymbol{v}_r/\sin\theta$

$\theta=\sin^{-1}(\boldsymbol{v}_r\sin60^\circ/\boldsymbol{v}_a)$

$=\sin^{-1}(1.3\times\sin60^\circ/1.35)$

$\approx\sin^{-1}0.83395$

=56° 31′

3. 质点加速度合成定理：牵连运动为平动时点的加速度合成

当牵连运动为平动时，在任一瞬时，动点的绝对加速度（$\boldsymbol{a}_a$）等于动点的牵连加速度（$\boldsymbol{a}_e$）与相对加速度（$\boldsymbol{a}_r$）的矢量和。这就是牵连运动为平动时的加速度合成定理。

$$\boldsymbol{a}_a=\boldsymbol{a}_e+\boldsymbol{a}_r \qquad (2\text{-}17)$$

（五）斜抛运动

斜抛运动：斜抛物体（作为质点）在运动中形成的运动轨迹是一条抛物线，具有这种特征的运动称为斜抛运动。此运动形式体育运动中多见。

斜抛运动的运动轨迹如图2-18、图2-19。

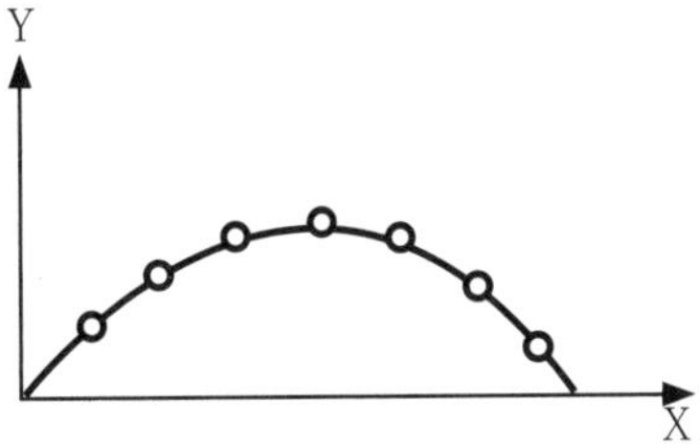

图2-18　足球（球门球）的运动轨迹

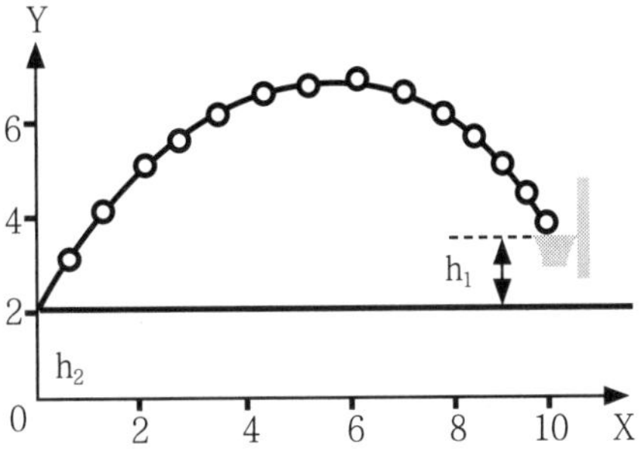

图2-19　篮球投篮时的运动轨迹

抛射体运动泛指物体在获得一定初速度后进入空气中的运动，它受到重力和空气的作用，按一定轨迹运动——具有恒定加速度的平面曲线运动。抛射运动包括竖直上抛、平抛、竖直下抛、斜上抛、斜下抛等运动。它们的区别仅仅在于初速度矢量方向的不同。它们都是恒定加速度的平面运动。当初速度方向与重力加速度不在一直线上时，则为曲线运动（抛物线运动）。体育运动中，抛物线运动相当普遍。投掷器械的运动，人体各种腾空运动及各种球在空中的运动都可以看作为抛物线运动。因此，研究抛物线的运动规律对改进技术动作具有重要的意义。这里重点讨论人体和器械的斜上抛运动，对平抛和斜下抛运动只作简单介绍。为了揭示运动的主要规律，在讨论时，不考虑空气的影响，并把人体和器械简化成质点。

1. 斜抛运动的基本公式

设抛体的抛射初速度为v_0，与水平面成θ角。以抛射点为坐标原点建立直角坐标系，如图2-20所示。

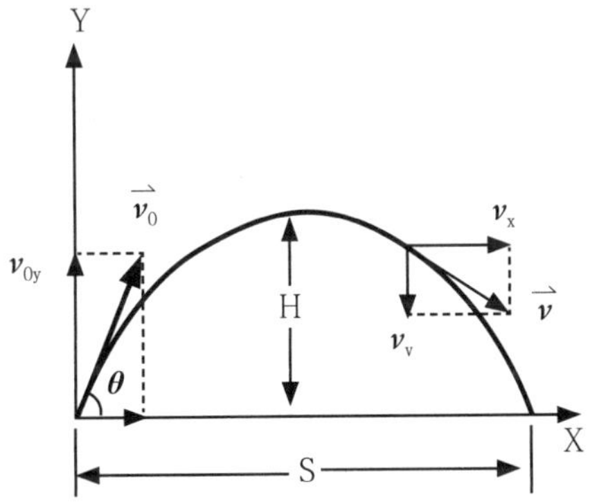

图2-20　斜抛运动示意图

斜上抛运动是一个竖直上抛运动和一个水平方向上的匀速运动的合运动，根据运动独立性原理，水平与竖直分运动是相互独立的。我们采用讨论抛物线运动的两个分运动的方法来研究它。

设抛射点和落点在同一水平面，在水平方向上，由于加速度的水平分量$\boldsymbol{a}_x$为零，水平运动为初速度等于$\boldsymbol{v}_{0x}$的匀速直线运动；在竖直方向上，加速度的竖直分量$\boldsymbol{a}_y = -g$，运动将是初速度为$\boldsymbol{v}_{0y}$的匀变速运动（包括竖直上抛与自由落体运动）。按照已知的这两种运动规律，我们可以把抛射体在坐标系中的位移规律表示如下：（当$0<\theta<\frac{\pi}{2}$时，为斜上抛运动）

沿竖直方向（沿Y轴）的位移公式

$$Y = \boldsymbol{v}_0 \sin\theta \cdot t - \frac{1}{2}\boldsymbol{g}t^2 \tag{2-19}$$

沿水平方向（沿X轴）的位移公式

$$X = \boldsymbol{v}_0 \cos\theta \cdot t \tag{2-20}$$

在X和Y方向上，物体在任一时刻的速度为：

$$\boldsymbol{v}_{0X} = \boldsymbol{v}_0 \cos\theta \tag{2-21}$$

$$\boldsymbol{v}_{0y} = \boldsymbol{v}_0 \sin\theta - \boldsymbol{g}t \tag{2-22}$$

由以上四个运动方程，我们可以计算出抛物线运动的抛射距离、高度和飞行时间等参数。

2. 体育运动中常见的斜上抛运动

（1）抛点与落点在同一水平面上的斜上抛运动

属于这类运动典型的例子是足球中发门球。根据抛射体运动的基本公式，它的运动方程为:因为此时Y=0，X=S（水平位移值）得：

$$0 = \boldsymbol{v}_0 \sin\theta \cdot t - \frac{1}{2}\boldsymbol{g}t^2$$

$$S = \boldsymbol{v}_0 \cos\theta \cdot t$$

速度分量公式同基本公式

$$\boldsymbol{v}_{0x} = \boldsymbol{v}_0 cos\theta$$

$$\boldsymbol{v}_{0y} = \boldsymbol{v}_0 \sin\theta - \boldsymbol{g}t$$

抛体运动

讨论以下几个问题：

①全程飞行时间T：即抛射体从抛点到落点运动所经历的时间。

当抛体上升到最高点时，竖直方向的分速度，$\boldsymbol{v}_y$=0，将此代入（2-22）式中，得：

$$0 = \boldsymbol{v}_0 \sin\theta - \boldsymbol{g}t$$

$$t = \boldsymbol{v}_0 \sin\theta / \boldsymbol{g} = V_{0y} / \boldsymbol{g} \tag{2-23}$$

因为物体从最高点到落点的飞行时间与抛点到最高点飞行时间相等，所以

$$T = 2t = 2\boldsymbol{v}_0 \sin\theta / \boldsymbol{g} = 2\boldsymbol{v}_{0y} / \boldsymbol{g} \tag{2-24}$$

②最大高度H：指抛体在竖直方向上达到的最大高度，它等于在t时间内的竖直位移，由

（2-19）式得：

$$H = 2v_0\sin\theta \cdot t - \frac{1}{2}gt^2$$
$$= v_0^2\sin^2\theta / 2g = v_{0y}^2 / 2g$$

或 $H = v_y \cdot t = \frac{v_0\sin\theta + 0}{2} \cdot \frac{v_0\sin\theta}{g}$

$$H = v_0^2\sin^2\theta / 2g = v_{0y}^2 / 2g \qquad (2\text{-}25)$$

水平射程S_m：指抛点到落点的水平位移。将全程飞行时间T的表达式代入公式（2-20）中，得到水平射程的计算公式：

$$S_m = v_0\cos\theta \cdot T = v_0\cos\theta \cdot 2v_0\sin\theta / g$$
$$S_m = v_0^2\sin 2\theta / g \qquad (2\text{-}26)$$

例题：设足球运动员用20米/秒的初速度，向与水平面成30°角的方向，将足球从地面踢出，求足球可能达到的最大高度，以及在空间飞行的时间和飞行的最大距离（图2-21）。

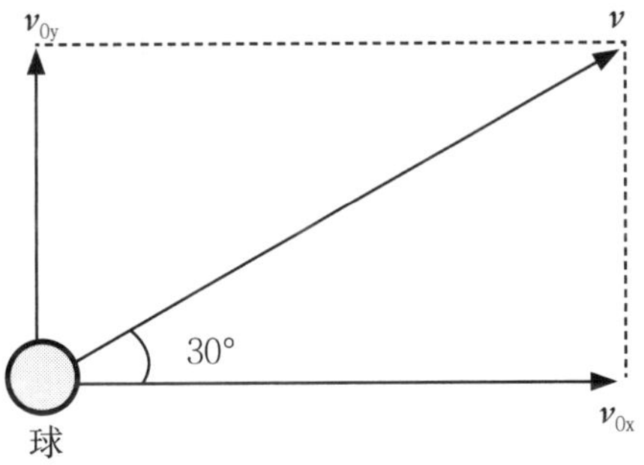

图2-21　足球踢出时速度示意图

解：已知v_0=20米/秒　θ=30°　$g \approx$10米/秒^2 足球向上的初速度为：

$v_{0y} = v_0\sin 30° = 20 \times 0.5$

=10（米/秒）

上升最大高度：

$H = v_{0y}^2 / 2g$

$= 10^2 / 2 \times 10$

=5（米）

上升最大高度的时间$t = v_0 / g$=10/10=1（秒）

空中飞行的总时间T=2t=2×1=2（秒）

水平方向的速度为$v_{0x} = v_0\cos 30° = 20 \times 0.866 = 17.32$（秒）

球飞行的最大距离$S = v_{0x} \cdot T = 17.32 \times 2 = 34.64$（米）

（2）抛点高于落点的斜上抛运动

设抛点比落点高h，如图2-22所示。

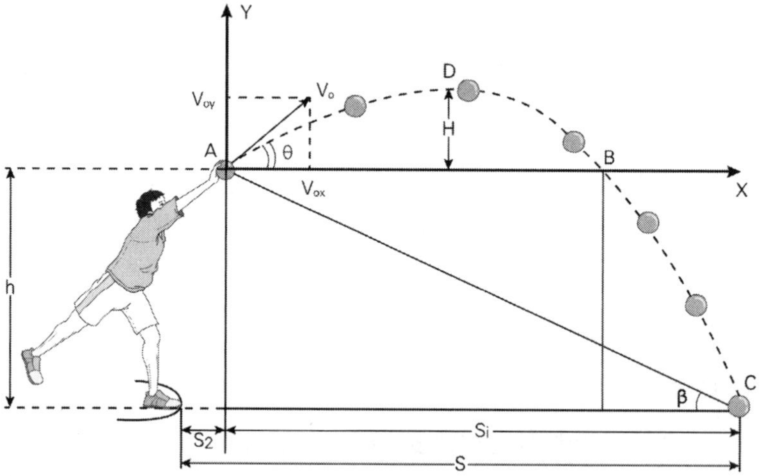

图2-22　推铅球

实践中，如投掷项目，器械一般多是从一定高度抛出，落在比抛点低的地面上，类似的情况如跨栏、排球的发球等。对这一类运动其计算公式的建立如下:

首先，把抛点取为坐标原点，建立直角坐标系。

全程飞行时间T（即腾空时间）

$T=t_1+t_2$

t_1为上升到最高点D所需时间，等于

$t_1=v_0\sin\theta/g$

t_2为由最高点D下落到落点C所需时间，这个过程在竖直方向上属于自由落体运动，下落的总位置为H+h，由自由落体运动方程：

$S=\dfrac{1}{2}gt^2$ 可得 $(H+h)=\dfrac{1}{2}gt_2^2$

即下落时间 $t_2=\sqrt{2(H+h)/g}$

将$H=v_0^2\sin^2\theta/2g$代入上式得

$$t_2=\sqrt{\frac{v_0^2\sin^2\theta+2gt}{g^2}}$$

故全程飞行时间

$$T=\frac{1}{g}(v_0\sin\theta+\sqrt{v_0^2\sin^2\theta+2gh})$$

由此可见抛点越高，飞行时间越长。

水平距离$S_1 = v_0 \cos\theta \cdot T$

$$= \frac{v_0^2 \sin\theta \cdot \cos\theta + v_0 \cos\sqrt{v_0^2 \sin^2\theta + 2gh}}{g}$$

实际距离$S_m = S_1 + S_2$（S_2一般是实测）

（3）抛点低于落点的斜上抛运动

当$\theta<0$时，为斜上抛运动。例如，篮球中的投篮、排球中的接发球，跳马的第一腾空中运动员总重心的运动轨迹等属于此类运动。落点可以在抛物线的上升阶段，也可以在抛物线的下降阶段。这一类抛体运动实际上是抛点与落点在同一水平面上的抛体运动的一部分。这类斜抛运动公式的建立基本思路和方法同前（推导略）。

公式如下：

$$T = \frac{1}{g}(v_0 \sin\theta) + \sqrt{v_0^2 \sin^2\theta - 2gh^2} \tag{2-27}$$

$$S_m = \frac{1}{g}(v_0^2 \sin\theta \cdot \cos\theta) + v_0 \cos\theta\sqrt{v_0^2 \sin^2\theta - 2gh^2} \tag{2-28}$$

（4）平抛运动基本公式

当$\theta=0$时，为平抛运动。将$\theta=0$代入斜抛运动基本公式中可得平抛运动基本公式：

$$y = v_0 \sin\theta t - \frac{1}{2}gt^2 = -\frac{1}{2}gt^2 \tag{2-29}$$

$$x = v_0 \cos\theta t = v_0 t \tag{2-30}$$

任一时刻的x、y方向的速度分量为

$v_x = v_0$

$v_y = gt$

例题：射击运动员沿水平方向发射子弹，测得当子弹在水平方向上通过50米后，子弹在垂直方向下降了2厘米，求子弹的初速度。

解：已知：X=50米　Y=0.02米　g=9.8米/秒^2

根据平抛公式，有：

$$0.02 = \frac{1}{2} \times 9.8 \times t^2$$

$$50 = v_0 t$$

得：$t = \sqrt{0.02/4.9} = 0.064$（秒）

$v_0 = 50/0.064 = 781.25$（米/秒）

答：子弹的初速度为781.25米/秒。

3. 抛射体运动的规律

（1）影响抛射体高度的因素

从公式 $H=\boldsymbol{v}_0^2\sin^2\boldsymbol{\theta}/2\boldsymbol{g}$ 得知，抛射体高度与初速度的垂直分量 $\boldsymbol{v}_{0y}=\boldsymbol{v}_0\sin\boldsymbol{\theta}$的平方成正比，故要增大抛射体高度，唯有增加初速度的垂直分量，即或增大抛射初速度$\boldsymbol{v}_0$，或增大抛射角$\boldsymbol{\theta}$。在相同初速度$\boldsymbol{v}_0$的条件下，抛射角$\boldsymbol{\theta}$=90° 时，抛射高度达最大值，这时就成了竖直上抛运动了。在跳高中，为了达到最大的抛射高度，似乎应采用90° 的腾起角。可是，跳高时，要越过一定的横杆，需要一定的水平速度，腾起角必然小于90°。此外，我们在研究人体的斜上抛运动时，其研究的质点是取在人体的一定位置（一般选人体的总重心）。这个代表人体的点是有一定高度的。而我们在讨论人体运动腾起的最大高度时，很多情况是指轨迹的最高点到地面的距离。所以在这种情况下，最大高度应是抛射点高度加上轨迹最高点到X轴的距离，即

$$H = h_1 + \boldsymbol{v}_0^2 \sin^2\theta / 2\boldsymbol{g} \qquad (2\text{-}31)$$

（2）影响抛射体远度的因素

在抛点和落点在同一水平面的斜抛运动中，从远度公式$S=V_0^2\sin 2\theta/\boldsymbol{g}$中，可以看出影响远度的因素有抛射角$\theta$、初速度$\boldsymbol{v}_0$。当$\theta$角不变时，远度S和初速度$\boldsymbol{v}_0$的平方成正比。当初速度$\boldsymbol{v}_0$不变时，远度S同抛射角$\theta$两倍的正弦（$\sin 2\theta$）成正比。而其中初速度的影响是主要的。因此，要增加抛射体的远度，首先要尽可能提高抛射初速度。标枪、跳远的助跑、推铅球的滑步、投掷铁饼、链球的旋转，目的都是增大抛射初速度。因此在追求远度的项目中，我们首先强调增大初速度，其次考虑抛射角的问题。对以下三个公式进一步分析可以看到：

最大高度公式：

$$Y_m = \boldsymbol{v}_0^2 \sin^2\theta / 2\boldsymbol{g} \qquad (2\text{-}32)$$

水平射程公式：

$$X_m = \boldsymbol{v}_0^2 \sin 2\theta / \boldsymbol{g} \qquad (2\text{-}33)$$

全程飞行时间公式：

$$T = 2\boldsymbol{v}_0 \sin\theta / \boldsymbol{g} \qquad (2\text{-}34)$$

这三个表示斜抛运动轨迹特点的量，都决定于初速度$\boldsymbol{v}_0$和抛射角$\boldsymbol{\theta}$。全程飞行时间T和最大高度Y_m由$\boldsymbol{v}_0\sin\boldsymbol{\theta}$（初速度的竖直分量）决定，与水平运动无关。最大高度与全程飞行时间的关系是：

$$Y_m = \frac{1}{2}\boldsymbol{g}T^2 \qquad (2\text{-}35)$$

水平射程则由竖直分运动（它决定飞行时间）和水平分运动共同决定。因此，要增大远度，分运动的情况必须予以考虑。所以，在投掷一类项目中，适宜的投掷角度是必须考虑的一个因素（因为它决定分运动的情况）。

运用最佳的抛射角对提高远度也是重要的，由于出手高度和空气阻力因素的影响，最佳抛射角小于45°。最佳抛射角的大小受抛射初速度、抛射点高度的影响。对于投掷项目，当出手速度一定，出手高度愈高，相应的最佳出手角就愈小。对于一定的出手高度，出手速度愈大，相应的出手角就愈接近45°。因此，最佳抛射角的确定，不是简单数理推导能办到的，而常常采用实验的方法来确定。因为最佳抛射角应是一定出手高度的运动员在充分发挥最大身体能力，获得最大初速度的情况下，使远度为最大值时的抛射角度。显然，在出手高度不同，初速度不同的情况下，最佳抛射角度是不同的。表2-3表明了铅球最佳抛射角随出手高度和出手速度变化的情况。从中我们看到，对某一项目讲，所谓的最佳抛射角不应是指某一特定的角度，而是指可在一定范围变化的一组角度。在实践中，不同的运动员应根据自己的具体情况，确定与其相适应的最佳抛射角度。

表2-3　出手初速度、出手高度、最佳出手角与飞行远度之间的关系

出手初速度（米/秒）	出手高度					
	1.83米		2.13米		2.44米	
	最佳出手角度（度）	飞行远度（米）	最佳出手角度（度）	飞行远度（米）	最佳出手角度（度）	飞行远度（米）
7.92	38～39	8.02	37～38	8.26	37	8.48
8.53	39	9.07	38～39	9.31	38	9.55
9.14	40	10.17	39	10.44	39	10.68
9.75	40～41	11.38	40	11.63	39	11.83
10.36	41	12.64	40～41	12.90	39～40	13.16
10.97	41	13.98	41	14.24	40	14.50
11.58	42	15.39	41	15.66	40～41	15.92
12.19	42	16.87	41～42	17.15	41	17.41
12.80	42	18.43	42	18.71	41	18.98
13.41	42	20.07	42	20.34	42	20.62
14.02	43	21.78	42	22.06	42	22.34

（注：引自全国高师体育系《运动生物力学》教材）

第二节 人体运动中的静力学

静力学是研究物体或物体系在外力作用下处于平衡状态的性质和行为的力学分支。平衡是物体机械运动的特殊形式，物体相对于惯性参照系处于静止或作匀速直线运动的状态，即加速度为零的状态称为平衡。静力学还研究力系的简化和物体受力分析的基本方法。

体育运动中人体运动的静力学主要讨论人体完成静力性动作，即处于相对静止的姿势（或称平衡状态）时的受力情况，获得平衡和维持平衡的力学条件。体育运动中的静止姿势，如体操中的吊环十字支撑、倒立；体操技巧中的造型动作；武术中的大鹏展翅；体操、技巧、武术等项目的各种落地动作，田径中的起跑姿势等，都要求在一定的时间内保持相对静止的姿势才算完成动作（图2-23）。以上属于静态平衡动作。还有一类是动态平衡动作，如花样滑冰中的造型动作，是在运动中保持一定的身体姿势。往往根据研究的需要也把它们作为静力性动作来研究。习惯上，我们把静力性动作称为平衡动作，本节对静力性动作统称为平衡动作。

图2-23 平衡动作

一、人体运动中的力

（一）力、力矩、力偶矩

1. 力的概念

力的概念是静力学的基本概念之一。力可以借由直觉的概念来描述，例如推力或拉力，这可以使一个有质量的物体改变速度（包括从静止状态开始运动）或改变其方向。力对已知物体的作用效果决定于：力的大小、力的方向和力的作用点。通常称它们为力的三要素，力的三要素可以用一个有方向的线段即矢量表示。

2. 力矩的概念

作用力使物体绕着转动轴或支点转动的趋向，称为力矩。转动力矩又称为转矩，表示力对物体作用时产生转动效果的物理量。推挤或拖拉涉及作用力，而扭转则涉及力矩，力矩能够使物体改变其旋转运动。力矩是一种施加于好像螺栓或飞轮一类的物体的扭转力。例如，用扳手的开口箝紧螺栓或螺帽，然后转动扳手，这动作会产生力矩来转动螺栓或螺帽。

根据国际单位制，力矩的单位是牛顿·米。力矩的表示符号是希腊字母$\boldsymbol{T}$，或$\boldsymbol{M}$。力矩T等于径向矢量$\boldsymbol{r}$与作用力$\boldsymbol{F}$的叉积，以矢量方程表示为$\boldsymbol{T}=\boldsymbol{r}\times\boldsymbol{F}$。物体受力绕某点或定轴转动时，力的转动效果除了取决于力的大小和方向外，还取决于所绕定点或定轴到力的作用线的距离，如图2-24所示。即力矩与三个物理量有关：施加的作用力$\boldsymbol{F}$、从转轴到施力点的位移矢量$\boldsymbol{r}$、两个矢量之间的夹角$\boldsymbol{\theta}$。力$\boldsymbol{F}$在垂直转轴OZ平面内，O是平面内的任一点，d是从O点至力$\boldsymbol{F}$作用线的垂距（称为力臂），则$\boldsymbol{F}$对于O点的力矩是$\boldsymbol{F}$与d的乘积，以符号T表示，即力矩等于作用于杠杆的作用力乘以支点到力的垂直距离，$\boldsymbol{T}=\boldsymbol{F}\cdot\boldsymbol{d}=\boldsymbol{Fr}\sin\boldsymbol{\theta}$。

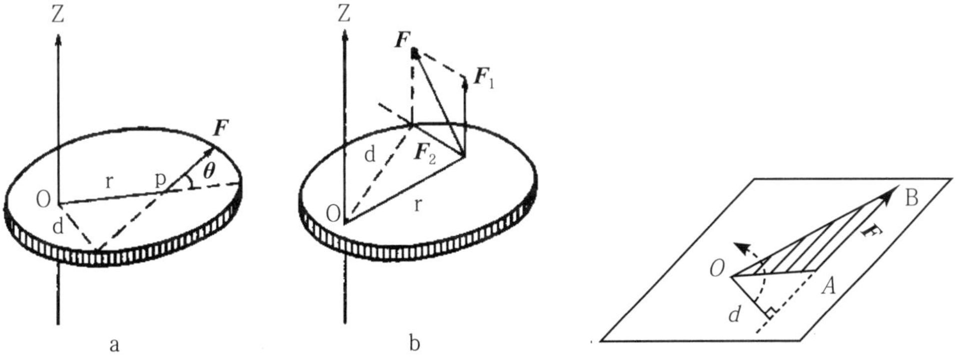

图2-24　力矩与力偶矩

如果力$\boldsymbol{F}$不在垂直转轴OZ的平面内（图2-24），可把力$\boldsymbol{F}$分解为与转轴平行的$\boldsymbol{F_1}$，及垂直于转轴平面内的力$\boldsymbol{F_2}$。$\boldsymbol{F_2}$与转轴的垂直距离为d，使物体产生转动的力矩为$\boldsymbol{F_2}$d。实践证明，只有与轴既不平行，也不相交的力才能使物体转动，而且起作用的仅是该力在垂直转轴平面内的分力。

力矩的方向可以用右手定则来决定。假设作用力垂直于杠杆，将右手往杠杆的旋转方向弯卷，伸直的大拇指与支点的旋转轴同直线，则大拇指指向力矩的方向。力使物体绕点转动，通常规定：从轴的正面看去，力使物体按逆时针方向转动时，力矩为正；力使物体按顺时针方向转动时，力矩为负（图2-25）。

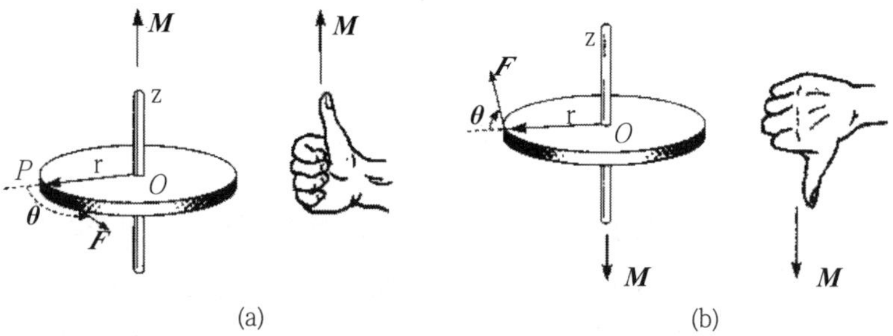

图2-25　力矩方向的判定

研究人体运动时，由于受力情况不一样，对力矩的称呼也不一样，如肌肉拉力矩（肌肉拉力×肌力臂）；阻力矩（阻力×阻力臂）；重力矩（重力×重力臂）。

3. 力偶和力偶矩的概念

在研究力对物体的转动作用时，我们还会遇到这样一种情况：大小相等、方向相反、作用线互相平行但不重合的两个力作用在物体上，物体同样会产生转动。我们把两个大小相等、方向相反、但不在同一直线上的这一对力称为力偶。它们是反向平行力的一种特殊情况。力偶是一种只有合力矩（所有力矩的总合），没有合力的作用力系统。力偶不会给予刚体质心任何加速度。力偶所产生的力矩称为力偶矩。

例如，拧钥匙开锁、汽车司机用双手转动方向盘（图2-26）所施的力就是一个力偶。体育运动中的支撑腹回环可近似地看作是在力偶作用下，使身体绕单杠转动。

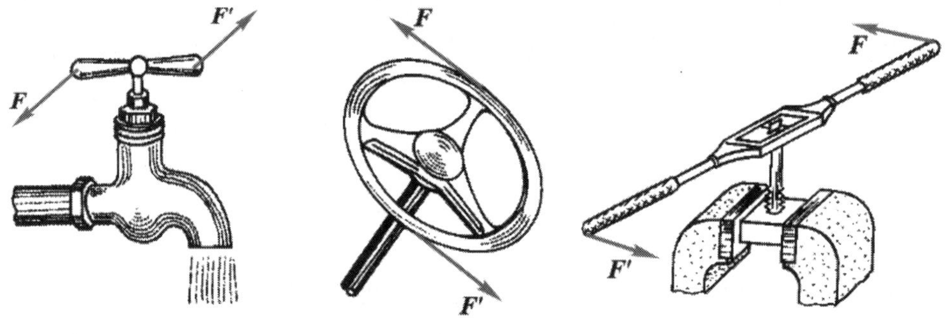

图2-26　力偶

力偶作用在刚体上，能改变刚体的转动状态，同时保持其平移运动不变。力偶的转动效应由力偶矩决定。力偶中一个力的大小F乘上两个力作用线之间的垂直距离d，即Fd。（图2-27）。力与力偶臂的乘积称为力偶矩。使物体产生逆时针方向转动的力偶矩取正值；反之为负值。通常力偶矩用符号$\boldsymbol{M}$表示：

$\boldsymbol{M}=\pm F\mathrm{d}$

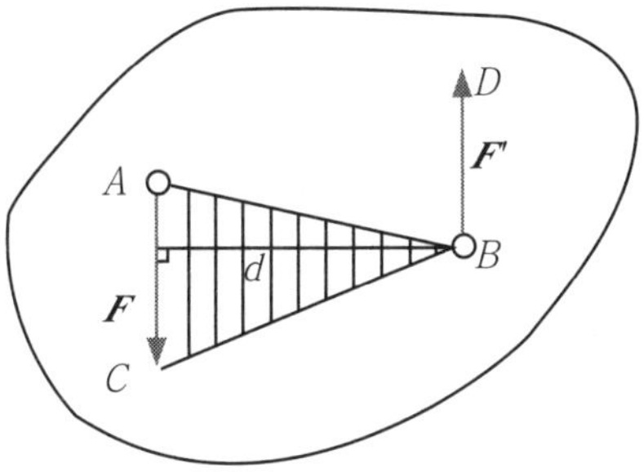

图2-27　力偶矩

力偶矩是个自由矢量，作用于物体的任何一点，效果都一样，与参考点无关。

（二）常见的力

1. 重力

由于地球的吸引而使物体受到的力，叫做重力。方向总是竖直向下。重力是矢量，其大小称作重量，单位是N。地面上同一点处物体受到重力的大小跟物体的质量m成正比。当m一定时，物体所受重力的大小与重力加速度$\boldsymbol{g}$成正比，用关系式$\boldsymbol{G=mg}$表示。通常在地球表面附近，$\boldsymbol{g}$值约为9.8N/kg，表示质量是1kg的物体受到的重力是9.8N。同一物体在不同情况下所受重力不同，如不同纬度、海拔。一般情况下，在同一地点，同一物体的重力是恒定的。

重力大小可以用测力计测量，静止或匀速直线运动的物体对测力计的拉力或压力的大小等于重力的大小。

2. 支撑反作用力

物体处于支撑状态时，力作用于支点（支撑面）上，支点又反作用于物体，这种反作用力称为支撑反作用力。物体由于受到重力对支点产生压力，支点则对物体产生一个反作用力，它是一种约束反力。当人体站立地面静止不动时，重力使人体压向地面，地面的反作用力作用于人体，这种支撑反作用力称为静力性支撑反作用力，支撑反作用力与人体所受重力相等。当人体处于支撑状态，而人体局部环境做加速运动，其结果给支点以作用力，支点则给人体一个反作用力，这种支撑反作用力称为动力性支撑反作用力。局部环节加速度有两种情况，一是加速垂直离开支点，如蹬离地面，人体垂直向上摆臂等，这时支撑反作用力便大于人体所受重力，增大的值与运动环节质量及其加速度成正比。二是加速垂直朝向支点，如人体做下蹲动作时，支撑反作用力小于人体所受重力，减少的值也与运动环节的质量及其加速度成正比。

体育实践中运用摆臂、摆腿提高支撑反作用力的例子很多，如各类跳跃运动中的摆臂、摆腿等。应注意的是，提高支撑反作用力只有人体处于稳固支撑状态时，环节的加速才有意义。

3. 弹性力

弹性力产生在直接接触的物体之间，是指发生弹性形变的物体由于要恢复原状，对其他接触的物体产生的力。弹力产生时，发生弹性形变的物体为施力物体，和它接触的物体为受力物体。平时所指的弹力一般是压力、支持力和拉力。发生形变的物体，若能恢复原状，这样的形变叫做弹性形变；反之，若过了一定的限度则不能恢复原状，这样的形变叫做塑性形变，这个限度称作弹性限度。

任何物体都能发生形变，不发生形变的物体是不存在的。在科学问题中人们会把假设不发生形变的物体称为刚体，这是一个理想模型。一般情况下，弹性力的大小与形变量成正比，还与物体的弹性性质有关。如弹簧在弹性限度内，弹簧发生弹性形变时，弹力的大小F跟弹簧伸长（或缩短）的长度x成正比，即$F=kx$，式中的k称为弹簧的劲度系数，单位是牛顿/米，用N/m表示。这个规律称作胡克定律。

弹性力在体育运动中普遍存在，主要表现在运动器材变形后产生弹性力作用于人体或物体上。如在人体运动时跳水跳板的形变，撑竿跳高时撑杆的形变（图2-28），蹦床起跳时蹦床的形变等，都将产生恢复形变的弹性力作用于人体。而在羽毛球击球时球拍拍面的形变，即将恢复形变的弹性力作用于羽毛球。运动中运动器材的旋转，人体与运动器材的接触形式、接触时间都将对人体运动产生重要影响。准确、适时地利用弹性力可以有效帮助人体完成动作，反之会影响动作。有时在体育实践中物体在接触过程中发生的形变是肉眼不容易观察到的，如单杠、双杠的形变，但弹性力依然存在，这时弹性力与支撑反作用力基本等值。

图2-28　跳水及撑竿跳高的弹性力

4. 摩擦力

摩擦力指两个表面相互接触的物体作相对运动或有相对运动趋势时产生的力，是一种接触力，它对物体间的相对移动和/或移动趋势总是起一种阻碍作用。广义地说，物体在液体和气体中运动时也受到摩擦力。产生条件有以下四点：物体间相互接触；物体间有相互挤压作用；物体接触面粗糙；物体间有相对运动趋势或相对运动。摩擦力的方向永远沿着接触面的切线方向且与物体运动或运动趋势反向。摩擦力来源于两个物体接触面间的附着力，但摩擦力大小与接触面积大小几乎无关。

在体育运动中摩擦力是普遍存在的。人之所以能走、能跑，靠得就是鞋底与地面之间的摩擦力。没有摩擦力，人就寸步难行。在体育运动中人们往往利用摩擦力以提高运动表现，如跑鞋上装钉子或运动鞋底制成不同的条纹，在体操项目中使用镁粉，棒球投手用松香改善对球的抓握，撑竿跳运动员使用防滑带（或松香），目的都是增大摩擦力，防止滑动。乒乓球拍上的胶粒面，与平胶面相比，可使拍面与球之间产生更适度的摩擦力。有时，运动员不是需要增加而是应该减少两个物面之间的摩擦力。如短道速滑的冰刀，接触地面的面积小，摩擦力小（图2-29）；在滑雪板上涂润滑油，游泳衣表面提高光滑性，是为了减少摩擦力，因为这时的摩擦力对人体运动起阻力作用。

运动员不仅可以通过改变两个物体接触面的性质来增大或减少摩擦力，还可以改变两个物体接触的力。登山运动员下山时就采用这种方法增大对岩石表面的附着力。身体越向后倾，绳子拉力的作用方向就越容易使两脚牢牢抵住岩面（身体离岩面越远，绳子垂直作用于岩面的分力就越大）。这样，绳子就能起到把两个物面（鞋底与岩面）附着在一起的作用，从而减弱鞋子从岩面滑开的趋势。随着身体倾斜度逐渐增大，绳子的作用力也逐渐增大。脚对岩石的附着力从两个方面得到加强——既改变绳子作用力的大小，又改变其方向（图2-30）。

图2-29　短道速滑需要减小摩擦力

图2-30　登山运动员需要增大摩擦力

5. 流体作用力

运动员从事的运动项目或运动器械绝大多数在空气中进行，也有的在水中进行。人或器械在流体内进行运动，会与流体发生接触，并相互作用，这种作用常常是动态变化的。如铁饼、标枪出手后微逆风使器械获得升力，游泳时身体与水接触产生的各种阻力。这种流体对人体或器械的作用力称为流体作用力。

图 2-31　游泳受到水的作用力

在体育运动中，物体的各种运动都会受到流体环境的影响。篮球运动员向前场带球时，要在空气这一特定的流体环境通过，带球速度因而会略微减慢。潜游运动员受其流体环境——水的影响更大了。游泳运动员是同时在两种不同的流体环境——水和空气中比赛的，身体各部位会分别受到这两种流体环境的作用。在很多场合中，流体作用力的影响很小，除进行精确的分析外，完全可以忽略不计，如推铅球一般不考虑空气阻力的影响。而在另外一些场合中，流体阻力的影响非常显著。在水中或水上进行的项目（如游泳、划船、皮艇、帆船和滑水板）和高速穿过空气的运动（跳伞、射箭、棒球和滑雪）等，就属于这种情况。

6. 向心力

体育运动中的向心力

向心力是当物体沿着圆周或者曲线轨道运动时，指向圆心的合外作用力。向心力的方向时刻指向圆心，且被向心力所控制的物体是沿着切线的方向运动，所以向心力必与受控物体的运动方向垂直，仅产生速度法线方向上的加速度。向心力只改变所控物体的运动方向，而不改变运动的速率，即使在非匀速圆周运动中也是如此。

向心力的大小为$F=\frac{\mathrm{m}v^2}{r}$，即向心力与转动半径成反比，与转动物体的质量和线速度的平方成正比。根据物体的线速度与其角速度的关系也可推导出一物体要做匀速圆周运动所需要的向心力大小为$F=m\omega^2r$：

向心力的反作用力为离心力，两者大小相等，方向相反，但分别作用在两个不同的物体上。如单杠大回环中向心力和离心力分别作用在人体上和器械上。无论什么时候，只要物体沿着曲线轨迹运动，就会产生向心力和离心力。在有些体育运动中，这些力比其他力更重要，由于这些力的存在，运动员必须有意识地调整自己的技术。这方面最明显的例子可见于短跑运动员和自行车运动员在跑道上转弯时，唯一能够将所需要的向心力作用于运动员的物体，是地面这个唯一与他们保持接触的物体。如果地面将一个内向的水平力作用在运动员的脚上或自行车轮子上，这个偏心力就会起到所需要的作用，改变运动员的运动方向。同时，它也有一个使运动员向外转动的不利作用。由于偏心力既能引起平动，又能引起转动，为了对抗这种转动效应，运动员就向内倾斜，以便地面反作用力的垂直分力也可起到偏心力的作用，并提供一个与上述偏心向心力的力矩方向相反的力矩。当运动员的速率超过一定限度时（自行车和摩托车比赛中常出现这种情况），或跑道的半径太小时，地面就再也不能提供所需要的向心力。这意味着，如不采取一些辅助措施，运动员转弯时就必须减速，否则就会发生危险。赛车场和室内田径场的跑道呈外高内低的倾斜状，就是为了解决这些问题（图2-32）。这样，向下作用于斜坡的重力的分力就能增大所需要的向心力，从而至少可部分减少由地面提供向心力的需要，甚至可以完全摆脱这种需要。

图2-32　体育运动中的向心力

二、力系的简化

（一）力的合成和分解

判定物体平衡的时候，需要求分力的合力，或者对合力进行分解。力的合成和分解与速度、加速度等矢量的合成和分解一致。一个力系对刚体的作用效果，可以用另一个简单的力系等效。这个过程，称为力系的简化。力系简化的前提是等效，等效力系是指不同力系对同一物体所产生的运动效应相同。力系简化而得到的最简单力系称为力系简化的结果，可以是平衡、一个力、一个力偶，或者一个力和一个力偶。

（二）共线力系的简化和平衡

1. 合力

非平衡共线力系$\boldsymbol{F}_1$，$\boldsymbol{F}_2$，$\boldsymbol{F}_3$……$\boldsymbol{F}_i$……$\boldsymbol{F}_n$简化的结果是一个合力$\boldsymbol{R}$，合力的大小等于各力的代数和，即

$$\boldsymbol{R}=\boldsymbol{F}_1+\boldsymbol{F}_2+\boldsymbol{F}_3+\cdots\cdots+\boldsymbol{F}_i+\cdots\cdots+\boldsymbol{F}_n=\sum\boldsymbol{F}_i$$

合力的作用线在原有各力的作用线上，合力的方向决定于$\sum\boldsymbol{F}i$的正负号。通常规定：向上、向右为正，向左、向下为负。

2. 平衡方程：$\sum\boldsymbol{F}_i=0$

如燕式平衡（图2-33）的人体属于共线力系。平衡的力学条件是：

$$\sum\boldsymbol{F}_y=\boldsymbol{N}_y-\boldsymbol{W}=0$$

图2-33　燕式平衡

（三）平面汇交力系的简化和平衡

刚体所受力的作用线分布在同一平面内，且各力作用线汇交于一点的力系称为平面汇交力系。平面汇交力系在体育运动中经常遇到。

1. 合力

非平衡平面汇交力系简化的结果必定是一个合力，可用图解法和解析法求合力。

2. 平衡方程

平面汇交力系的平衡，必须满足两个条件：

$\sum \boldsymbol{F}_x=0 \quad \sum \boldsymbol{F}_y=0$

或 $\boldsymbol{R}=\sum \boldsymbol{F}_i=0$

即力系的合力等于零。

（四）共面平行力系的简化和平衡

1. 力矩原理

在共面平行力系中，所有各力对于其平面内任一点力矩的代数和，等于这个力系的合力对于此点的力矩。（图2–34）

$\sum \boldsymbol{M}_0=\boldsymbol{F}_1 X_1+\boldsymbol{F}_2 X_2+\cdots+\boldsymbol{F}_i X_i+\cdots+\boldsymbol{F}_n X_n=\boldsymbol{R}\,X$

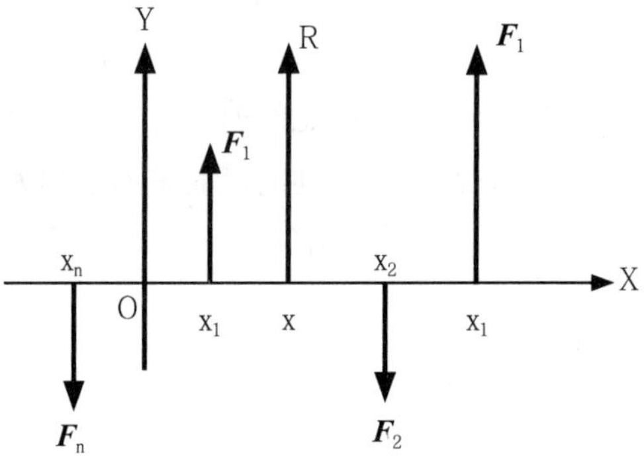

图2–34　平行力系示意图

2. 合力与合力偶

非平衡共面平行力系简化结果是一个合力或一个合力偶。

合力：如果这个共面平行力系简化结果是一个合力，则这个合力$\boldsymbol{R}$必与原有力系平行，它的大小为：

$\boldsymbol{R}=\sum \boldsymbol{F}_i$

它的指向，决定于$\sum \boldsymbol{F}i$ 的正负号。要决定合力$\boldsymbol{R}$的作用与y轴的距离$\boldsymbol{X}$，可根据力矩原理：判断，$X=\frac{\sum M_0}{R}$式中$\sum M_0$表示已知力系中所有力对于点O力矩的代数和。由$\sum M_0$的正负号结合R的指向就可判定力矩的方向，通常以逆时针转动为正，以顺时针转动为负。

合力偶：如果合力$R=\sum F_i=0$，而此力系仍不平衡，则简化结果必是一个力偶，其效应只有转动，没有平动。这个力偶矩是：$M=\sum M_A$。式中$\sum M_A$表示力系中所有各力对于其平面内任一点A的力矩的代数和。

3. 平衡方程

当共面平行力系平衡时，其平衡方程是：

$\sum F=0 \qquad \sum M_A=0$

式中A点是力系平面内的任一点。

（五）共面一般力系的简化和平衡

1. 合力与合力偶

非平衡共面一般（任意）力系简化的最后结果是一个合力或一个合力偶。

2. 平衡方程

共面一般力系平衡时，它的平衡方程可用下面三种不同形式的任一种表示。

基本形式：

$$\sum F_x=0 \qquad \sum F_y=0 \qquad \sum F_z=0 \tag{2-36}$$

二力矩形式：

$$\sum F_x=0 \qquad \sum M_A=0 \qquad \sum F_M=0 \tag{2-37}$$

三力矩形式：

$$\sum M_A=0 \qquad \sum M_B=0 \qquad \sum M_C=0 \tag{2-38}$$

式中A、B、C是力平面内任意三点，但不得共线。

三、平衡的力学条件

当物体保持平衡时，作用在物体上的一切外力相互平衡，也就是物体所受合外力为零，同时所受合外力矩为零。对于人体，这些条件同样适用，数学表达式为：

$$\sum F_i=0 \tag{2-39}$$

$$\sum M_i=0 \tag{2-40}$$

如果某物体的平衡符合上面两个条件，则处于平衡状态。

人体或器械受到力的作用，一般运动状态会发生改变。但在有些情况下，几个力同时作用于人体或器械，人体或器械仍可以保持原来的状态不变，即受力作用的人体或器械处于平衡状态。在研究人体或器械平衡问题时，首先要画出研究对象的受力图，然后进行受力分析。即确定研究对象受到哪些力的作用，力的作用点和方向等。研究对象可能是某物体或几个物体的组合，亦可能是从一个物体中隔离出的一部分，这一部分称为“隔离体”。受力图是设想把所研究的人体或器械从周围物体的联系中分离出来，单独画出来，并画出周围物体作用于它的全部外力。除了重力外，只考虑与研究对象相接触的物体对于它的作用力，如地面支撑反作用力、摩擦力、器械的支撑反作用力、空气的作用力等。应该特别注意的是，不要漏画力，也不能任意添加力。根据力系平衡的充分必要条件——合力为零/合力矩为零进行下一步分析。

四、重心

（一）人体重心的概念

人体重心

在研究人体运动时，首先需要对人体进行简化，把人体看成是一个点或一组点（质点或质点系），用这些点代表整个人体或人体的部分。通常我们选取最能代表人体或各个部分的点，就是重心。评价一个体育运动完成的质量，分析其技术特征和纠正错误动作等，都需要从运动时人体重心的变化规律去分析。因此，它在体育运动中是很重要的一个基本参数。

地球上的物体无不受地心引力的作用，人体也不例外。每个物体都是由无数微小的物质（分子、原子等）组成，这些微小物质也无不受重力的作用。人体的微小生命单位是细胞，每个细胞也都受地心引力的作用，地心引力即重力，重力的大小就是物体的重量，重力的作用方向始终垂直向下，指向地心，重力的作用点就是物体的重心。

当一个物体受到重力的作用，组成该物体的每个质点都会受到地球对它的引力（牛顿万有引力定律）。这些引力的合力就是该物体的重力，合力的方向与单个引力的作用线相平行。同样，人体也是这样，人体是由头、躯干、上臂、前臂、手、大腿、小腿、足等多个环节组成。每个环节都受到重力的作用，各有自己的重心，这些环节的重心是组成这些环节的每一微小部分的重力合力的作用点。如头的重心、躯干重心、上臂重心等。人体全部环节（整个人体）所受重力的合力的作用点就是人体总重心。由此可知，重心是重力的作用点。它在物体上仅仅是一个几何点/几何形状固定的物体，其重心位置是固定不变的。例如铁饼、标枪、铅球、足球等物的重心位置是固定的。需要注意的是，重心不一定位于物体的有形范围内，如吊环、篮球和头盔等，重心都不在有形范围内，而是在物体内部空间或周围的某点上。

（二）人体重心的位置

人体重心不像物体那样恒定在一个点上，人体重心并不特指身体上某一个固定点。心脏的每一次跳动，人体的每一次呼吸，食物的摄取以及各种体液的变化，都会使重心位置发生变化。在相对静止的状态下，重心变化范围一般在1.5～2厘米。据测定，保持基本立姿（解剖姿势）的人体，人体重心一般在身体正中面上第三骶椎上缘前方7厘米处。由于性别、年龄、体型不同，人体重心位置略有不同，一般男子重心位置的相对高度比女子高，自然站立时，男子重心高度大约是身高的56%，女子大约是身高的55%（图2-35），这是因为女子的骨盆带较大。儿童的头和躯干的质量相对大一些，则身体重心相对高度比成人高些。由于体型的不同也略有不同，如同样身高的足球运动员与体操运动员相比，下肢骨骼和肌肉发达的足球运动员比上肢发达的体操运动员的重心低。上下肢的长短，身体的胖瘦都影响着重心的位置。

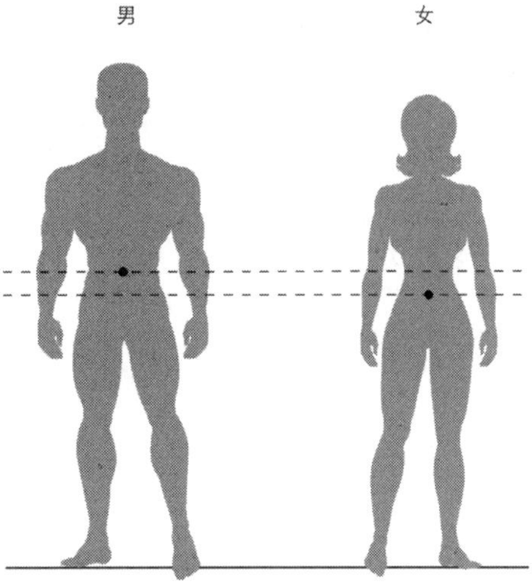

图2-35　重心高度的性别差异

（三）重心和动作技术的关系

人体重心和动作技术关系密切。例如：在研究人体的运动学特征时，先把整个人体或人体的某环节简化为质点才能运用力学的原理进行研究，而这些质点就是取的人体总重心或环节的重心，这样才能对人体的运动进行描述，如重心位移的速度、加速度的变化。在研究百米短跑技术时，为了解技术的合理性，经常需要测量某跑段人体重心的运动轨迹，若重心的运动轨迹上下起伏太大是不良的技术造成的。在静力学中，要评价某平衡动作稳定性的稳定角，也需要知道重心位置所在才能测量稳定角的大小，从而使用稳定角这一指标对技术进行评价。根据运动技术的要求确定动作姿势以创造保持平衡或破坏平衡的条件。例如：排球的防守准备姿势，两脚前后开立姿势的后稳定角大于两脚平行开立的后稳定角，这对接球时后移的重心迅速前移有利。踢足球时，作用力通过球体的重心，球就平动，如作用力不通过球体重心，球就转动。知道了球的重心位置，便可根据比赛的具体需要，踢出不同类型的球路。

在体育运动中，由于身体姿势的变化，重心位置也随之变化，这种变化对运动技术动作的影响较大。例如：手臂上举，重心升高；体后伸，重心后移；下蹲，重心下降；向左体侧屈，重心左移。做大幅度的体前屈动作或体操“桥”动作时，人体重心可以移出体外（图2-36），重心移动的方向总是与环节移动方向一致，并且重心移动的幅度取决于环节移动的幅度，环节移动的幅度大，重心移动的幅度也大；并且其环节质量越大，则重心移动幅度越大。篮球运动员跳球和排球运动员起跳扣球时，都会利用重心为自己服务。以篮球运动员为例，跳起够球时，运动员向前上方摆动两臂以增加跳起的高度。接着，一离开地板，就使一臂下落到体侧，另一臂尽量伸向最大高度。一臂落下时，身体重心所能到达的高度会较两臂在头上伸直时增加。在实际跳球场合中，运动员的身体重心所能达到的最大高度是由起跳速度和起跳高度所决定的。超过重心达到的最大高度，手能伸多高，取决于如何调整身体姿势。跳高人体腾空时，运动轨迹是以总重心为准的。跳高成绩要以身体最低部位不触及横杆为准，因此跳高过杆技术从跨越式发展到俯卧式和背越式，就是以研究身体姿势与总重心位置关系为基础的。诸如此类不胜枚举。总之，在运动技术动作中，重心的问题是普遍存在着的。因为人体重心掌握控制不好而造成动作失败的现象常常遇到，所以人体重心与运动技术的关系十分密切。

图2-36　重心位置随姿势的变化

五、下支撑稳定性的判定

稳定性，是指人体或物体抵抗各种干扰作用保持平衡的能力，又称稳定程度或稳定度。人体的稳定性包括两个方面：人体静止时抵抗各种干扰的能力，称为静态稳定性；人体重心偏移平衡位置后，当干扰因素去除后，人体仍然能恢复到初始平衡范围，称为人体平衡的动态稳定性。体育运动中稳定性直接影响动作的成败和成绩的高低，如高难度平衡动作的稳定性对体操、武术的比赛成绩影响很大，一个稳定度很高的平衡动作的完成会很大幅度地提升成绩，又如举重成功的标准是保持杠铃举起达3秒。

人体平衡

（一）类型

1. 根据重心与支撑点的位置关系分类

根据平衡物体重心与支撑点的位置关系，平衡可分为：

（1）上支撑平衡：支撑点在重心上方的平衡。如体操中单杠悬垂动作（图2-37a）。

（2）下支撑平衡：支撑点在重心下方的平衡。如站立、手倒立、平衡木上的平衡动作、吊环水平支撑等。（图2-37b）

（3）混合支撑平衡：既非完全上支撑，又非完全下支撑平衡，重心位于上下支撑点之间的平衡，如肋木侧身平衡（上面手臂拉肋木，下面手臂推肋木）（图2-37 c,d）。

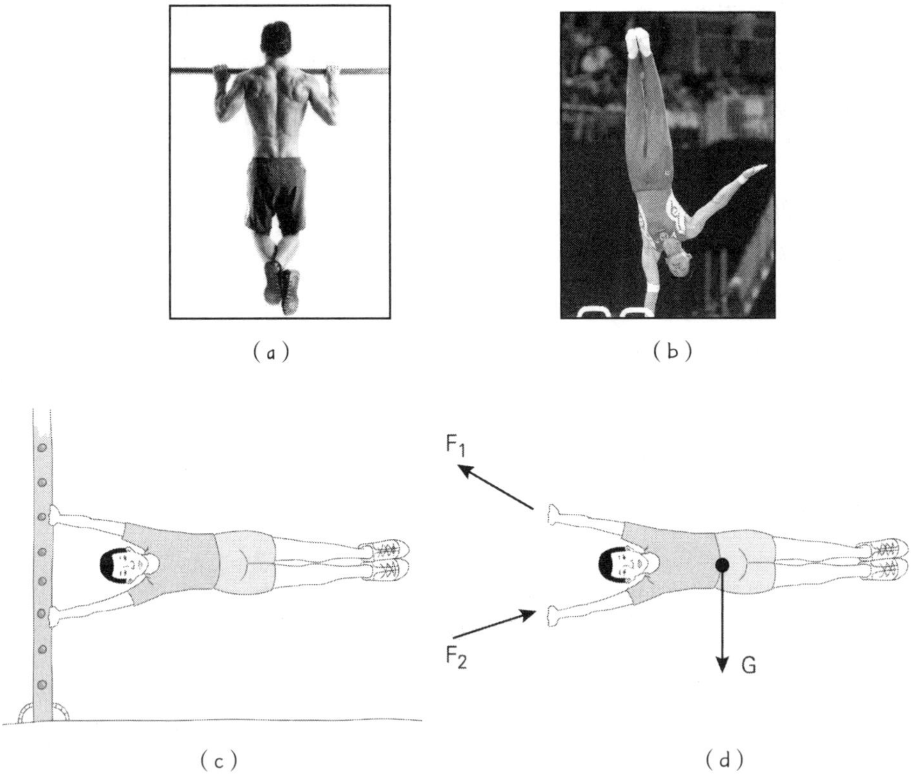

图2-37　支撑平衡的分类（a为上支撑平衡，b为下支撑平衡，c、d为混合支撑平衡）

2.根据保持平衡可能性分类

平衡物体受到外力作用偏离其平衡位置时，根据物体保持其平衡的可能性可分为：

（1）稳定平衡

物体的平衡位置无论有多大偏离，当去掉破坏平衡的外力以后，物体能恢复到原来的平衡状态，这种平衡叫稳定平衡。多数上支撑平衡属于稳定平衡，如单杠悬垂、玩具不倒翁、拳击的吊袋等。此类平衡的特点是，当物体偏离平衡位置时，其重心升高，产生使物体恢复到原来状态的稳定力矩，回到平衡位置后，合力为零，合力矩为零。

（2）不稳定平衡

物体稍偏离平衡位置后，当去掉破坏平衡的外力时，不能再恢复到原来的平衡位置。不稳定平衡仅见于下支撑中的点支撑或线支撑，如单臂手倒立动作。在这种平衡中，其特点是当物体偏离平衡位置时，重心降低，这时出现的重力矩将增大物体的偏离程度，使其不能再回复到原来的位置上。

（3）随遇平衡

物体在外力作用下，当外力撤除后，物体既不回到原来位置，也不继续偏离新位置，而是在新位置上保持平衡，即物体在任何位置上都能保持平衡。在这种平衡中，当物体偏离平衡位置时，其重心高度不发生变化。无论物体移到哪一位置，其重力都通过支点，支撑力也通过重心。物体所受的合外力和合外力矩均为零，物体在每一位置上都能获得平衡，如放在水平面上的匀质小球。这类平衡在人体运动中少见，前滚翻动作可近似看做随遇平衡。

（4）有限度的稳定平衡

物体对平衡位置的偏离有一定的范围，只要不超过一定限度，则可恢复到原有的平衡状态，否则将失去平衡。有限稳定平衡在下支撑动作中较为常见。当物体稍发生倾斜，若重力作用线尚未超出支撑面的边界，其重心升高，势能增大，这时重力对翻转支点产生的力矩为恢复力矩（稳定力矩），可使物体恢复到平衡位置。但若物体继续倾斜，重力作用线超出支撑面的边界时，倾斜将使重心降低。重力对翻转支点产生的力矩变为倾倒力矩（或称翻转力矩），加大物体的倾斜，最后使物体失去平衡而倾倒。

（二）影响因素

平衡稳定性反映了物体维持原有平衡状态和抵抗倾倒的能力。在运动实践中，人体平衡姿势稳定性的大小，对完成各种动作具有直接影响，另外，从快速运动状态突然变为静止状态，如体操的下法动作和结束动作就属于此类，其稳定性的好坏直接影响运动成绩，提高这类动作的稳定性是十分重要的。下支撑物体的平衡稳定性除了用上面讲的平衡力学条件进行判断外，还可用下面一些参量进行判断。

1. 支撑面

支撑面积是由各支撑部位的表面及它们之间所围的面积组成。在下支撑物体的平衡中，都有一定的支撑面。支撑面积愈大，物体平衡的稳定性也愈大。当具有多个支撑部位时，它们之间的距离愈大，支撑面积也愈大，因而稳定性也大。因此，两脚开立比两脚并立的稳定性大；两脚站立比单脚站立的稳定性大；单臂手倒立比双臂手倒立难度大（图2-38）。

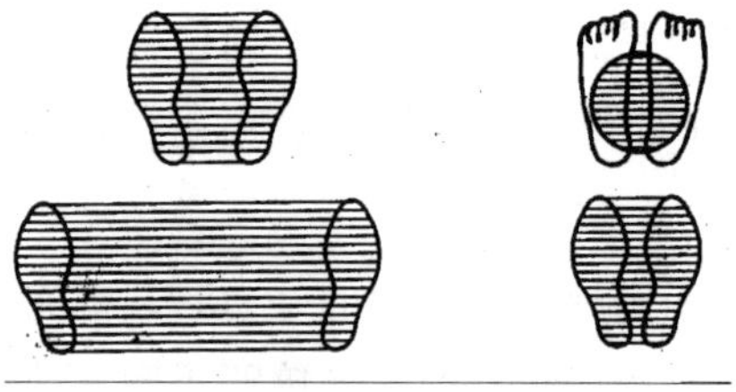

图2-38　支撑面

2. 重心的高低

重心高低对稳定性也有影响。一般地讲，重心越低，稳定性就越大；重心位置高，稳度小。手倒立比头手倒立重心高，稳度小，所以难做。女子重心比男子低，稳度就大一些。小孩重心在其身体相对位置比成人高，所以容易摔跤。要使动作稳度增大，应该降低重心。

以上两点只能一般地说明物体的稳定性大小，而不能反映不同方向上稳定性的差异。如马步动作，人体在前后方向上的稳定性就比左右方向上差。如果前后方向上受到力的作用容易失去平衡。由此发现，平衡的稳定性还决定于重力作用线在支撑面中的相对位置。若重力作用线接近支撑面边缘，那么物体在这一侧的稳定性就小，反之亦然。而在短跑的蹲踞式起跑及游泳的出发姿势中，都尽量使身体前移以使重力作用线接近支撑面的前缘，目的就是减小向前的稳定性，以便听到枪声或口令时及时失去平衡，有利于起跑和出发。

3. 稳定角

所谓稳定角就是重心垂直投影线（或称重力作用线）和重心至支撑面边缘相应点的连线间的夹角。稳定角愈大，物体的稳定程度愈大（图2-39），即物体在某方位上平衡稳定性的储备能力愈大。稳定角能定量说明物体在多大范围内倾倒时，重力仍产生恢复力矩使物体回复到原来的平衡位置上。一旦物体倾斜角度大于稳定角时，重力就产生倾倒力矩使物体倾倒（图2-40）。稳定角综合地反映了支撑面积大小、重心高低及重心垂直投影线在支撑面内的相对位置这三个因素对稳定性的影响。如果要增大某方位的稳定性，则要增大在此方向上的稳定角，反之亦然。

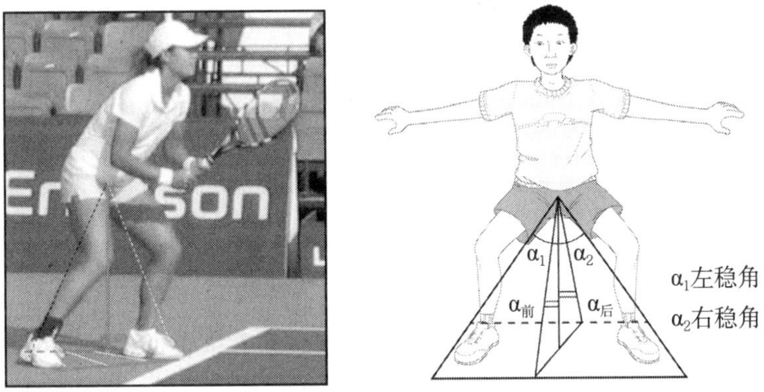

图2-39　稳定角

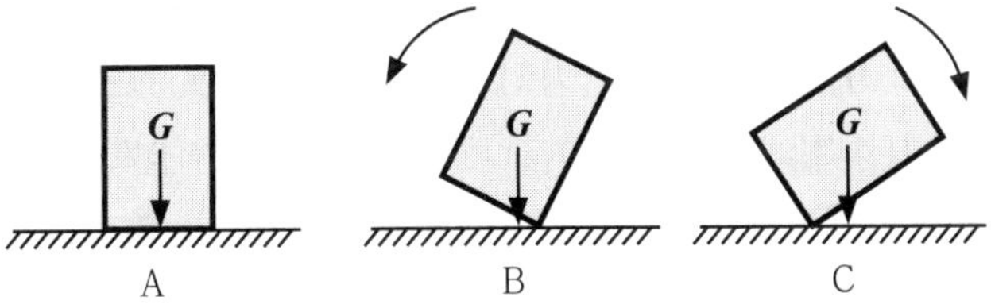

图2-40　有限度的稳定平衡

当手提重物时（单侧负重），为了不使身体重心向负重侧移动，往往通过对侧手臂向侧张开、或上体倾向对侧、或整个身体倾向对侧等方法继续保持重心落在支撑面中心上。在实际运动中，应根据动作的目的选取不同的稳定角，如在平衡木上走有向一侧倾倒趋势时，运动员会自动张开对侧手臂，使重心回到支撑面之内。重心越是靠近支撑面中心，稳度就越大；重心越是接近支撑面边缘，稳度就越小。在运动实践中，有时要保持平衡，如体操和技巧中的平衡动作、造型动作以及各种落地动作等，方法是使身体重心落在支撑面之内。武术中冲拳要求上体要正，也是为了使重心靠近支撑面中心。在运动实践中，有时也要冲破平衡，例如短跑的起跑、游泳的出发等，这时就要使身体重心尽量接近支撑面边缘。武术中的“四两拨千斤”，就是利用对方重心接近支撑面边缘时轻轻拨一下，使其失去平衡。

4. 平衡角

平衡角等于某方位平面上稳定角的总和，如图2-41所示。平衡角在不同的方位平面上，可能是不同的。它可以说明物体在某方位上总的稳定程度，通常称为稳度。即物体失去平衡的难易程度。

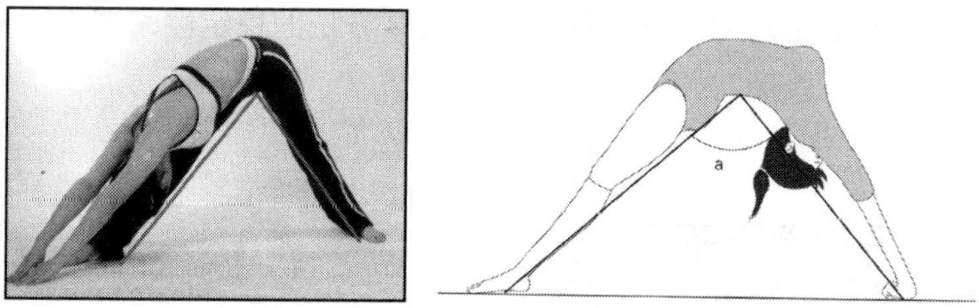

图2-41　平衡角

5. 稳定系数

一个物体是否失去丰衡，取决于该物体重心垂直投影线是否落在支撑面内。如落在支撑面内，就保持平衡；落在支撑面之外，就失去平衡（图2-42）。

人体平衡的类型取决于重力的作用方式。稳定平衡在人体的姿位有极小的偏离时，如单杠悬垂动作，人体的重心升高，则势能增大，重力形成力矩，重力矩起到恢复原来姿位的作用。我们可用稳定系数这一参量来判断，稳定系数表明物体依靠重力抵抗平衡受破坏的能力。当物体开始倾斜时，随着物体的倾斜，则重力产生一个使物体恢复到原来平衡位置的恢复力矩。恢复力矩等于重力的大小乘上重力对倾倒支点的力臂。在倾倒的过程中，如恢复力矩大于倾倒力矩，即重力作用线在支撑面内，则恢复力矩使物体恢复到原来的位置上。若在倾倒过程中，重力对支点的力臂不断缩短，随着倾倒的加剧，恢复力矩的重力作用不断减少。当倾倒使重力作用线通过支点时，恢复力矩变为零，重力矩则起着加剧倾倒的作用。若有一倾倒力作用在物体上（图2-42），倾倒力所产生的倾倒力矩等于倾倒力乘以倾倒支点力臂的乘积。稳定系数就定义倾倒力开始作用时稳定力矩与倾倒力矩的比值：

$$K=\frac{\boldsymbol{M}_{稳}}{\boldsymbol{M}_{倾}}=\frac{\boldsymbol{G}_{r}}{\boldsymbol{F}h} \qquad (2-41)$$

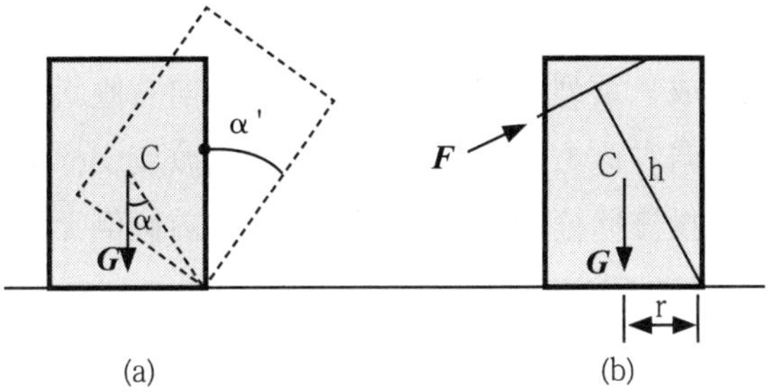

图2-42　倾倒力矩与稳定力矩

K为稳定系数，当K>1时，物体本身的重力所产生的恢复力矩足以抵抗倾倒的作用，即稳定力矩大于倾倒力矩，此时倾倒力矩不能使物体倾倒失去平衡。当K<1时，物体稳定力矩对抗不了倾倒力矩，倾倒力将使物体倾倒，平衡被破坏，即静力姿势的改变。从此角度看，物体越重，其稳定力矩亦越大，抵抗倾倒作用的能力也越强。

上面分析我们发现，决定下支撑稳定平衡状态的因素，从稳定系数的组成来看有：①重力作用线到支撑面相应边界的距离（稳定角）。②人体（或物体）的重量。在第一因素相同的情况下，体重越大，稳定性越好；所以在摔跤、拳击、柔道比赛中，运动员要按体重分等级。

（三）人体平衡的特点

人体是受高级神经活动控制的杠杆系统，它不仅可以保持平衡，而且在平衡遭到破坏时还能恢复平衡。杂技演员走钢丝索，如果把人视为刚体，那是不可能实现的。因此在考虑平衡及评定其稳定性时需要考虑以下生物学因素：

1. 人体不能处于绝对静止的状态

人体在维持平衡的过程中，不可能是绝对静止的。身体姿势的维持不可能严格不变，当维持平衡的时间较长，肌肉出现疲劳时，这种不稳定性就更加明显。最优秀的射击运动员，在射击瞄准时，也不可能把枪口控制到绝对静止状态（纹丝不动）。研究表明，我国优秀步枪运动员立射时击发前4秒内枪口的晃动范围一般在2毫米以内，这种平衡是一种相对的静态平衡。

2. 人体内力在维持平衡中的作用

人体的内力，即运动系统各组织器官产生的力，不能改变人体整体的运动状态。但是内力可以通过对外界环境的主动作用，使人体受到外界环境的反作用，从而影响人体的平衡。在某些静力性姿势中，维持平衡的不仅仅是重力和支撑反作用力，还是由重力矩与肌肉和韧带的拉力矩共同维持的，如燕式平衡。

3. 人体的补偿动作

人体在完成或维持静力姿势的过程中，当人体重心发生偏移有失去平衡的倾向时，人体能借助于补偿动作在一定范围内“中和”或“抵消”重心的不适宜移动。补偿动作与破坏平衡的动作同时发生，避免总重心向不适宜的方向移动，当补偿动作不足以维持平衡时，则需借助恢复动作维持原有的平衡或获得新的平衡。如用左手提起重物，身体的重心也向左移，此时人体能自动地完成一系列动作，身体的一部分向右倾斜并将右臂伸向右侧，从而使身体和重物两者的总重心向右移（图2-43）。另外通过改变支撑面，重力作用线进入新的支撑面，获得新的平衡。如投掷标枪，枪出手后，人体向前倾倒无法恢复时便自动向前跨出一步，获得了一个新的支撑面，得到新的平衡。

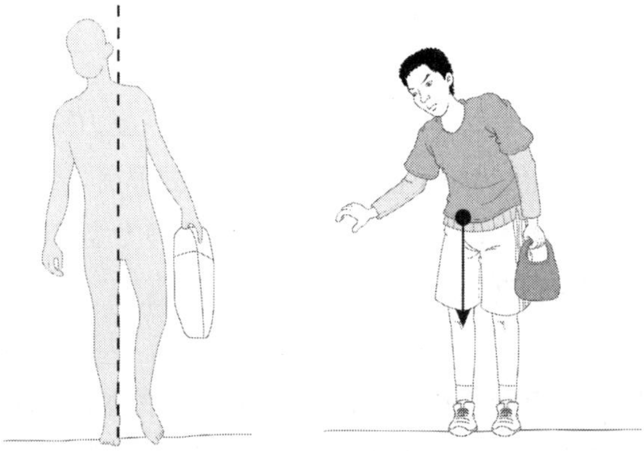

图2-43　人体的补偿动作

4. 人体具有自我控制、调节和恢复平衡的能力

人体不仅能维持平衡，在有失去平衡的趋势时，能够通过视觉和本体感觉，在大脑皮质的控制调节下，通过肌肉收缩重新造成平衡的力学条件，恢复和维持平衡。这种平衡能力，通过训练可以不断加强，能够完成一些单从力学角度来看非常困难的平衡动作。例如，体操和杂技中一些高难平衡动作：吊环“前水平”、高台停车、走钢丝等。有训练和无训练的人，保持平衡的能力差别很大。

5. 人体的平衡受心理因素的影响

为提高平衡动作的稳定性，对运动员加强意志品质和心理训练是很重要的。本来是平衡的动作，由于视觉和心理因素的影响，可能失去平衡。例如，走独木桥时，如果桥是在一条激流的上空，又没有扶手，许多人会感到晕眩而失去平衡。若将同样的独木桥置于平地，则大多数人都会平稳地走过去。这种在平衡条件下使人失去平衡的现象，是心理因素造成的。遇到这种情况，让自己的眼睛集中在一个固定的物体上，不要看动乱的刺激物，情况会好得多。例如初学在平衡木上走路时，若将眼睛看在前方视线水平或稍上一点的固定物体上，就会减少紊乱刺激，易于掌握平衡。

6. 人体的平衡动作消耗肌肉的生理能

从力学的角度看，静止状态不能引起机械功，因为力的作用没有引起任何位移。刚体的平衡不消耗能量。然而，人体的平衡离不开肌肉的收缩作用，必消耗一定生理能，长时间的平衡，能量消耗增多，肌肉出现疲劳会使人体控制平衡的能力降低。

第三节 人体运动中的动力学

动力学是经典力学的一门分支，主要研究运动的变化与造成这变化的各种因素。换句话说，动力学研究力对物体的运动所造成的影响。运动学是纯粹描述物体的运动，完全不考虑导致运动的因素。动力学研究由于力的作用，物理系统怎样改变。动力学的基础定律是艾萨克·牛顿提出的牛顿运动定律。对于任意物理系统，只要知道其作用力的性质，引用牛顿运动定律，就可以研究这作用力对于这物理系统的影响。

人体运动的动力学依然是以牛顿力学为基础，但由于人体与机械运动有着本质区别，用动力学来分析人体运动会有一定的局限性。将人体简化为质点或者刚体来进行研究可以更明了地来理解牛顿力学的研究方法，但在研究实际问题时要考虑人体自身的特点。

一、牛顿定律及其应用

（一）牛顿第一运动定律及其应用

物体在不受外力作用时，具有保持原来匀速直线运动状态或静止状态的性质，称之为惯性。惯性是物体的固有属性。牛顿在总结前人的基础上，提出了动力学的一条基本定律：一切物体总保持匀速直线运动状态或静止状态，除非作用在它上面的力迫使它改变这种状态。这就是牛顿第一定律，又称为惯性定律。

牛顿定律

自然界中物体不可能完全孤立出来，所以不受力作用的物体是不存在的，所以，牛顿第一定律是逻辑思维对事实进行分析的产物，不可能用实验直接验证。但有很多现象可以帮助我们理解牛顿第一定律，如冰球场上，冰球离开球杆后，能以几乎不变的速度继续前进，直到它再一次受到球杆的打击或者碰到障碍物，才改变这一状态。

在实际应用中，“没有力迫使物体改变运动状态”也可以理解为物体受到的力刚好平衡，相互抵消。比如静止在地面上的足球，因为其受到的重力和地面反作用力的作用相平衡，它就保持静止状态。

在体育运动中，合理地应用惯性定律，可以提高人体的运动效率，减少体能消耗，提高运动能力。如上举杠铃、单杠及撑竿跳的引体向上动作中，要注意运动的连贯性，尽可能避免频繁地改变运动速度。在长距离的竞技项目，如长跑、皮划艇、自行车等运动中，应当采用自己最适宜的匀速完成全程，这样可以充分地利用人体或器械的惯性，既节省了能量，也有好的运动效果，运动过程中时快时慢的变速，会在加速启动时消耗更多的能量来激活身体各器官系统。

（二）牛顿第二定律及其应用

根据牛顿第一运动定律，若要物体改变原来的运动状态需要有力作用在物体上。当一个物体受到的合外力不为零时，物体运动的加速度与合外力成正比，与其质量成反比，加速度的方向与合外力的方向一致，这就是牛顿第二定律。公式表示为：

$$\sum \boldsymbol{F} = m\boldsymbol{a} \tag{2-42}$$

牛顿第二定律确定的是力与加速度之间瞬时的矢量关系，而质量是物体惯性的量度，所以当质量不变时，加速度的大小与外力成正比。牛顿第二定律可以解决两类基本问题：已知质点的运动求力；已知作用在质点上的力求运动（图2-44）。

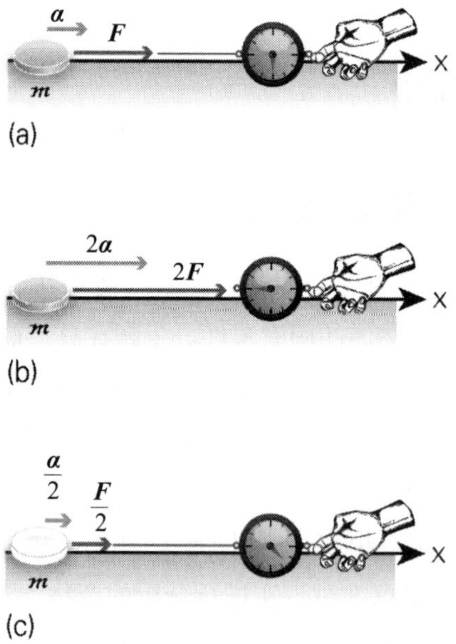

图2-44　牛顿第二定律

由于力是矢量，所以对物体的作用效果也是多样的：力的方向与物体运动方向一致时，加速度为正，此力为动力。如果力的方向与物体运动方向相反时，则为减速运动直至速度为零，此力为制动力；如果力的大小不变，则物体的运动为匀加速（减速）运动；如果力为变量，则人体运动为变加速（减速）运动。

在人体运动中，牛顿第二运动定律的应用很广泛，因为，人体的各种动力性的动作都具有加速度，有加速度就一定有力的作用。物体的质量又是容易测量的，所以针对运动的求解就集中在力和加速度上了。在应用牛顿第二定律时要注意以下几点：

1. 质点

牛顿第二定律中的物体是被当做质点。在体育运动中对人体进行研究时，也不例外，在处理多环节连接体的动力学问题时，要用“隔离物体法”，也就是把物体分割成多个可视为质点的物体，以便对每一质点直接应用牛顿第二定律。

2. 合外力

物体做加速运动是力的作用结果，这里的力不是内力而是外力，不是部分力而是合力。因此，应该明确牛顿第二定律中所讲的力是外力的合成或者合外力。

3. 瞬时性

牛顿第二定律反映的是加速度与力的瞬时关系。每一瞬时的加速度只取决于同一瞬时合外力的作用情况，与其他时刻的力无关。一旦出现合外力，加速度也同时产生，一旦撤除合外力的作用，加速度也随之消失。

4. 矢量性

若施加一个力作用于物体，则物体将沿着外力方向加速运动，如果施加几个外力作用，则合外力为几个力的矢量和。

（三）牛顿第三定律及其应用

力是物体对物体的作用，只要谈到力，就一定存在着受力物体和施力物体。如用网球拍击球时，球会发生形变，同时网面也会发生形变。物体间相互作用的这一对力，通常叫做作用力与反作用力。作用力和反作用力总是相互依存，同时存在的。我们可以把其中的任何一个力叫做作用力，另一个叫做反作用力。

大量事实表明：两个物体间的作用力和反作用力总是大小相等，方向相反，作用在同一直线上，这就是牛顿第三定律（图2-45）。

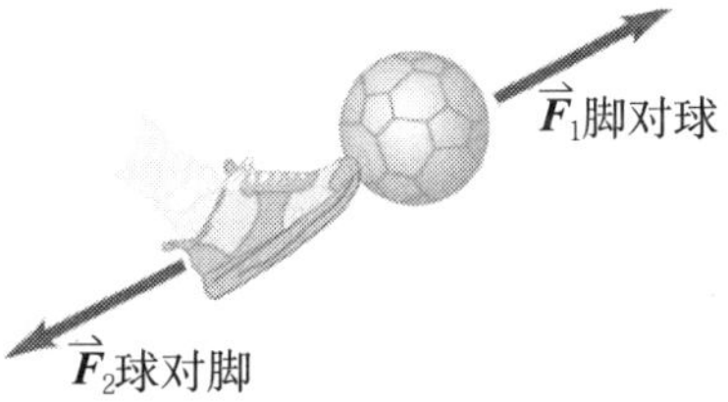

图2-45　牛顿第三定律示意图

由于作用力和反作用力是物体相互作用产生的，所以作用力与反作用力是分别作用在不同的物体上的，产生各自的效应；二者必须是同种性质的力。

在走、跑、跳等动作中，人体所获得的动力是人蹬地过程中，地面给人体的反作用力。要获得较大的反作用力作为人体运动的动力，必须加大人的蹬地力。为了寻求更大的对人体作用的地面反作用力，实践中采用一些措施，创造某种良好的作用条件。例如，选择坚硬的场地，在跑鞋、跳鞋上安上钉子，起跳时用跳穴或起跑器等。

（四）牛顿运动定律在体育运动中的应用实例

1. 向心力与离心力

物体作圆周运动时，速度方向沿着圆周的切向不断变化，因而存在向心加速度，其大小为$\boldsymbol{a}_n=\boldsymbol{v}^2/\boldsymbol{r}$，方向指向圆心。由牛顿第二定律得知，此时物体必受到外力的作用，这个外力的方向也始终指向圆心，大小为:

$$\boldsymbol{F}_n=m\boldsymbol{a}_n=m\boldsymbol{v}^2/\boldsymbol{r} \tag{2-43}$$

这个力就叫向心力。因此，向心力可定义为：物体做圆周运动时，受到跟速度方向垂直、并且沿着半径指向圆心的力叫向心力。

图2-46　车受到的墙壁反作用力提供了圆周运动所需的向心力

由此可知，物体作圆周运动的必要条件是，物体必须受到一个与速度方向垂直的外力作用，才能不断地改变物体运动的方向。如果作用力与速度方向平行，这个力就只改变速度的大小而不改变速度的方向，即物体只作变速直线运动。

人带动链球作圆周运动时，手臂通过铁链对球施加向心力，不断改变球的运动方向，使球得以实现圆周运动。

2. 支撑反作用力

支撑反作用力是一种被动约束力。当人体处于支撑状态时，人体以某种形式对支撑点或支撑面施加作用，支撑点或支撑面便产生大小相等、方向相反的反作用力作用于人体上，这种力叫支撑反作用力。支撑反作用力的大小和方向，随人体运动状态或作用形式的不同而变化。

人体静止时，支撑反作用力称静态支撑反作用力。由于人体在重力$\boldsymbol{G}$和静态支撑反作用力$\boldsymbol{R}$的作用下保持平衡，有

$$\boldsymbol{G}-\boldsymbol{R}=0 \quad 即 \quad \boldsymbol{R}=\boldsymbol{G}=mg$$

表明静立时，静态支撑反作用力等于人的体重。

人体相对支撑面运动状态发生改变(蹬起或下蹲)时，支撑反作用力称为动态支撑反作用力。在重力$\boldsymbol{G}$和动态支撑反作用力$\boldsymbol{R}$的作用下有

$$R-G=ma \qquad R=G+ma$$

蹬起时，$a>0$，$R>G$，即动态支撑反作用力大于体重，称超重现象；下蹲时，$a<0$，$R<G$，即动态支撑反作用力小于体重，称失重现象。

在原地纵跳中，下蹲和蹬伸的过程，动态支撑反作用力是不断变化的（图2-47）。

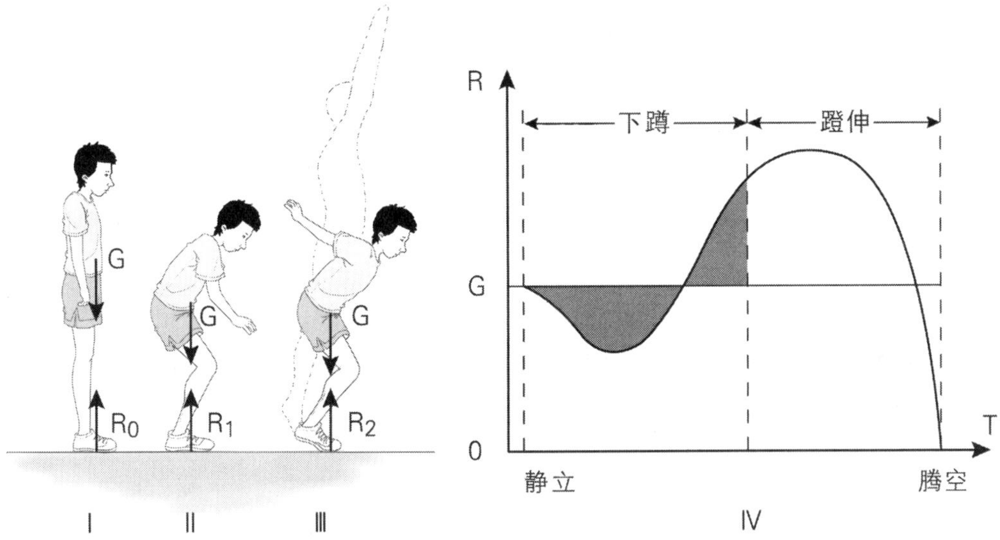

图2-47　原地纵跳测力台曲线

二、动量定理及其应用

（一）动　量

任何运动着的物体，从短跑运动员、长距离游泳运动员到滚动着的地滚球，都有一定的质量和一定的速度，而二者的乘积就是物体所具有的动量。

$$K=mv \tag{2-44}$$

动量是矢量，其方向与速度方向一致，单位为千克·米/秒（kg·m/s）。

一般来说，在体育运动中，只有当一个物体与其他物体碰撞时，才有必要考虑物体的动量。碰撞的结果在很大程度上取决于碰撞前后物体的动量。物体的动量越大，它对处于运动路线上的其他的物体的作用就越大。物体运动速度的不同，也会造成动量不同，例如羽毛球运动中，运动员通过控制球拍的速度来控制球拍触球时的动量：想把球打到后场就快速挥拍；反之，回前场球时，会减小挥拍速度。

（二）冲　量

要使物体的动量发生一定的变化，作用于物体的力和此力作用的时间是两个同样重要的因素。牛顿第二定律反映物体受力作用和运动状态变化的瞬时关系。这种瞬时作用不能说明物体在受到外力作用的一般过程中运动状态变化的情况。而在实际上，无论是物体的运动，还是人体的运动，都存在连续受到外力作用的现象。所以，必须研究力在一定时间间隔内的累积效应。即外力使物体动量发生变化的大小，由力和力的作用时间所决定。

在力学中，将作用于物体上的外力与外力的作用时间的乘积，定义为力的冲量。

$$\boldsymbol{I}=\boldsymbol{F}\Delta t \tag{2-45}$$

冲量也是矢量。其方向与力的方向相同。此处的作用力$\boldsymbol{F}$为常量。冲量的单位为牛顿·秒（N·S）。

如果将某一力随时间变化的规律做成一个力–时间曲线图，那么在一定时间内力的冲量等于这段时间的力–时间曲线图中力的曲线与横坐标围成的图形的面积。总冲量则为力的整个作用时间下的曲线与横坐标围成的图形的总面积（图2–48）。

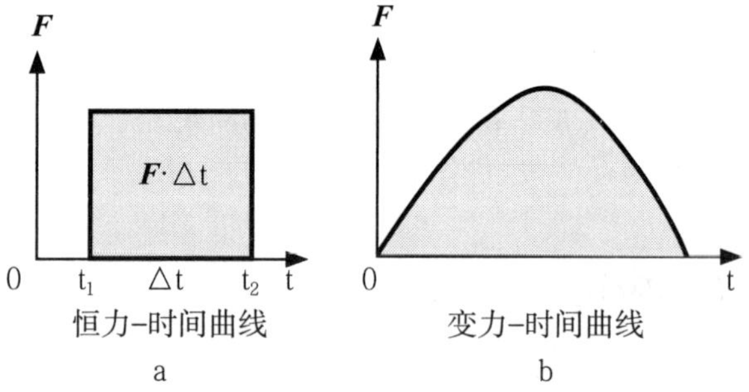

图2–48　冲量示意图

（三）动量定理及其应用

动量定理指的是物体在一个过程始末的动量变化量$\Delta\boldsymbol{K}$等于它在这个过程中所受力的冲量$\boldsymbol{I}$。这是描述物体机械运动状态变化规律的基本定理之一，即：

$$\Delta\boldsymbol{K}=\boldsymbol{I}$$

动量定理可由牛顿第二定律推导出来。假设质量为m的物体，受到恒力$\boldsymbol{F}$的作用，其加速度也是恒定不变的。在t_0时刻的速度为$\boldsymbol{v}_0$，在t时刻的速度为$\boldsymbol{v}_t$，则有：

$$\boldsymbol{F}=m\boldsymbol{a}=m\frac{\boldsymbol{v}_t-\boldsymbol{v}_0}{t-t_0} \tag{2-46}$$

即：$\boldsymbol{F}(t-t_0)=m\boldsymbol{v}_t-m\boldsymbol{v}_0$

动量定理在运动中的应用很多。在某些投掷练习时，为了增加器械的出手速度，即增加器械的出手动量，应增加在最后用力阶段对器械冲量，即在保证发挥肌肉最大力量的同时，通过延长力的作用距离来延长作用时间，以获得更大的作用效果。而在各种运动的落地动作中，为了减小接触面对人体的冲击力，要延长力的作用时间，即要适时地屈曲下肢进行缓冲。运用动量定理还可以计算人体运动中的一些力学参数。在跳跃项目中，用测力台测出踏跳力随时间的变化曲线，就可以求出人体所受的冲量，运用动量定理，则可求出人体腾空的速度。

（四）动量守恒定律及其应用

地滚球与滚柱相碰时，根据牛顿第三定律可知球作用在滚柱上的力与滚柱作用在球上的力的大小完全相等，方向正好相反。这两个力的作用时间也完全一样——它们同时接触，同时分开，而只有当它们接触时，相互之间才有力的作用。既然冲量等于力与时间的乘积，所以一个物体所得到的冲量与另一个物体所得到的冲量大小相等，方向相反。此外，根据动量定理，这两个物体相应的动量变化也必然大小相等，方向相反。于是，由于球失去的动量与滚柱得到的动量大小相等，方向相反，所以该物体系（球+滚柱）的总动量在碰撞时保持不变。动量守恒定律概括了这些概念：任何物体系在某一方向上合外力为零时，它在该方向上的总动量保持不变。即：

$m\boldsymbol{v}_t - m\boldsymbol{v}_1 = 0$

或者：$m_1\boldsymbol{u}_1 + m_2\boldsymbol{u}_2 = m_1\boldsymbol{v}_1 + m_2\boldsymbol{v}_2$

与体育运动中其他大多数实例一样，在地滚球与滚柱一例中，总动量只是近似保持不变，因为还存在着摩擦力和空气阻力等外力作用。不过，这种场合下的外力是很小的，可以认为近似值相当接近于精确值。

动量守恒定律更多的是用来研究力学系统的动量变化规律。相互作用的两个或两个以上的物体作为一个整体来考虑，也就是把它们看成是一个孤立的力学系统。系统外对系统内物体的作用，只要外力为零，就可以用动量守恒定律来讨论。

将这个结论推广到由多个物体所组成的系统中，如果系统所受的合外力为零，则系统的总动量保持不变。系统的内力只能使动量在系统内部各物体之间传递转移。人体是由多环节组成的生物力学系统，各个环节的动量的矢量和等于人体的总动量。因此，人体内部在未受到外力作用时，人体内力只能改变各环节的相对位置，改变各环节的动量值。只能是某环节动量的改变量传递到其他环节。这一点在分析运动技术动作时具有重要意义。例如，上下肢的鞭打动作，通过大环节带动小环节，借助近侧环节的制动，加大远侧环节的速度，其力学机理就是在相邻肌群的收缩力作用下，使动量由近侧环节转移到远侧环节。

三、功和能及其应用

功和能

在力学上，功和能是两个密切联系的力学量。功是能量转换的量度。凡是由一种能量转变为另一种能量，其过程都通过做功体现出来。能量是物体做功本领大小的反映。如果一个物体能够做功，则表明物体具有能量。物体做功的本领越大，具有的能量就越大。

人体的运动过程中出现的速度，姿势及位置的变化，以及运动器械在人体作用下出现的速度或空间位置的改变，归根结底都是人体肌肉收缩力牵引骨杠杆发生机械位移，从而对外做功产生的。这些过程实质上是人体在中枢神经系统的支配下，体内储存的化学能转换为机械能和势能的过程。即使在安静状态下，虽然没有改变人体或器械的机械能量状态，但也消耗了体内的化学能，以热量的形式散发掉。因此普遍地讲，人体的运动过程就是能量的转换过程。掌握人体运动中的功能关系及能量转换特点，对正确认识人体运动的规律，分析研究运动技术，以提高运动成绩是十分重要的。

（一）功

在体育运动中，人体的各种运动形式：推、拉、蹬伸、缓冲、鞭打等动作，都是通过肌肉收缩力使人体及环节或器械发生一定的位移，这时肌肉收缩力就对外界做了功。由此可知，功是力对物体作用效果的一种量度，反映了力对物体作用效果随物体位移的累积。

在生物力学中，功的定义是：当一个力作用于一个物体时，这个力所做的功等于力与物体在力的方向上通过的距离的乘积（图2-49）。其数学表达式为：

$W=\boldsymbol{F}S\cos\alpha$

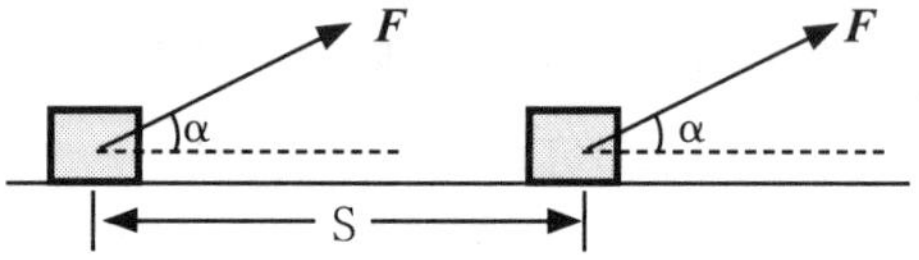

图2-49　力做功计算示意图

功的单位是焦耳，简称焦，符号是J。1J等于1N的力使物体在力的方向上发生1m的位移时所做的功，所以1J=1N × 1m=1Nm。

从功的表达式可以讨论α发生变化的情况：

若$\alpha=0°$时，则$W=\boldsymbol{F}S$，力对物体做正功；

若$0°<\alpha<90°$时，$W=\boldsymbol{F}S\cos\alpha$，力对物体做正功；若$\alpha=90°$，则$w=0$，力对物体不做功；

若$90°<\alpha<180°$，则$W=-\boldsymbol{F}S\cos\alpha$，力对物体作负功；

若$\alpha=180°$，则$W=-\boldsymbol{F}S$。

功只有大小，没有方向，因此是标量。上面讲到的正功或负功，只表示外力对物体做功，还是物体克服阻力（物体反抗外力）而做功。正功与负功也表明力与位移同向还是反向，并不是功有方向。

（二）功率

求功的大小时，并不考虑做功所用的时间。当我们说举重运动员举杠铃，做了1000Nm的功时，功的大小与做这个功所用的时间是毫无关系的。也就是说，不管这个动作用了0.5s、1s还是2s，功的大小都是1000Nm。在实践中，有些运动项目用做功的快慢来评定更有意义。在力学上为了反映做功的快慢程度，引入功率的概念：设在Δt时间内所做的功为ΔW，那么在Δt时间内的平均功率定义为：

$$\bar{P}=\frac{\Delta W}{\Delta t} \tag{2-47}$$

为了更准确地反映出在每一瞬时做功的快慢，可用瞬时功率表示：

$$P=\lim_{\Delta t\to 0}\Delta W/\Delta t$$

国际单位制中，功率的单位是瓦特，简称瓦，符号是W。1W=1J/s。瓦这个单位比较小，技术上常用千瓦（KW）做功率的单位，1KW=1000W。

在人体运动中，若要提高功率，能够在短时间内完成更大的功，则应尽量提高用力的速度，即“爆发力”。

（三）机械能

物体因机械运动所具有的能量叫作机械能。机械能包括动能和势能，势能包括重力势能和弹性势能两种。

1. 动能

运动着的物体能够做功，因而具有能。物体由于本身的运动而具有的能量叫作动能。如果物体的质量为m，平动速度为$\boldsymbol{v}$，则它所具有的平动动能为：

$$E_K=\frac{1}{2}m\boldsymbol{v}^2 \tag{2-48}$$

同样，转动的物体也具有能量。如果物体的转动惯量为$\boldsymbol{I}$，转动角速度为$\boldsymbol{\omega}$，那么，其转动动能为：

$$E_\omega=\frac{1}{2}\boldsymbol{I}\boldsymbol{\omega}^2 \tag{2-49}$$

大多数情况下，人体的转动不是姿势不变的整体转动，而是各环节分别绕各自轴的转动。在这种情况下，可以先在参考系上选定某一参考轴，然后分别计算各环节对该参考轴的转动惯量和转动动能，各环节的转动动能的代数和，即为整个人体对该轴的转动动能。

2. 重力势能

由相互作用的物体间的相对位置决定的能量叫势能。

一个静止的物体，只要它处于一定的高度，当它下落时，就可以做功。这种能量是由于物体与地球的相对位置发生变化而具有的，叫重力势能。一个质量为m的物体，距地面高度为H，那么它具有的重力势能为：

$$E_g= m\boldsymbol{g}H \quad (2\text{-}50)$$

显然，物体所处的位置越高，其重力势能越大。

3. 弹性势能

拉满了的弓能将箭射出去；压弯了的尼龙竿能把人弹起。这表明发生了弹性形变的物体也可对外做功，因而具有能量。物体由于发生弹性形变所具有的能量叫做弹性势能。在弹性限度内，如果弹簧的倔强系数为k，伸长量为s，那么它所具有的弹性势能为：

$$E_e=\frac{1}{2}ks^2 \quad (2\text{-}51)$$

只要是弹性体，发生形变时就具有弹性势能。例如，篮球、排球、足球、乒乓球、网球等在外力作用下变形时，都具有弹性势能。

能量是标量，其单位与功的单位相同，为“焦耳”。

（四）功能原理

功是能的表现，能是做功的本领。功与能之间是可以相互转化的。能的量值是通过做功来确定的。

1. 做功对能量的改变

体育运动中人们非常关注人体或器械的速度的改变。在质量恒定的前提下，速度的改变意味着动能的变化，也意味着对人体或器械做了功。

例如在投掷运动中，人体通过对器械施加作用力，并通过力的作用使器械在力的作用下移动了一定距离，即人体肌肉对器械做了正功。这样可以使器械的动能逐渐增加，在出手时达到最大值。

体育运动中还有很多做负功以减少能量的例子。例如在抓住空中飞行的球时，肌肉做负功以减少球具有的动能；又比如落地缓冲动作，下肢肌肉通过积极收缩用力，完成大量的负功以减少人体具有的能量，在这些运动过程中肌肉用力的大小，取决于可供缓冲吸收能量的距离。距离越小，则需要用的力越大，这样就容易产生运动器官系统的损伤，运动中的落地一般是落在海绵包上或者沙坑中，目的就是增加缓冲吸收能量的距离。

2. 机械能守恒和转化定律

由功能原理可知，如果系统所受内外力（除重力和弹性力）都不做功或所做功的总和为零，或物体所受合外力为零，即这时系统的总机械能保持不变：

$$E_2-E_1=0 \qquad E_2=E_1$$

或写成：$\frac{1}{2}m\boldsymbol{v}^2+m\boldsymbol{g}h+\frac{1}{2}ks^2=\frac{1}{2}m\boldsymbol{v}_0^2+m\boldsymbol{g}h_0+\frac{1}{2}ks_0^2$　（2-52）

系统的动能和势能可以相互转换，但机械能的总量不变。这一规律叫机械能守恒定律。这种能量转化的现象在体育运动中大量存在。如在单杠大回环动作中，如果不存在与杠间的摩擦力以及运动过程中的空气阻力，并且人的肌肉收缩力也不做功，那么运动过程的机械能是守恒的。在上摆阶段，动能不断地转变为重力势能；在下摆阶段，重力势能不断地转变为动能，机械能的量值不变。

在体育运动中，严格的机械能守恒是不存在的。因为在运动中，人体所具有的机械能可以通过肌肉活动而增加（由化学能转化为机械能），也可以由于克服摩擦力产生势能而消耗一部分机械能。但就自然界总的能量来讲是守恒的。在这个前提下，各种形式的能是可以互相转换的。但能量不能创造，也不能消灭，只能由一种形式转换为另一种形式，这是自然界最普遍最重要的规律——能量守恒和转化定律。

第四节　人体运动中的转动力学

一、转动运动学

当研究的对象不能当作质点处理的时候，可应用人体模型的另一种类别——刚体模型来研究。刚体是个理想模型，即在外力作用下，物体的形状和大小均保持不变，并且内部各部分相对位置也保持恒定（即没有形变）。

（一）刚体的运动形式

在力学中，刚体的运动形式通常分为平动、转动和复合运动。

1. 平动

如果刚体内任意两点的连线在运动过程中总是保持平行且长度不变，物体上的任何一点都有相同的速度或加速度，这种运动称为平行运动，简称平动。做平动的物体上的各点的轨迹都是相同的，因此可通过物体上一点求出其他点的运动情况。所以，做平动的人体内一点的运动情况可以代表整个人体的运动情况。根据平动物体轨迹的形状，还可分为直线平动和曲线平动。滑冰运动员蹬冰后沿着直线依惯性向前滑行即为直线平动的例子；跳伞运动员刚从机舱中跳出即为曲线平动的例子。

2. 转动

物体绕某一固定点或固定轴做旋转为转动运动。如人体各个环节绕关节轴的转动，肩关节、髋关节的屈、伸、旋内、旋外、环转等。如果物体运动时，其内有一条直线的位置保持不变，而其他各点都以这条直线为轴做圆周运动，则称这种运动为定轴转动。定轴转动可以有实体轴，如单杠大回环时，运动员绕单杠的旋转就是以单杠为轴的定轴转动；定轴转动也可以无实体轴，如人体各个关节的运动。由于物体转动时，物体上各点距离转动点或转动轴的距离不同，因此各点的线速度也不同。

3. 复合运动

人体的运动不仅仅是单纯的平动或者转动，往往是由平动和转动共同形成的复合运动。如人体的走、跑动作，除了有人体四肢绕着关节轴的转动，又有整个人一起向前的平动。因此，在体育运动中复合运动是非常常见的运动形式。在分析人体运动时，可根据需要，既可将人体看成一个整体来分析，也可对局部肢体的运动进行分析。在分析运动动作时，还可将复合运动分解成为平动和转动两个部分分别进行分析讨论，以达到简化动作过程的目的。

（二）转动运动学参数

在平动运动学中常用的物理量有时间、位移、速度、加速度，常称之为线量。在转动运动学中，与之对应的有时间、角位移、角速度、角加速度，称为角量（图2-50）。

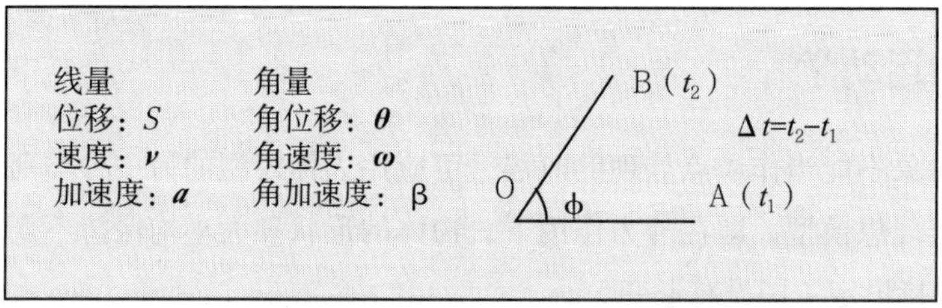

图2-50　线量与角量对应关系

1. 角位移Δφ

转动的刚体上各个质点在同一时刻的线速度是不一样的，即单位时间内走过的位移是不同的，但是其转过的角度是相同的。因此在描述刚体转动时，常用物体转过的角度来表示，两个不同时刻转角的差称为角位移。角位移单位为°（度）或rad（弧度）。

2. 角速度ω

角速度指单位时间内转过的角度，即单位时间的角位移变化，$\omega=\Delta\phi/\Delta t$，它表示物体转动的快慢及方向，其单位为rad · s^{-1}。在研究人体转动时也可用单位时间内转过的圈数来表示。人体的局部环节的运动，都是绕关节轴的转动，角速度可以反映环节转动的时空特征。角速度的方向垂直于转动平面，可通过右手定则（即伸直右手，大拇指与食指垂直，右手四指弯曲指向运动方向，大拇指的指向就是角速度的方向，它是跟运动轨迹所在的平面垂直的）来确定。

3. 角加速度ε

在圆周运动中，由于转轴和曲率半径固定，因此常用角加速度来表示转动时的角速度变化的快慢，即角速度随时间的变化率，$\varepsilon=\Delta\omega/\Delta t$，单位为$rad\cdot s^{-2}$。

转动惯量

二、转动动力学

（一）转动惯量

1. 转动惯量的概念

在平面运动中，描述物体保持原有运动状态能力大小的物理量为惯性。而在转动运动中，描述物体转动惯性大小的物理量为转动惯量，用I表示。质点的转动惯量$I=mr^2$，m代表物体的质量，r为质点到轴线的距离。刚体对某轴的转动惯量等于各质点质量与它们到该轴的垂直距离的平方的乘积之和。转动惯量的单位为质量与长度单位平方的乘积，其国际单位为$kg\cdot m^2$，即千克·米²。物体转动惯量的大小不但与物体的质量有关，而且和物体质量分布离转轴的距离的平方有关，物体的质量分布离轴越远转动惯量越大，按平方率增长，常见形状规则物体的转动惯量如图2-51所示。转动惯量用来描述物体保持原有转动状态的能力，因此转动惯量大的物体的转动状态较难被改变，而转动惯量小的物体的转动状态则相对较易改变。

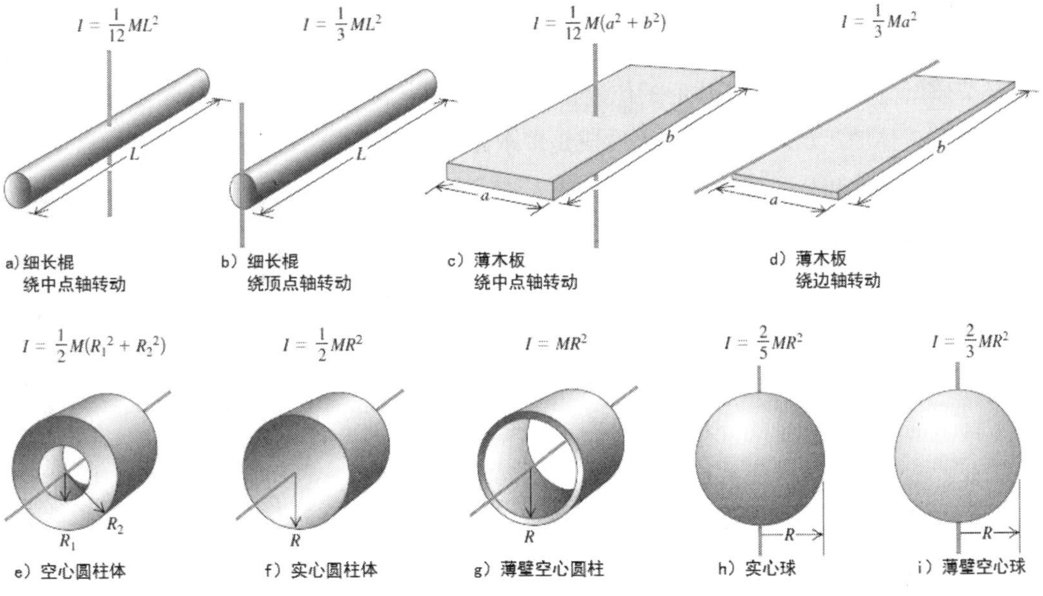

图2-51　常见物体的转动惯量

2. 人体转动惯量的特点

人体在标准解剖姿势下，存在额状轴、矢状轴和垂直轴三个不同方向的轴。由于人体的形态结构原因，绕每个轴的转动惯量是不同的（图2-52）。虽然身体并没有改变形状，绕矢状轴的转动惯量是最大的，而绕垂直轴的转动惯量是最小的。当人体处于腾空状态时，可能绕着这些轴中的每一个或几个转轴转动，如体操运动员或跳水运动员的空中翻转动作。

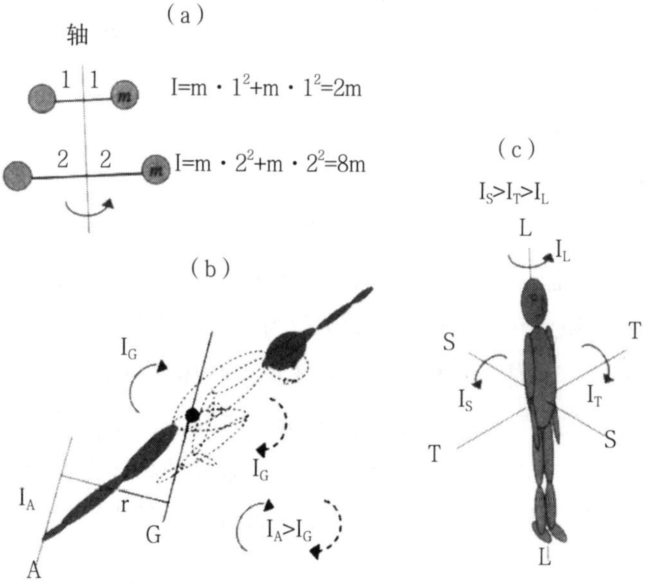

图2-52 人体转动惯量随质量分布改变而变化

环节质量分布不仅改变了质心的位置，也改变了距离的平方而改变了转动惯量的大小。

在研究人体的运动时，常常将人看成是多刚体系统。因此，人体的转动惯量也可运用刚体转动惯量的定义和公式来计算。虽然组成人体或环节的质量不会改变，但是由于人体还是复杂的生物体，要考虑其质量分布会因为呼吸、血液循环等因素时刻都在变化。尤其是在人体运动过程中，受到神经的控制而不断地调整肢体动作，或者是为了完成具体体育动作技术的目的而改变身体姿势，从而造成人体或环节的质量对转轴的分布状态改变，远离或者向转轴集中。因此，测量或计算人体转动惯量，只能说明某一瞬间的情况。此外，正是由于人体转动惯量的可变性，人体才可以根据不同动作的目的，调整身体姿势，改变转动惯量，达到自我控制的目的。例如，跳水运动员在入水前伸展身体，使转动惯量变大，转动速度减小，完成质量较高的入水动作（图2-53）。

图2-53 跳水运动员前空翻一周动作

3. 回转半径

假设绕某转动轴转动的物体质量全部集中在离轴某一距离的一点上，即用这一点来代表整个物体的质量，这时它的转动惯量如果恰好与原物体相对此轴的转动惯量相等，则称这个距离为回转半径。这是由于在实际应用过程中，很难确切知道物体中的每一个质点的质量以及其到转动轴的距离，通常可获得的是物体的整体质量。

回转半径用公式表示为：

$$I=\sum m_i r_i^2=\boldsymbol{M}R^2 \qquad (2\text{-}53)$$

$$R=\sqrt{I/\boldsymbol{M}} \qquad (2\text{-}54)$$

如果知道了物体的转动惯量和质量，就可以通过公式计算该物体的回转半径。

4. 平行轴定理

物体对某转动轴的转动惯量，等于物体对于通过其质心且与该轴平行轴的转动惯量加上物体的质量与两平行轴间距离平方的乘积（图2-54）。即设有互相平行的C轴与O轴，两轴相距d，质量为m的转动体相对C轴和O轴的转动惯量分别为I_C、I_o，则有$I_O=I_c+md^2$。

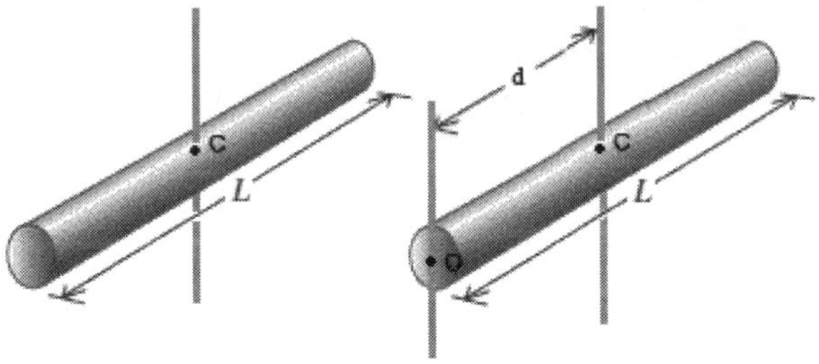

图2-54　平行轴定理

人体的大部分环节的运动并不是绕着它们的质心转动，而是绕着环节的两个端点之一转动。通常能够测出的是绕环节质心的转动惯量，平行轴定理给出了绕环节质心的转动惯量与绕环节端点的转动惯量之间的相关关系。

（二）转动定律及其应用

1. 转动定律

物体在做定轴转动时，物体受到力矩$\boldsymbol{M}$的作用，其转动角速度会变化，转动角速度变化的快慢由角加速度ε来描述。

定轴转动的物体的角加速度和物体受的轴向力矩成正比，和物体的转动惯量成反比。即：

$\varepsilon=\boldsymbol{M}/I$

或 $\boldsymbol{M}=I\varepsilon$

转动定律和角动量守恒

2. 转动定律的应用

物体转动角加速度与轴向力矩成正比，与物体转动惯量成反比。在人体运动中，由于转动惯量随着人体姿势的改变而不断变化，当力矩$\boldsymbol{M}$一定时，若转动惯量I变大，则角加速度ε变小；若转动惯量I变小，则角加速度ε变大。如武术棍法表演中，如果手施加于棍的力矩一定时，手握向棍的中间时转动惯量变小，则棍的角加速度变大。再如短跑时，如果髋关节屈曲力矩一定，当小腿折叠靠近下肢相对髋关节的转动惯量减小，则下肢加速度就会提高（图2–55）。

a. 武术棍法表演中棍的加速度变化

b. 跑步时小腿折叠

图2–55

（三）动量矩定理、动量矩守恒定律及其应用

动量矩是质点对转动轴的转动惯量与刚体的转动角速度的乘积。整个刚体的动量矩为所有质点对轴的动量矩的和。

1. 动量矩定理

力矩开始作用于物体的某一时刻，取物体所具有的动量矩为初始动量矩；该力矩作用于物体一段时间后，取物体所具有的动量矩为末动量矩。这两个时刻点之间物体动量矩的变化等于末动量矩与初始动量矩的矢量差。它们都是矢量，方向与物体角速度方向一致。

动量矩定理为：物体动量矩的变化等于物体所受外力矩的冲量矩的矢量和。

即 $\Delta L_{总}=\Sigma\Delta L=\Sigma \boldsymbol{M}_{外}\cdot\Delta t$

其中冲量矩等于力矩与力矩作用时间的乘积，即冲量矩$\Delta L=\boldsymbol{M}\cdot\Delta t$。

需要注意的是，物体动量矩的变化只与物体所受的外力冲量矩的矢量和有关，与物体的内力冲量矩无关。当然，内部力也可引起外部力的变化。如人体的运动往往是由内部力引起的，如各种蹬地起跳动作，由支撑腿的肌肉力量和发力方向来完成动作，形成对地蹬转外力矩。

2. 动量矩守恒定律及其应用

角动量守恒在体育中的应用

动量矩守恒定律，即角动量守恒定理，其内容为刚体所受到的合外力矩为零时，其动量矩保持不变。即$\Sigma \boldsymbol{M}=0$，$I\boldsymbol{\omega}$=恒矢量。

人体作为质点系，在运动过程中也遵循动量矩守恒定律。由于人体形状多变，因此应用动量矩守恒定律，就可以做出各种不同的姿势和动作来。如花样滑冰运动员通过改变四肢的姿态改变身体的转动惯量，从而改变绕身体垂直轴的转动速度。跑步过程中，左脚右手与右脚左手的摆动节律，也是为了防止躯干的不正常倾斜，达到协调配合的目的。

当人体脱离地面和运动器械腾空时，若忽略空气阻力，则人体只受到重力的作用，人体对质心的动量矩守恒。一旦人离开了地面，无论空中动作如何复杂，其总动量矩在腾空瞬间已由初始条件所决定，人体只能通过改变身体姿态和环节的相对运动来实现转动速度或是动量矩的传递与转移。

（1）相向运动

当人体以动量矩$I\boldsymbol{\omega}=0$进入腾空状态时，若人体的一部分环节以动量矩$I_1\boldsymbol{\omega}_1$绕某轴发生转动，则必须由另一部分环节以动量矩$I_2\boldsymbol{\omega}_2$绕同一轴做反向转动，并且满足$I_1\boldsymbol{\omega}_1+I_2\boldsymbol{\omega}_2=0$。这种身体两部分相互接近或远离的动作形式称为“相向运动”。如挺身式跳远起跳时，运动员具有一个绕额状轴向前翻转的力矩（图2-56）。腾空后，运动员需要采用适当姿势，减小这个翻转力矩的影响，以维持身体在空中的平衡，并为落地做好准备动作。因此，运动员下肢和躯干以相向运动形式完成挺身动作，上部分躯体与手臂的后摆动作所具有的动量矩恰好等于下肢绕髋关节旋转的动量矩，有助于保持空中的稳定与平衡状态。挺身时，拉长了腹部肌肉，为肌肉收缩提供了弹性储备，增强了这些肌肉下一步的收缩力量，有利于落地时收腹举腿以及躯干前屈下压所形成的相向动作。

图2-56 挺身式跳远的空中动作

同时，由于人体解剖学，肌肉都是跨过至少一个关节，连接至少两个环节，因此，在肢体环节向某一方向运动时，由于肌肉的牵拉，相邻环节互相靠近，也形成相向运动的形式。

（2）空中角速度的改变

根据动量矩守恒定律，当物体的动量矩一定时，物体的转动惯量和角速度大上成反比。因此，人体在腾空之后，要想改变角速度大小，可通过改变转动惯量来完成。而人体的转动惯量随着人体姿势的改变而改变。若肢体远离躯干，质量分布较为分散，则转动惯量大；若肢体靠近中轴，质量分布集中，则转动惯量小。当人体腾空后，动量矩一定，因此伸展四肢可增大转动惯量减小转动速度；反之，转动速度增大。如跳水运动员，在空中由做团身空翻变为直体空翻时，转动速度明显下降，这是由于团身时转动惯量小，而直体时转动惯量大；在入水前，将身体完全伸展，有助于控制入水的动作技术，获得较好的运动表现。

三、人体转动动作的类型

物体的转动形式是多种多样的，其中最简单的转动形式是刚体的定轴转动。而人体的转动形式则更为复杂，根据人体的转动时有无支点、有无实体转动轴，可将人体转动动作分为以下几种形式。

（一）有支点有实体轴的转动

人体绕固定器械的转动为有支点有实体轴的转动。例如体操单杠大回环中，运动员的双手握住单杠形成支点，单杠本身则为转动轴（图2-57）。

图2-57　单杠大回环（有支点有实体轴）

（二）有支点无实体轴的转动

支撑状态下，人体局部或整体绕关节轴、基本轴、支点或人体重心的转动为有支点无实体轴的转动。例如花样滑冰运动员在冰上做单脚旋转，支撑脚作为支点，绕身体的基本轴转动（图2-58），再例如投掷类项目中，掷铁饼、链球（图2-59）等也属于有支点无实体轴的转动。

图2-58　花样滑冰运动员冰上旋转动作（无实体轴）

图2-59　投掷链球的旋转动作（无实体轴）

（三）无支点无实体轴的转动

人体在腾空状态下发生的绕身体局部关节轴、基本轴或人体重心的转动。例如体操项目中各种空中翻腾动作，跳水运动员在腾空阶段的转体动作，都属于无支点无实体轴的转动。这种转动又可分为单轴转动（如人体绕额状轴的空翻动作）和多轴复合转动（如体操、跳水、武术等空中复杂的翻转动作）。

四、转动在体育运动中的应用

体育运动中，人体的转动是非常常见的。它包括了人体整体的转动，以及人体局部肢体或环节绕关节、固定轴的各种转动形式。充分利用人体的转动，不仅可以控制动作的质量，也能够提高动作的经济性。

（一）人体整体的转动

增大人体整体的转动动作效果，有时候可以极大地提高动作效率。

1. 利用助跑时身体某点的制动

助跑时，人体获得了与行进方向一致的速度，当人体在支撑点处突然制动，人体就会绕通过支撑点的轴转动。制动时，制动点的速度为零，人体非制动点的其他部分由于惯性作用继续保持原来的运动状态，从而形成了人体整体绕制动点的转动。转动时，各点的角速度相同，但线速度不同，离制动点越远，则线速度越大。

如跳高、跳远、撑竿跳高、投标枪、投铅球等运动项目中，在起跳瞬间或是出手瞬间，均表现出助跑－制动－绕制动点转动的运动形式。因此，这些项目往往强调助跑时的速度。一般情况下，助跑速度越大，制动越彻底，所获得的制动角速度越大（图2-60）。

a　　b

图2-60　撑竿跳高插穴制动

2. 加大偏心力的作用

在腾空状态下，偏心力的作用可使物体既有平动又有转动的复合运动。因此，在完成某些技术动作时，应尽量加大偏心力的作用，使转动动作完成得更好。如果要在腾空后完成身体的转动动作，人体在起跳时必须获得一个偏心力的作用。如体操中的跳马项目（图2-61），运动员踏板上“马”时，双手支撑，身体受到偏心力作用，向前上方转动，腾空后才能完成空中动作。支撑时，支撑反作用力的作用线不通过人体重心，从而产生偏心力。再如跳水起跳时，也具有同样的性质，才能完成空中转动动作。

图2-61　跳马时偏心力矩的利用

3. 利用动量矩的转移

支撑状态下，人体可通过外力使得整体或局部均获得动量矩的作用，此时，人体的动量矩随冲量矩的增减而增减。在运动中，身体各环节对于同一转轴的动量矩是不同的，环节除了绕基本轴进行转动外，还可以绕着关节轴转动。人体可通过关节的相互作用，将身体一部分环节的动量矩传递给其他环节，根据动作技术的需要，将动量矩传递到需要的环节，从而增大转动效果。动量矩的传递往往需要环节突然制动来实现。如上肢和下肢的鞭打动作，都是大关节先运动，大关节带动小关节，依次制动和加速，从而使得末端环节具有较大的速度（角速度）。

（二）人体局部肢体的转动

人体的各种运动都是以骨杠杆的转动为基础的，由骨骼肌形成的肌力矩拉骨骼绕关节转动完成。通常为了增加肢体的转动效果，可采用以下办法：

1. 增加肌肉对骨杠杆的拉力矩

根据转动定律和动量矩定理，肢体的转动惯量一定时，增加肌力矩可以增大肢体的转动角速度。增大肌力矩，可以通过增大肌肉力量，也可通过增大肌力臂来完成。此外，在肢体转动过程中，随着关节所处的角度不同，肌肉拉力线的方向也随之改变，从而引起肌力臂的变化。

2. 减小肢体的转动惯量

人体的肌肉力量不是无限增大的，因此肌肉力对某轴产生的力矩也是有限的。当肌力矩一定时，要想增大转动的角速度，可通过减小肢体的转动惯量来完成。转动惯量是由肢体的质量及质量分布影响的，因此，当肢体转动时，使肢体各环节的质量分布更靠近转轴，可以减小肢体对轴的转动惯量，从而增大转动速度。例如在跑步的摆臂摆腿动作中，要求屈肘摆臂，小腿后摆时，尽量折叠小腿，使下肢绕髋关节的转动惯量减小，来提高摆动的角速度。

（三）转动的作用

转动的作用

1. 定向作用

当动量矩守恒时，如果转动惯量不变，则角速度也保持不变，并且角速度的大小和方向也不变。因此，转动物体在不受外力矩时，能够保持其转轴的方向不变，转动物体具有这样的特性称之为定向作用。这也是转动惯性的一种表现。

转动物体保持稳定的现象是很常见的。如骑行中的自行车比停止不动要更容易保持平衡，这是因为车轮绕与地面平行的转动轴转动，如果要让自行车倾倒，则必须改变转轴的方向，需要施加外力。此外，投掷项目中，铁饼的旋转飞行相较翻滚飞行要更平稳，能更好地利用空气动力学而提高成绩。

但定向作用的运用也需要注意以下两点：

（1）转动物体的旋转方向应尽量与运动方向一致，以减小空气阻力对运动速度的不利影响。

（2）转动物体旋转时，应避免产生多余的晃动，即需要尽可能地减小对旋转轴的作用，使转动动作平稳地进行。如芭蕾、花样滑冰、舞蹈等的旋转动作需要提踵，以减小对旋转轴的作用，同时由于接触面积变小，减小了地面的摩擦力。

2. 弯曲作用

转动的物体在受到空气作用或者碰撞到其他表面后，运动轨迹发生改变的性质为弯曲作用。弯曲作用在各种球类中广泛应用。当高速旋转的球体在空气中飞行时，由于空气动力学作用，球的轨迹会发生弯曲，如足球的“香蕉球”，乒乓球的弧圈球等等。由于空气作用产生的弯曲作用将在流体力学部分阐述。

3. 旋转和反弹

弹性物体在发生碰撞时，会发生不同程度的反弹。反弹的方向与轨迹与碰撞时的速度、方向、弹性物体的质量、弹性系数和摩擦系数等有关。此外，碰撞反弹还与物体是否旋转以及旋转的方向有关。在体育运动中，常常出现各种旋转球体在与地面或球拍（棒）碰撞后，反弹轨迹改变的现象。如篮球、乒乓球、棒球、垒球等。

不旋转和旋转的物体在碰撞时，具有各自不同的特点。

（1）不旋转物体的反弹

正撞时，如一个球垂直向下落于地面（假定地面无不均匀凹凸），球与地面接触的底部受到均匀的压缩，因此球各处所受反弹力一样，球垂直向上反弹。此时的正撞也叫对心碰撞。

斜撞时，如球与地面以一定的角度碰撞，即碰撞的物体在碰撞前后的速度不在同一直线上，但在一个平面内。由于球接触地面时存在一定的角度，球底后部受到的压缩力比前部分大，球所受的反弹力使球向前上方反弹。此时的碰撞也称为斜碰或非对心碰撞。球的入射角（α、β）和碰撞力可以决定球底最大压缩部分的位置和大小，从而决定向前的反弹有多远。入射角越大、碰撞力越大，最大压缩区域越靠后，压缩程度越大，反弹方向越向前。反之亦然（图2-62）。

不旋转的球与反弹平面碰撞时，其入射角近似等于反射角。

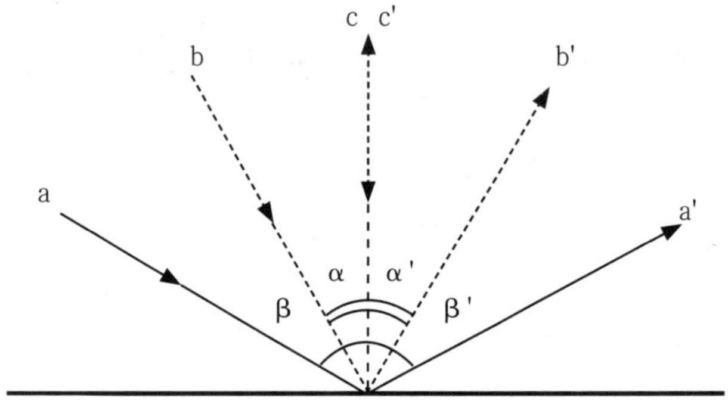

图2-62　正撞与斜撞

（2）旋转物体的反弹

旋转的球体与其他物体（如地面、拍面或球棒）碰撞时，其他物体对球的反作用力由正常反弹力（不旋转时）和旋转力来合成。

前旋球体在碰撞时，给地面一个向后的推力，根据作用力与反作用力定律，球体也受到地面所给的等大向前的推力。推力加上球自身与地面碰撞的弹力，增大了球向前的速度，因此，球的轨迹比不旋转时要低（图2-63a）。

后旋球体在碰撞时，向前碰撞地面，球体受到等大向后的推力。推力与碰撞的弹力合力向上，减小了反射角，因此，球弹起高度与轨迹均比不旋转时要高（图2-63b）。

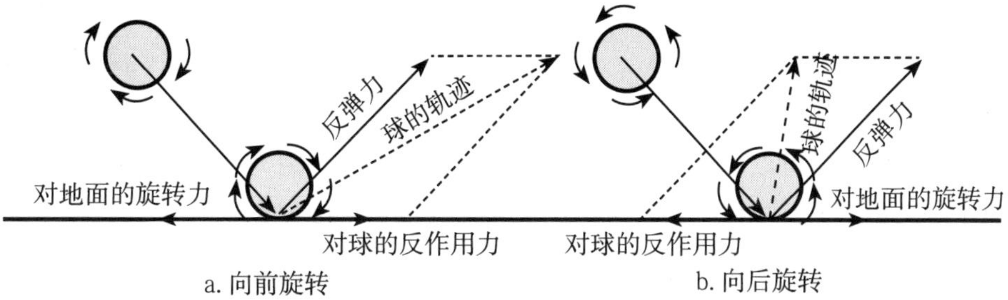

图2-63　前旋与后旋球体的反弹

左右侧旋球体与地面接触时，左旋球体向左反弹，右旋球体向右反弹。这是因为，当左旋球体以一定角度碰撞地面时，给地面一个向右的推力，从而球受到向左的反作用力，球向左反弹。右旋球与之相反（图2-64）。

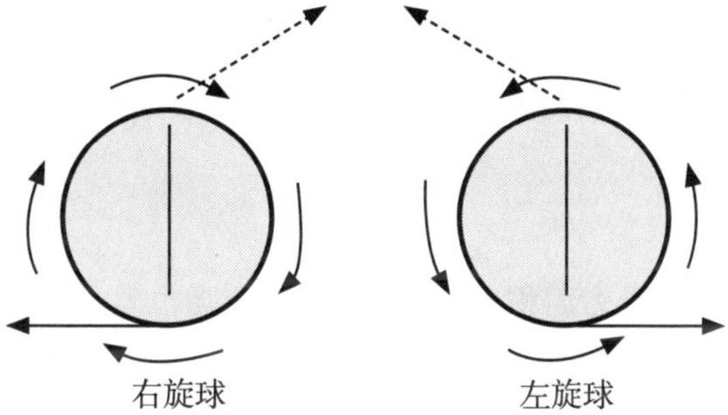

图2-64　左右侧旋球体的反弹

第五节　人体运动中的流体力学

流体是指没有固定形状且易于流动的物体。流体力学是一门研究流体运动的科学，研究流动的规律以及它与固体的相互作用。自然界中几乎所有的运动都是发生在空气和水中。其中受到空气和水影响较多的项目有：足球、排球、乒乓球、羽毛球、网球、高尔夫球、棒球、曲棍球、自行车、赛车、高台跳雪、无舵雪橇、跳伞、体操、游泳、跳水、赛艇、皮划艇、帆船、标枪、铁饼等等。因此有必要对流体力学基本原理有所了解，对于在体育运动中常见的现象能够揭示内在的作用原理和了解流体对人体或器械运动的影响因素。目前流体力学的研究成果在体育运动中也在发挥越来越大的作用。

一、流体力学的基本知识

流体力学基础

（一）理想流体

无论气体还是液体通常都是可压缩并具有粘滞性的。但是，在一定条件下，一方面我们常常可以把流动的气体看作是不可压缩的。因为气体密度小，即使压力差不大，流速不高，也能迅速驱使气体从密度较大的地方流向密度较小的地方，使密度趋于均匀。当流体运动时，层与层之间有阻碍相对运动的内摩擦力，如河流中间的水流动较快，由于粘滞性靠近岸边的水却几乎不动。另一方面，在某些问题中，如果流体的流动性是主要的，粘滞性居于次要地位，可认为流体完全没有粘滞性。这样既不可压缩，又无粘滞性的流体，我们把它称作为理想流体。

（二）流体的压强

水或空气均能给物体以力的作用，流体内部不同部分之间也存在相互作用力。静止流体内部任何物体表面都存在着垂直作用于它的压力，在工程技术上这种作用力用压强来表示，那么某一点的压强公式即：

$$P=\boldsymbol{F}/S \qquad (2\text{–}55)$$

其中$\boldsymbol{F}$表示压力，S表示受力面积，P表示压强。压强也就是单位面积上所受到的压力。压强的单位，在国际单位制中是“帕斯卡”（Pa），1帕= 1牛顿/米^2。静止流体内的压强随流体高度的增加而减小，在同一高度，各个方向的压强都相等。

（三）流体的浮力和浮心

浸在液体或气体里的物体受到液体或气体竖直向上托的力叫作浮力。浮力的方向与重力方向相反，竖直向上。浮力产生的原因，主要是物体表面上下的液体压强差。当物体上浮时，浮力大于物体的重力；当物体漂浮或悬浮时，浮力等于重力；当物体处于下沉状态时，浮力小于重力。此外，还可以通过比重的大小来判断物体的沉浮。物体的比重大于液体的比重时，就要下沉；反之，则上浮。

浮力的作用点称为浮心。浮心与所排开液体体积的形心重合。

物体在液体中所受到的浮力等于物体排开液体的重量，这就是著名的“阿基米德定律”(Archimedes)，又称阿基米德原理或浮力原理。

人体在水中可以保持不下沉，主要因为人体70%的成分是水，平均密度在0.96至1.05之间，不同的人随着呼吸人体密度略有不同。一个成年人，受浮力作用，头露出水面时的体重大约3公斤，不过身体浮力的合力点即浮心，由身体浸入水中各部分的几何中心决定，和人体重心并不重合，上体因比重小而趋于上浮，下肢因比重大而趋于下沉，会产生扭转力矩，使腿下沉，头上浮，当头有一小部分浮出水面，浮力减少到同重力相等，而浮心移到与重心在一条竖直线时，人体就能在水中平稳地浮着 。所以当人跳入水后，无论是以什么姿势入水，最终都是人体上部，特别是头浮在上面。

另外游泳中有一种测定浮力的方法：运动员在游泳池里吸足气，身体伸直，两臂慢慢上举，保持身体不晃动下沉（图2-65）。 然后根据身体下沉多少来评定该运动员的浮力大小。评定的标准是：肘关节在水面上为优秀；前臂一半在水面上为良好；手腕在水面上为及格；指尖在水面上为不及格；沉下去为很差。

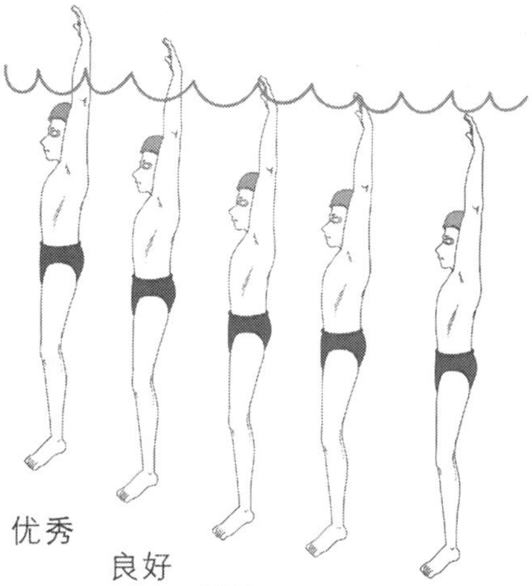

图2-65　游泳浮力的评定

（四）流线・流管・定常流动

流体本身并没有特定的形状，能够被装进任何形状的容器中，就像风和河流一样，能够自由地流动，这就是流体的流动性。流体只要受到很小的外力作用就可以引起各部分或各层之间的相对运动。在有流体的空间里每一点上有一流速矢量，它们构成了流速场。在场中可画出许多曲线，曲线上每一点的切线方向与该点的速度方向一致，该曲线称为流线（图2-66）。流线可以表示流体的流动特征，流线的疏密与流速有关，流线密的地方表示流速大，流线疏的地方表示流速小。

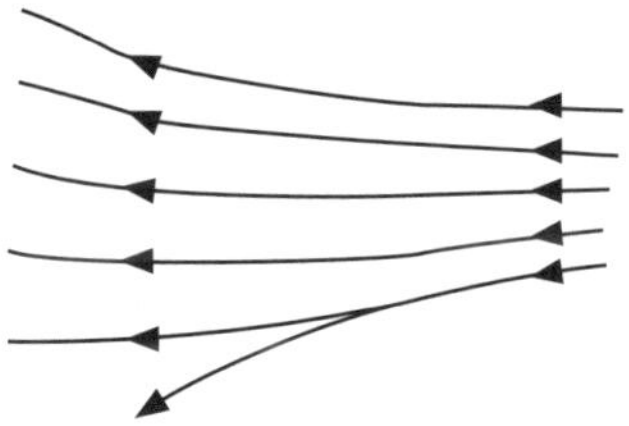

图2-66　流线

在流体内作一微小的闭合曲线，通过其上各点的流线围成的细管叫作流管。流线不会相交，流管内的流体不能穿越管外，管外的流体也不能穿越管内。

流体内各空间点的流速通常随时间而变化，在特殊情况下，尽管各空间点的流速不一定相同，但任意空间点的流速不随时间而改变，这种流动称为定常流动。定常流动时的流线和流管均保持固定的形状和位置。

（五）流体的连续原理

生活中我们经常会看到在一条河流中，河面宽阔的地方水流平稳，河面狭窄的地方水流湍急，这可以用流体连续性原理说明。为了研究流体在流管中流动的规律性，可把流管设想为一根粗细不均匀而又不能改变形状的管子，理想流体沿着这管子流动。

我们任意选取两个垂直于流管的截面S_1和S_2，流体在两截面处的流速分别为$\boldsymbol{v}_1$和$\boldsymbol{v}_2$，如图2-67所示。 对于理想流体来说，在t时间内，通过S_1截面流体的体积，必等于通过S_2截面流体

的体积，即

$$S_1 \boldsymbol{v}_1 t = S_2 \boldsymbol{v}_2 t \quad (2\text{-}56)$$

或写作 $S_1 \boldsymbol{v}_1 = S_2 \boldsymbol{v}_2$ （2-57）

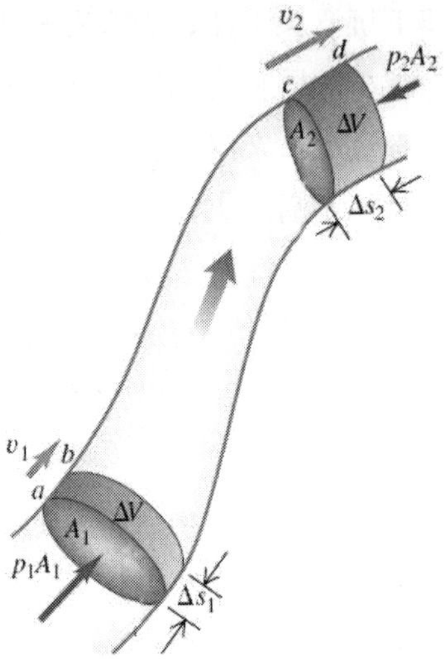

图2-67　流体的连续性

这一关系式对任何垂直于流管的截面都是正确的。所以在同一流管中任何点附近的垂直截面面积和流体在该点的流速的乘积是一恒量，即

$$S\boldsymbol{V} = \text{恒量} \quad (2\text{-}58)$$

式中$S\boldsymbol{V}$表示单位时间内流过流管中任一截面流体的体积，称为流量，沿一流管的流量守恒。这个式子表明流速与截面积的大小成反比，即在流管截面大的地方流速小，截面小的地方流速大。上述公式称为流体的连续性原理。

（六）伯努利定律

我们首先研究流体流速和压强之间的关系，在一根粗细不均匀的管子里，在粗和细的部分各插一支比多管压强计（流体中的压强由管内液柱的高度显示出来），让流管中充满液体，如图2-68所示。

当流管中的液体没有流动时，两个压强计显示出的静压强相等。当流管内的液体做定常流动时，压强计中显示出粗细两部分的压强不同，截面大的地方压强大，截面小的地方压强小。根据流体的连续性原理可知，流速是跟截面成反比的，于是从上述实验中可做出结论：流动速度大的地方压强小，流动速度小的地方压强大。这个结论对于气体也成立，称为伯努利定律。如果拿流线来说明，就是流线疏的地方压强大，流线密的地方压强小。

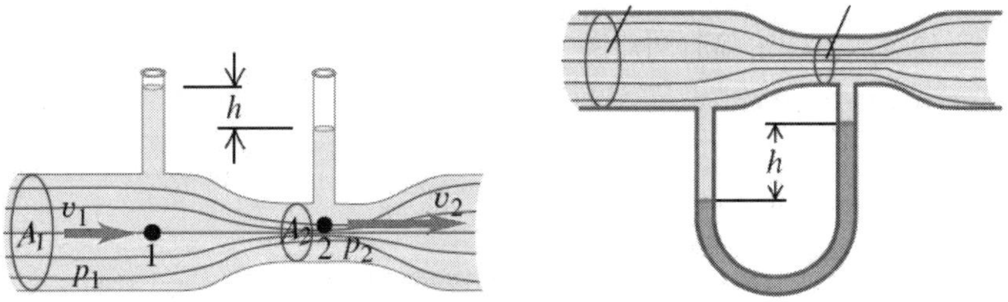

图2-68　伯努利定律

生活中有很多现象都可以用伯努利定律来解释。如2001年中国铁路大提速，部分旧式绿皮火车的车窗会破碎，但是因为车窗玻璃会向外边碎，所以不会造成车内人员伤害；喷雾器

的工作原理也是应用了伯努利定律；地铁或火车站要求人们站在黄线外以免高速列车发生吸人现象；口琴的工作原理也是通过吸气和吹气引起内部簧片的震动来发出声音的……

（七）层流和湍流·涡动和涡旋

流体的流动会有两种不同的形式。当流速小时，流体各层之间不相混杂的分层流动，称为层流。粘性较大的流体在直径较小的管道中慢慢流动会出现层流，如石油在管道中的缓慢流动。

当流速较大时，流体质点的轨迹失去层状的性质而变为不规则的运动，称为湍流。例如自来水管道中的水流或通风管道中的气流等（图2-69）。

图2-69　层流和湍流

当粘滞性流体加速地流过置于其中的一个物体时，即使速度不很大，片流也可能被破坏，这就变为涡动，然后离开物体表面的液流，在物体后面裂成单个的涡旋，如图2-70所示。

在体育运动中，人体或器械与流体相互作用时应尽可能避免流体的涡旋作用，通常利用流线型可避免湍流的出现，有效减少运动中的阻力。如图2-71所示。

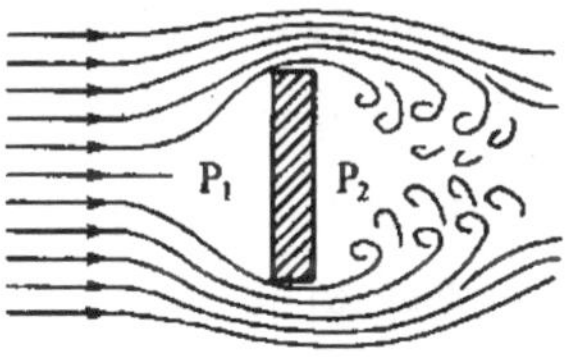

图2-70　流体遇障碍物产生涡动与涡旋

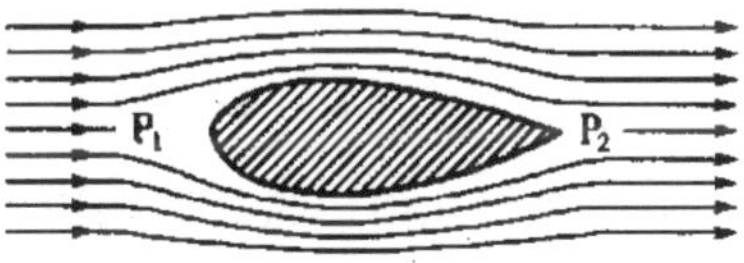

图2-71　流体遇流线型物体时的流动状态示意图

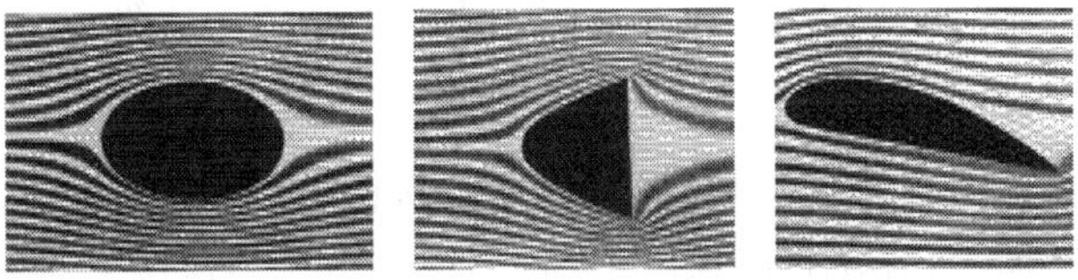

图2-72 不同形状障碍物的层流

（八）马格努斯效应

当我们把手伸进水中再拿出来，手的表面会粘上一层水。同样，球的表面也附着一层薄薄的空气，当球一边飞行一边自转时会带动表面的空气一起旋转，其中一侧转动的线速度和球的前进速度相加，使得迎面气流受到较大阻力，另一侧情况则恰恰相反，自转线速度和前进速度相减，于是带来了球的两侧气流速度不同。根据伯努利

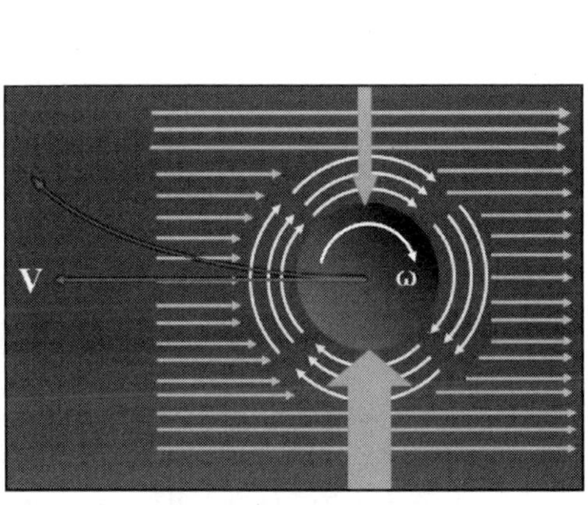

图2-73 马格努斯效应

马格努斯效应

原理“流速越快压力越小”，球便受到一个侧向的力，也称马格努斯力，导致了飞行轨迹的弯曲。这一现象由德国物理学家古斯塔夫·马格努斯发现总结，所以称为马格努斯效应。伸出右手，用食指表示球的飞行方向，蜷曲的三指表示球的旋转方向，与食指水平垂直的拇指则表示马格努斯力的方向。马格努斯曾在1852年研究过旋转的炮弹和子弹所受到的侧向力。此后物理大师汤姆森做过一个著名的实验：让空气流过以不同速度旋转的球体时，将U型玻璃管两端贴近球面的两侧，通过观察U型玻璃管内两边液面的变化来测定球体两侧压力的差异。

在体育运动中，马格努斯效应应用广泛，如足球、乒乓球、高尔夫球等旋转球在空中运行时，这种压强差会改变球体运行的轨迹。

（九）边界层理论

当流体流过障碍物时，会与障碍物发生交互作用，先来研究最简单情况，当流体以速度***V***流过一个平板，流体会跟物体表面发生摩擦，因为流体具有粘滞性，靠近平板表面流体的流速会越来越慢，直到趋近于零，这个流速逐渐递减的范围称为边界层，在这个薄层内，粘滞力起主要作用，有粘滞力的区域不适用伯努利定律。然而在边界层外面，粘滞力不起什么作用，流体的行为接近于无粘滞性的理想流体，所以可以使用伯努利定律加以分析。

在边界层里，当流速***V***不大的时候，边界层内的气流是稳定的，这样的边界层称之为层流边界层。障碍物的几何形状会影响边界层，例如把平板换成球体的时候会有新的物理现象发生。边界层外面的区域可以用伯努利定律来说明，取一小块体积的流体，观察这一小块体积单元的运动，因为各种球类运动远低于音速，所以不必考虑压缩效应，这一块小体积在运动过程中保持体积不变，而且可以想象成是在直径不断变化的管子中移动，如图2-74所示，当它靠近A点时，速度逐渐变慢，A点又叫停滞点，流体会从停滞点开始往两侧分离，当它离开A点后，速度逐渐增加，到达B点时速度最高，通过B点之后速度又逐渐降低，到达C点时速度又降到最低。根据伯努利定律即流速快的地方压强小，流速慢的地方压强大。所以A点和C点因为流速慢压强最大，B点压强最小。而从B到C压强是逐渐变大的，边界层在这样外部压力的变化下，如果压力差足够大，会发生边界层往上游逆流的现象，一旦发生逆流，上游的边界层就会被推紧离开球体表面，这种现象叫做边界层分离。分离点大致会发生在B点附近，在分离点之后的流体非常的不稳定，会不停打转，形成大大小小不同的涡流，这种现象叫乱流。因为它是出现在障碍物的后方，所以乱流区又叫尾流。因为分离点发生在B和D点附近，所以尾流的宽度大致就和球体的宽度一样。整体来看尾流是个低压区域，这是造成空气阻力的原因。然而分离点发生的位置很容易因为障碍物的形状发生变化。例如流线型的物体，分离点会发生在尾端附近，尾流变小，阻力也会随着变小，因此飞机机翼要设计成流线型的形状。

除了障碍物的外形，另一个决定分离点的因素是障碍物表面的粗糙程度。如图2-75， 上图是光滑球体，其尾流区域明显大于下图表面带有“凹洞”的高尔夫球。原因就在于高尔夫球边界层的状态改变了。原本应该是稳定的层流边界层，因为球面上的凹陷部分制造出小的涡流，使得边界层演变成乱流的状态，这称为乱流边界层。因为边界层外面的流体不受粘滞力的影响所以有较大的流速，乱流边界层因为受到涡流的搅动，使得它与周围较快的流体发生混合，这样边界层的平均速度变快了，有更大的动量往下游冲击过去，便造成分离点向后退，尾流也随之缩小。

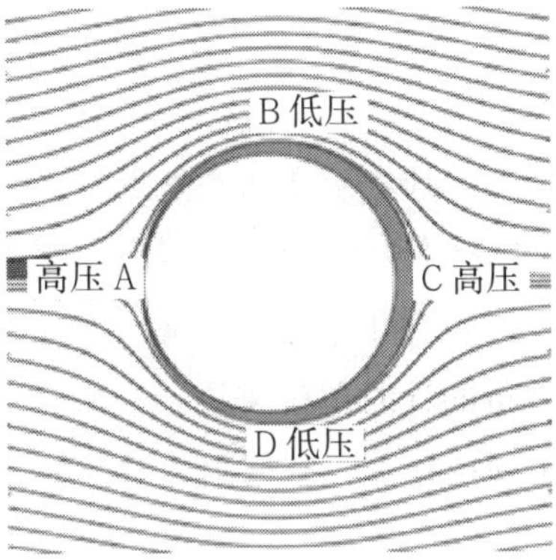

图2-74　边界层理论

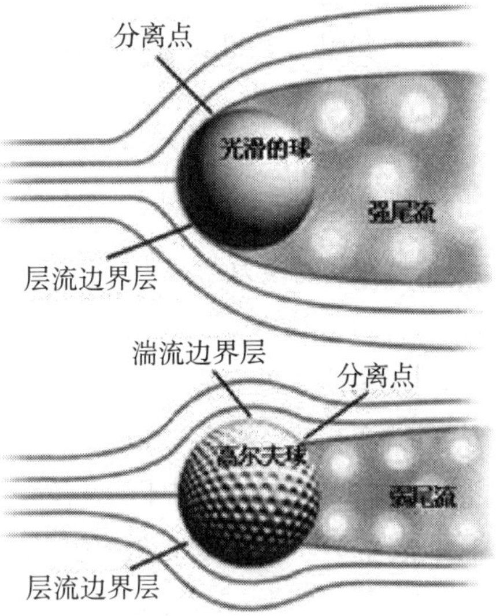

图2-75　高尔夫球尾流区比较

（十）雷诺数

粘性流体的流动比理想流体的流动要复杂些，在描述流动的特征方面，英国的雷诺于1883年提出用来比较粘性流体流动状态的量，其定义为雷诺数等于流体密度、特征流速和流动涉及的特征长度三项乘积与粘性系数的比值。

流体流动有所谓流动边界状况或称边界条件问题。例如水在圆管中流动，圆管及其粗细即为边界条件，来自无穷远处的均匀流动绕过一圆柱体，圆柱体表面即为边界条件。飞机飞行时，机身机翼形状即构成边界条件。

若两种流动边界状况或边界条件相似且具有相同的雷诺数，则流体具有相同的动力特征。这类对称性具有很多实用价值，例如当研究水利工程设计时，可制造远小于实物的模型，并令其中流动的雷诺数与实际情况相近，则模型的流动能反映真实流动的基本特征。在空气动力学的实验中常令气流通过筒形通道，并设置测量设施，称风洞。风洞的问世，已经有一百三十多年历史，莱特兄弟1903年发明第一架飞机，便有风洞的功劳。根据运动的相对性和相似性原理，物体在静止的空气中运动，所受到各种空气动力作用，与物体不动而空气以同样的速度反向吹来效果相同。于是人们便在一个固定管道内，制造出可控制的气流，模拟物体在空气中运动时周围的流场，通过传感器测出它在风中所受的阻力、升力、压力等参数。现代体育运动广泛使用了风洞这种航空试验设施。从科研机构到大牌厂家，都通过各种风洞试验来改进人体姿势和器材形态，寻找运动服、运动鞋生产的最佳工艺与材质。

二、流体对人体的作用

人体在流体中与流体相对运动，受到流体的压力、浮力和阻力。其中阻力包括因摩擦引起的摩擦阻力（又叫粘性阻力），由压力差引起的压差阻力（又叫形状阻力）和激起波浪的兴波、碎波阻力（又叫波浪阻力）等。

体育运动中流体对人体的作用

（一）空气的阻力

1. 短跑中人体所受的阻力

在生活中人们通常认为，空气阻力可以忽略不计，但是在开动的汽车上，将手伸出窗外，就能立刻感觉到空气的存在。在一些运动技术分析中经常把空气阻力忽略不计，但是在以百分之一秒为单位来计算运动成绩时，空气阻力是不可忽视的因素。如在百米跑中空气阻力可使成绩相差0.16秒，这对于0.01秒为决定胜负的计时单位来说，在研究运动技术时空气阻力就不可忽略不计了。例如跑速为5.1m/s时（马拉松），空气阻力约为0.9kg；跑速为10～12m/s时，空气阻力约为2.5~4.2kg。

根据空气动力学原理，计算空气迎面阻力的公式为：

$$\boldsymbol{F}=1/2 \cdot \rho \cdot S \cdot Cd \cdot \boldsymbol{v}^2 \qquad (2\text{–}59)$$

式中$\boldsymbol{F}$——空气迎面阻力（牛顿）；ρ——空气的密度（一般情况下约1.2千克/秒^3）；S——与气流相对的正面投影面积（米^2）；Cd——迎面阻力系数，它取决于身体形状和雷诺系数；$\boldsymbol{v}$——运动员相对于气流速度（米/秒）。

墨西哥城赛场跑道上的空气稀薄，其密度比海平面地区低了将近30%，减少了对速度型运动的阻力。百米跑的成绩比接近海平面的地区跑时可快0.1秒。

2. 自行车运动的空气阻力

在高速度下行进的自行车运动员所发挥出来的能量有80%～90%消耗在与空气阻力的对抗中。因此自行车运动与空气动力学有密切的关系。

空气阻力在很大程度上取决于正面阻力面积和运动物体的速度大小。为了减小正面阻力面积，一些运动中，我们把体位大致恢复到四肢行走时的状况。如自行车运动中，运动员躬下身体成90°，背部保持和地面平行的骑行姿势能大大地减少空气阻力。自行车在空气中的阻力还和速度的平方成正比，当车速上升到每秒11米时，空气阻力便占前进总阻力的80%。实验表明，自行车在每小时30英里速度下，只要将阻力减少1%就能每英里领先5英尺。

自行车和运动员装备的设计也力求将空气阻力降到最低。如车把的设计是为了配合运动员的骑行姿势；辐板车轮的产生使空气阻力降低5%；公路赛车的车胎宽度不足一英寸，摩擦力和空气阻力都能减少到最低限度。用有限元分析法将自行车分解为上万个单元，通过虚拟风洞实验，优选出部件，把自行车的管材截面从圆形改成椭圆或水滴型，让刹车线和变速线乃至每处螺栓螺母都隐藏在车身内，特别由于轮圈和轮胎远离轴心，具有最大的转动惯量，因此除了尽可能地减轻重量，还需将胎内的压缩空气换成氦气。运动员头盔设计成流线型，以头盔的水滴状外形，取代运动员头部的自然外形，让高速前进中的涡流效应最小化。

另外，在场地赛和公路赛中，跟骑的选手如果待在领骑者背后的涡流里，空气阻力就会明显减少，后边的选手因为削弱了涡流效应能使前面运动员也因此受益，减少所承受的压差阻力。当增加三至四人跟骑时，最后一人的阻力均小于前者，与单人骑车在自由流中比较，阻力减小了50%以上，当跟骑人数再增加，后者阻力减小的幅度不大，约为5%。

3. 跳台滑雪的空气阻力

奥林匹克各项运动中，最接近于飞翔的比赛要数高台跳雪了。1924年法国夏蒙尼首届冬奥会即开设了此项目，选手们脚踏滑雪板，沿着长1000米、倾斜角40度的助跑滑道获得每小时100公里的高速，然后利用惯性力和弹跳力纵身一跃，从90或120 米级跳台的“悬崖”飞向空中，再沿抛物线“空降”到下面随势延伸的雪坡。早期的跳台滑雪空中动作，让身体和滑雪板尽量平行，双臂伸向前方，后来改进为双臂向后靠紧臀部，使空气阻力进一步减小。此时跳雪运动员的身体，已经成了一个飞行器，从侧面看去，酷似一架飞机机翼的剖面图，气流在平直的滑雪板下流速较低，在头肩隆起的人体背面流速较高，从而形成向上的升力，为跳得更远赢得了呆在空中的更多时间。1985年，瑞典选手简勃卡洛夫首创了将两只平行的滑雪板变为V字形，也就是一个“外八字”将飞行距离提高了10%，并成为跳雪的标准动作。虽然两只V字形滑雪板，因为迎风面大所受空气阻力大于平行的滑雪板，但它们因为错开了身体的投影位置而增加了升力，恰如其分的升阻比是流体力学常常需要面临和回答的问题。在跳台滑雪的风洞实验中，测量了不同迎角下运动员所受到的升力和阻力，从而得到了升力、阻力和升阻比特性曲线。研究发现，在迎角为25° 时，升阻比最大。但根据对飞行轨迹的数值模拟，最大的飞行距离却是在8° 迎角下获得的，比迎角是25° 时约远10米。2002年盐湖城冬奥会上，瑞士选手西蒙阿曼，在空中保持了130米远。2005年斯洛文尼亚举行的世界杯比赛中，挪威选手罗摩艾伦创造了飞行跳雪239米的世界最高纪录，比当年莱特兄弟的飞机第一次飞行距离多5倍。

（二）游泳时水的阻力

1. 形状阻力

水的密度是空气的773倍，粘滞性是空气的55倍。由于水的粘滞性，运动员从不可压缩的水中间穿越，水便绕着人体流向身后，使其背部和身后产生涡旋和伴流、使人体消耗一定的能量而形成阻力。它与运动员的体型、姿势及游进速度有关，故称形状阻力。因为它是运动物体前后的压强差所致，也称之为压差阻力。它是游泳时阻力的主要成分。

当游速达到一定程度时，形状阻力所占的比例相当大，随着游速增加，形状阻力的绝对值与速度的平方成正比例增加，但在总阻力成分中它所占的比例则随游速增加而有所下降。身体纵轴越长，越接近流线型，迎水截面积越小压差阻力就越小。前进中尽量保持身体与水面平行。图2-76是不同身体姿势的阻力值。当游速达到2米/秒左右时，形状阻力仍占总阻力的50%以上。

身体姿势	牵引速度（米/秒）	阻力值（千克）
 与水面成0°夹角	2	12.8
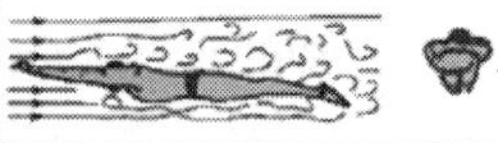 与水面成5°夹角	2	13.4
 与水面成18°夹角	2	19.2
 蛙泳收腿结束姿势	2	24.0

图2-76　不同身体姿势的阻力值

2. 兴波阻力和碎波阻力

游泳时，运动员是在水和空气两种流体的共界面运动。当运动员游进时破坏了流体平衡而使液面振荡，使液面产生波浪所消耗的能量形成阻力，称为兴波阻力。当运动速度较快或划臂和打腿的动作会使波浪破碎形成飞沫，造成水花这部分能量损耗而形成的阻力称为碎波阻力。研究资料表明，航船碎波阻力最大时可达到总阻力的25%，所以在游泳技术中造成水花飞溅的现象也可以作为评价技术优劣的因素。另外游泳池里的分道线由很多小转轮构成，也是为了消除相邻选手间的波浪干扰。兴波阻力的测定比较复杂，而且其阻力系数并不随游速增加而单调递增，而是有起伏的增加，这是兴波阻力的固有特点。

3. 摩擦阻力

摩擦阻力是游泳运动的第三大阻力，由于水具有粘滞性，运动员游进时附着在身体表面的水分子，便会依次带动相邻层面的水分子前进，因而形成边界层，边界层中水分子的内摩擦产生摩擦阻力，其与身体表面积及粗糙度成正相关。

游泳时的三大阻力，其中形状阻力（压差阻力）占总阻力的50%～80%，兴波阻力和碎波阻力约占总阻力的20%～30%，摩擦阻力不超过总阻力的15%。而这三种阻力，并非一成不变，随着速度增加，摩擦阻力按线性增加，压差阻力按平方增加，兴波和碎波阻力按立方增加，但由于主要部分始终是压差阻力，因此总阻力基本和速度的平方是成正比的。

鲨鱼皮游泳服，按照激光测量的运动员身体数据进行三维设计，用不亲水的特氟纶纤维精制而成，它的核心精华是仿照鲨鱼皮肤真实的结构。因为人们发现鲨鱼皮肤表面的V形皱褶可以减少受到的水的阻力。研究表明，由于皱褶的存在，当水分子沿着这些棘齿流过时，会产生无数个微型的涡流，使得边界层的分离点推后，从而延迟和弱化尾流的形成。第二代鲨鱼皮游泳衣为了减小水的阻力，在第一代基础上，在泳衣面料的表面加上颗粒状的小点，这一措施与泳衣表面V形皱褶的作用异曲同工，都是通过增加泳衣表面的粗糙度从而改变边界层状态，虽然增加了一些摩擦阻力，但是大大减少了压差阻力，也就降低了水的阻力。由于鲨鱼皮泳衣能提高游泳成绩，国际泳联从2010年起全面禁止使用鲨鱼皮泳衣参赛。

三、流体对体育器械的作用

（一）铁饼、标枪飞行的空气动力学特征

体育运动项目中，有许多器械都要在空气中运动，它们的运动轨迹和空气的作用力有着十分密切的关系。但标枪、铁饼的空气动力学性质更为明显，因为它们是细长体或圆盘状，在飞行过程中受空气动力学因素的影响就更为复杂，其成绩与空气动力学的因素更为密切。

1953年美国运动员赫尔德一举突破了标枪成绩的80米大关，他成功的关键在于改造了标枪的空气动力学性能，把传统的实心标枪做成空心，对于同样按800克规定重量制成的标枪，表面积随之增大，由此带来了标枪在空气中滑翔能力的增强。

我们把标枪出手后质心的运动方向和地面的夹角称为投掷角，标枪纵轴和地面的夹角称为仰角，标枪纵轴和气流阻力方向的夹角称为攻角，而空气动力合力的作用点就是标枪的压力中心。当攻角为正值时，空气在枪杆后侧出现涡流，压差阻力的垂直分量托举标枪上升，从而获得更多在空中飞行的时间。

1984年，东德选手霍恩在柏林举行的一次比赛中投出了104.8米的成绩，创造了全新的世界纪录。为了看台上观众的安全，1986年国际田联决定，将男子标枪的重心前移4厘米，1999年又将女子标枪重心前移3厘米，和标枪的压力中心拉开距离，从而确保对标枪施加头朝下的力矩，这样不仅削弱了标枪的滑翔性能，使它的飞行轨迹更接近于抛物线，还确保了落地时能够使枪尖着地。

现在来分析标枪在空中飞行时的受力状况：当标枪在空中飞行时，一方面受到地球的引力，即重力；另一方面还受到空气所产生的压力和阻力作用，升力方向与标枪的运动方向垂直，而阻力方向与运动方向相反。升力是由于标枪上下表面压力分布不均而产生的；阻力包括流体粘性所引起的摩擦阻力和由于前后压力分布不均所引起的压差阻力。表示物体阻力和升力大小时通常采用阻力系数和升力系数。在标枪、铁饼等投掷类项目的比赛中，并不是作用在物体上的阻力系数越小越好，也不是升力系数越大越好，影响飞行距离的是一个被称为升阻比的参数。升阻比是指相同迎角下物体受到的升力与阻力之比。升阻比是一个重要的特性参数，对于标枪最后成绩只依据其水平飞行的距离，而不考虑垂直上升的高度，在适宜的升阻比下，标枪可以比在最大升阻比下飞行得更远。

此外，在标枪运动中，还有一个重要的参数就是压力中心的位置，该参数与重心存在本质上的差异。压力中心就是飞行中空气动力的合力作用点，与物体的形状有关，一般不受飞行速度的影响，但它随飞行角的改变有较大的变动。对于一个特定的标枪，其重心位置是固定的，但压力中心的位置却是变化的。压力中心的位置是一个气动力参数，随流场情况的不同而发生变化。

铁饼、铅球与标枪一样都属于田径运动中的投掷类项目。因而，在铁饼、铅球运动中，

从空气动力学角度来考虑，升阻比和压力中心也是影响飞行距离的重要参数。因此，为在体育运动方面取得更大的进步，需要人们从流体科学的角度深入理解和认真研究。

（二）球体飞行的空气动力学特征

球在空气中运动，由于球体表面不光滑和流体的粘滞性，会带动它周围的空气和它一起运动，在球体上方流体相对于球体的运动速度较大，下方流体的运动速度较小，根据伯努利原理，流速大的地方压强小，流速小的地方压强大，球飞行轨迹发生偏转。医学上认为，大脑处理视觉信号时依靠抛物线轨道来预测物体的飞行方向，并且有延迟系数。足球中的“香蕉球”、乒乓球中的旋转球、篮球的后旋投篮等，都会因旋转而引起运动飞行路线的改变。在棒球、网球和高尔夫球中，球的旋转同样会带来飞行轨迹的弯曲、旋转和曲线共存（图2-77）。

但是，排球的飘球却正好相反，飘球的特点是完全不旋转。排球在空中飞行时，会不按预期轨道运动，而呈现出一种类似周期性的摆动，或在飞行过程中突然以接近垂直的方式下落。排球在发出之后，球体在飞行过程中速度逐渐减小，当速度减小到临界速度时，排球表面处的边界层发生从湍流向层流的转变，由于层流时排球后的尾迹范围大，排球上受到的压差阻力突增，因而排球不再按预期轨迹运行，会突然下落。其中临界速度是指排球边界层发生转换时的速度，与临界雷诺数（1.5×10^5~2.0×10^5）相对应。排球中飘球的另外一种形式即周期性飘晃，是排球外表面本身的特点造成的。表面粗糙度的不均匀性和球体表面缝合的不对称性会造成球体表面边界层流动的非对称性分离。当流动非对称分离时，在与球飞行路径垂直的方向上，由于球体表面压力分布非对称，会产生一侧向力。该侧向力在临界速度范围内变得非常明显，从而使球产生周期性飘晃（图2-78）。同样足球中踢出的“落叶球”也是采用了这个原理，产生下坠而破门。

图2-77 足球中的“香蕉球”

图2-78 排球中的“飘球”

思考题

1. 影响稳度的因素有哪些？举体育动作加以说明。

2. 什么是稳定角？起跑姿势“预备”时，为何重心要尽量前移？

3. 在体育运动的静平衡动作中，人体的支撑面大是否就意味着动作的稳定性一定大？

4. 利用稳定角的概念说明在篮球运动中的过人技术。

5. 举例说明人体平衡的特点，在体育运动中有何意义？

6. 举例说明人体重心与动作技术的关系。

7. 绘制蹲踞式起跑后的后蹬阶段人体受力图，并简述人体不向前摔倒的原因。

8. 人体转动动作的基本形式有哪些？

9. 何谓转动惯量？影响转动惯量大小的因素有哪些？举例说明？

10. 转动定律的基本内容是什么？它与牛顿第二定律有什么联系？举例说明。

11. 何谓动量矩守恒定律？举例说明在体育运动中的应用。

12. 踢足球的大脚长传球时，要求直腿摆动的目的是什么？分析这一动作腿的角速度、线速度和转动惯量三者之间的关系。

13. 为什么转动物体总是轻的一头绕重的一头旋转？

14. “利用助跑平动时身体某点制动”可产生人体的转动这一原理，来分析为什么身材高的运动员对投掷标枪有利。

15. 什么是相向运动？做相向运动的力学条件是什么？并举例说明相向运动的作用。

16. 举例说明动量矩的传递在体育运动中的作用。

17. 简述在体育运动中，产生和加大人体整体的转动动作的主要方法是哪些？

18. 人体在游泳时受到水的哪些阻力？

19. 足球的“香蕉球”、乒乓球的“弧圈球”产生的原理是什么？

参考文献

[1] 全国体育学院教材委员会. 运动生物力学[M]. 北京：人民体育出版社，1990.

[2] Arthur E. Chapman. 人体基本运动的生物力学分析[M]. 金季春，译. 北京：北京体育大学出版社，2010.

[3] 范中和，王晋国. 大学物理[M]. 西安：西北大学出版社，2005.

[4] Hugh D. Young. Sears and Zemansky’ s College Physics.Pittsburgh[M]. Carnegie Mellon University，2012.

[5] 闫红光.运动生物力学[M]. 北京：北京师范大学出版社，2012.

[6] 郑永令,贾起民,方小敏.力学[M]. 北京: 高等教育出版社, 2002.

[7] 浙江大学理论力学教研室.理论力学（第四版）[M]. 北京: 高等教育出版社, 2009.

[8] 吕金钟.大学物理简明教程（第2版）[M]. 北京: 清华大学出版社, 2014.

[9] 胡耿丹.运动生物力学[M]. 上海: 同济大学出版社, 2013.

[10] 陆爱云.运动生物力学[M]. 北京: 人民体育出版社, 2010.

[11] 赵焕彬,李建设.运动生物力学（第三版）[M]. 北京: 高等教育出版社, 2008.

第三章 人体运动器官的生物力学

教学提示

1.人体骨骼、肌肉和韧带等运动器官可以产生力或利用力使人体完成各种运动。

2.人可以通过适当训练提高这些器官的能力，获得更好的运动表现，也可能由于受到不合理的力而导致损伤，而不受力或受力过小会使这些运动器官由于废用而降低能力。

3.了解这些运动器官的生物力学基本特征是合理提高它们的能力、有效保护它们免于损伤的前提条件。

骨的生物力学

第一节 骨的生物力学

骨骼系统的主要作用是保护内脏器官，为人体提供刚性的支架及肌肉附着点，以便于肌肉活动和身体的运动。骨独特的结构和机械性能是产生以上作用的基础。除了牙本质和牙釉质，骨是人体内最硬的结构，也是最有动力和终身保持代谢活力的组织之一。骨具有高度丰富的血管组织，有极好的再生修复能力，可根据力学环境的变化来改变其力学性能和形态结构。例如，在废用阶段和强力使用时期，常可见骨密度的改变；在骨折愈合中和骨手术后，常可见骨形状的改变。因此，骨能很好地适应其力学环境的改变，具有支撑、保护和运动机能。

本节将描述骨的力学性能和影响因素，以及在不同负荷情况下的骨的行为。

一、骨的力学性质及影响因素

骨在人体中起到承重和杠杆作用，因此，要求骨既要强度大又要质量轻。将骨与钢和花岗石相比（表3-1），骨的密度比钢和花岗石要小，骨的强度比钢低，但比花岗石高。而且骨与钢在强度上的差别要小于两者在密度上的差别。可见，骨的质量要比钢和花岗石轻得多。三者相比，在相同质量下骨有最大的强度。

表3-1 骨与其他材料的力学性质比较

物理性质	钢	骨	花岗石
密度（g/cm^2）	7.8	1.87 ~ 1.97	2.6
沿纵轴的最高张力强度（kg/cm^2）	4240	930 ~ 1200	50
沿纵轴的最高压力强度（kg/cm^2）	4240	1270 ~ 2100	1350

（一）骨的应力-应变曲线

骨受到外加负荷后会产生形变，根据骨受到的负荷和产生的形变可以绘出一条负荷-形变曲线图。图3-1显示了韧性纤维结构组织（例如长骨）的负荷-形变曲线。曲线上A、B两点间的直线范围为弹性区，代表结构的弹性性能，结构的变形属于弹性变形，即结构在这一阶段所受负荷解除后，仍能恢复到原来的形状。若负荷继续增加，结构最外侧的纤维将开始在有些部位破坏，产生屈服。产生屈服的点表明结构的弹性极限。当负荷超越这极限时，曲线将进入塑性区，结构所产生的变形也具有了塑性变形部分，这时即使去除负荷，结构也不会恢复到原来的形状。结构在塑性变形阶段产生的形变将是永久性的。若负荷仍继续增加，结构将在某个部位断裂（骨发生骨折），这个现象反映在曲线上就是极限断裂点。

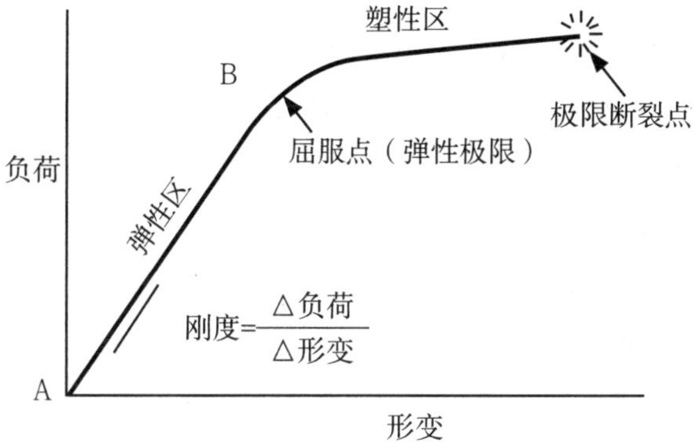

图3-1　韧性纤维结构组织的负荷-形变曲线

负荷-形变曲线可用于测定不同大小、形状和性质物体的强度和刚度。当检查某一确定材料的力学性能，以及比较不同材料的力学性能时，可测定单位面积上的负荷以及单位长度的变形量，所绘制的曲线称为应力-应变曲线。应力表示材料内某一平面对外部负荷的反应，用单位面积上的力表示。材料内某一点受载时所发生的变形称应变。应变有两种基本形式：法向应变（线应变）为长度的改变，剪应变（角应变）为角度的改变。将一骨组织的标准试件置于夹具中加载至破坏，即可获得骨在相应负荷下的应力-应变曲线。图3-2为成人湿润密质骨试件的应力-应变曲线。从图中可以看出，当应变小于0.4%～0.5%时，具有线弹性特性。精确试验表明骨骼应力-应变曲线的弹性部分不是直线，但曲度很小，表明骨骼不是弹性材料。当骨骼在弹性区受载时，可发生一些屈服变形。骨骼的屈服是由于骨单位的分离和微细骨折。骨骼存在一屈服点A，超过此点骨将发生一定的永久变形。此A点对应的应力称为屈服应力（屈服极限），对应的应变称为屈服应变。断裂点B对应的应力称为强度极限，对应的应变称为极限应变（或延伸率、压缩率）。由图示看出，肱骨拉伸强度极限应力约为117MPa，极限应变约为1.5%。可见骨骼属脆性材料。

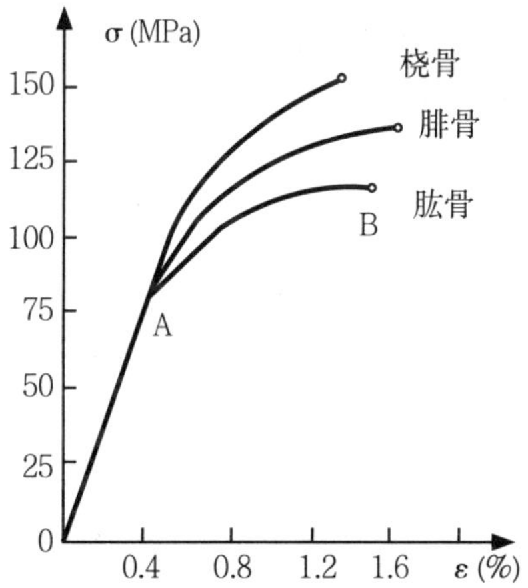

图3-2　成人湿润密质骨试件的应力-应变曲线

（二）骨的强度和刚度

强度（strength）和刚度（stiffness）是骨最重要的力学性质。强度是指材料抵抗破坏的能力，刚度是材料抵抗变形的能力。应力–应变曲线可反映材料的三个强度参数：（1）在断裂前结构能承受的负荷；（2）在断裂前结构能承受的形变；（3）在断裂前结构能贮存的能量。能量贮存表现的强度是指在整条曲线以下区域的范围，面积越大，结构在承受负荷时给予的能量也越大。材料的刚度是指在弹性区内曲线的斜率，斜率越大，材料的刚度越大。

不同的骨骼强度和刚度有所不同。图3–3是股骨密质骨、颅骨的切向和径向以及椎骨等试件压缩应力–应变曲线。从曲线可以看出，股骨的压缩强度极限较高而压缩应变小；椎骨的压缩强度极限小而压缩应变较高。

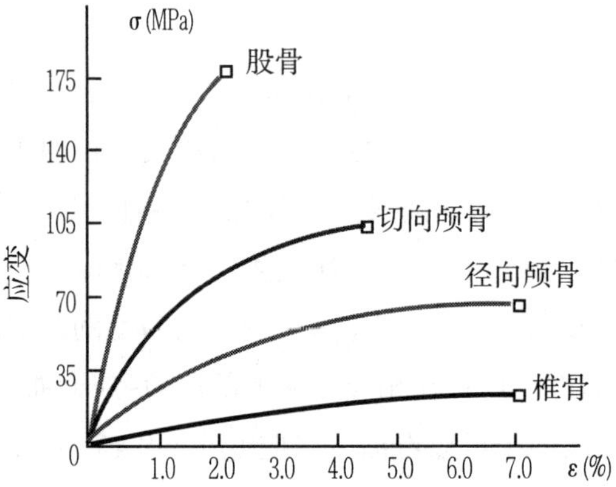

图3–3　骨试件压缩应力–应变图（Mcelhancy，1970）

（三）影响骨力学性质的因素

1. 性别和年龄

Lindahl和Lindgren（1967）研究了男女股骨、肱骨拉伸强度极限和延伸率随年龄的变化（图3–4）。研究数据表明，平均拉伸强度极限随着年龄增加而显著减少，延伸率也显著减少。但是骨的抗拉和抗压强度在性别上不存在显著差异。

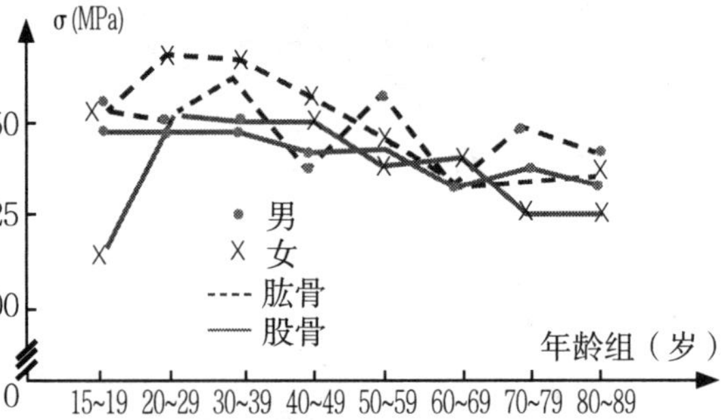

图3–4　骨拉伸强度极限和延伸率随年龄的变化（Lindahl和Lindgren，1967）

2. 骨的各向异性及解剖部位差异

由于骨的纵向结构和横向结构是不同的，因此表现出不同的机械性能，即表现为各向异性（anisotropy）特征。图3-5显示人体股骨干皮质骨的标本在受四种不同方向拉伸负荷时所表现强度和刚度的差异。在纵向负荷时强度、刚度和延伸率均最高。虽然负荷形式和骨机械性能的关系非常复杂，但一般在最常见的负荷方向上骨的强度与刚度最大。

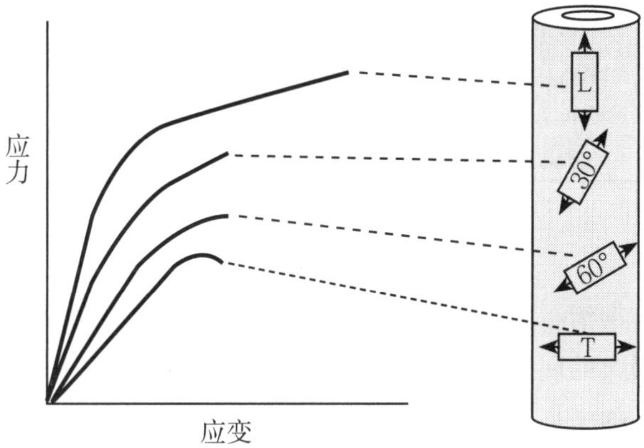

纵向（L）；自中和轴倾斜30°；自中和轴倾斜60°；横向（T）

图3-5　人体骨干在四个方向拉张时可以出现各向异性的行为

取自同一整骨不同部位的试件，由于解剖部位不同，力学性质也有差异。表3-2是湿防腐股骨密质骨拉伸性质差异。对骨不同部位的强度与密度的研究表明，密度和强度之间不完全一致，约只有40%强度差别可用密度解释。因此强度的差别还与骨结构形式有关。

表3-2　湿防腐股骨密质骨拉伸性质差异（Evans和Lebow，1951）

性质	近端1/3	中间1/3	远端1/3
强度极限MPa	77.4 ± 18.7	84.1 ± 19.4	77.4 ± 22.3
延伸率%	1.55 ± 0.68	1.45 ± 0.63	1.37 ± 0.64

表3-3是Yamada（1970）等人给出的人体四肢长骨试件拉伸和压缩的力学性质。从表中可以看到，拉伸时尺骨的平均强度极限稍高，股骨较低；压缩时股骨较高，尺骨偏低。

表3-3　人体湿润密质骨拉压强度极限（Mpa）

	肱骨	桡骨	尺骨	股骨	胫骨	腓骨
拉伸	125	152	154	124	143	149
压缩	135	117	120	170	162	125

3. 加载应变速率的影响

骨的力学性质与加载速率有关。加载速率是指每单位时间内负荷增长量，单位为N/min或KN/min。每单位时间内应变的改变为应变速率，单位为mm/mm·s，或s^{-1}。表3-4是防腐人股骨密质骨试件压缩时，加载应变速率对力学性质的影响。可以看出骨的压缩强度极限随应变速率增高而增大。而极限应变值在应变速率大于0.1s^{-1}后呈递减趋势。

表3-4 加载应变速率对防腐人股骨压缩力学性质的影响

应变速率 [mm/（mm·s）]	强度极限（MPa）	能量吸收容量（MJ/m^3）	弹性模量（GPa）	极限应变%
0.001	153.3	1.90	15.5	1.65
0.01	182.8	2.19	17.6	1.75
0.1	203.9	2.40	18.3	1.80
1.0	225.0	2.47	22.5	1.78
300	284.7	2.11	30.2	1.10
1500	323.4	1.83	41.5	0.95

4. 应力集中影响

材料上若有圆孔、沟槽、切口、细纹时，会使应力不再均匀分布。这种由于截面尺寸改变而引起的应力局部增大的现象称为应力集中。对于像骨一样的脆性材料来说，应力集中将大大降低材料的强度。临床骨外科手术中，经常遇到应力集中现象，例如四肢长骨骨折后，用螺钉固定钢板时骨要钻孔，骨折牵引要钻孔；手术中切除骨骼形成小缺损等，都出现应力集中。这种应力集中使骨骼强度减弱，在扭转负荷时特别显著，可使其降低60%。

二、骨的生物力学行为

骨在力和力矩影响下的机械行为取决于其机械性能、几何特性、施加负荷的形式、负荷速度和负荷频率。

（一）不同负荷模式下的骨行为

力和力矩可通过拉、压、剪切、弯曲、扭转和复合负荷等不同形式施加于骨上（图3-6），骨也会因此在内部产生不同的应变效应，并对外表现出不同的状态。

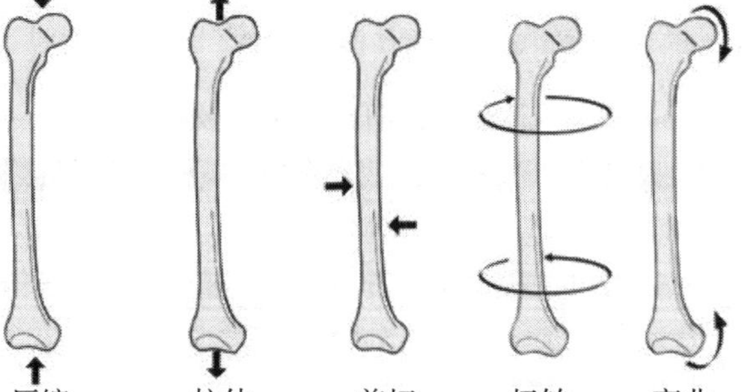

图3-6 人体骨可受到的不同负荷形式

1. 拉力负荷

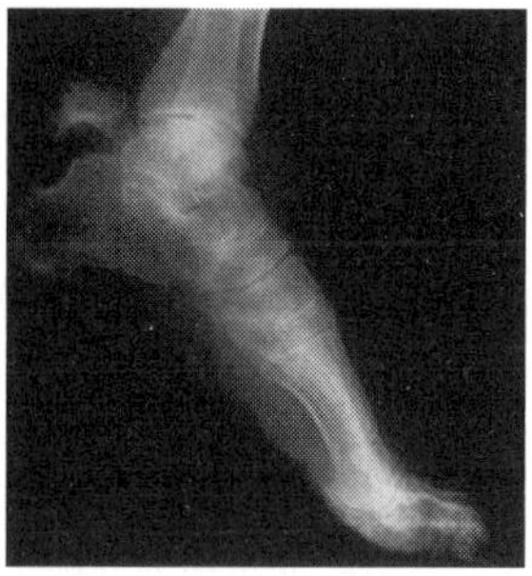

图3-7　跟骨的拉张性骨折

骨在拉力负荷下，结构将伸长和变细。在显微状态下，骨组织在拉伸负荷下破坏的机理主要为结合线的分离和骨单位的脱离。临床上因拉伸负荷而引起的骨折往往发生于富有松质骨的部位。例如第五跖骨基底骨折发生于腓骨短肌连接处的附近，跟骨拉伸性骨折发生于跟腱附着处的附近。如小腿三头肌的强力收缩对跟骨产生异常高的拉伸负荷，使跟骨出现撕脱性骨折（图3-7）。

2. 压缩负荷

在压缩负荷下，骨结构缩短而增粗。骨受压缩负荷下破坏的机理主要是骨单位的斜形劈裂（图3-8）。关节周围肌肉异常强力收缩可造成关节的压缩性骨折。临床上压缩骨折通常见于受到高强度压缩力的椎骨。图3-9显示人椎体受压后出现高度降低和宽度增加。

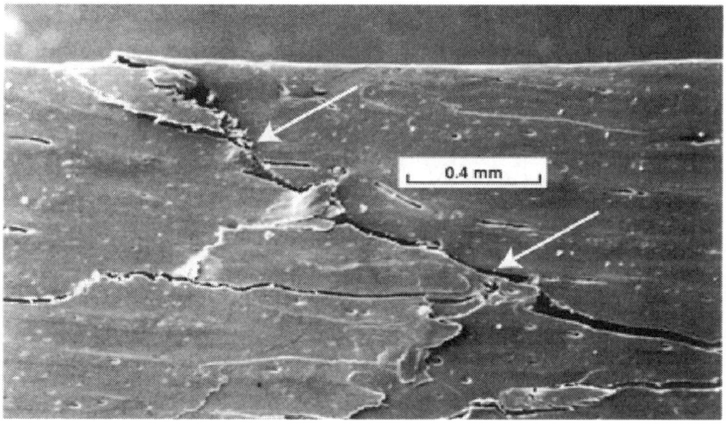

图3-8　人体皮质骨在挤压时所表现的电镜扫描图像。箭头显示骨单元的斜向裂痕

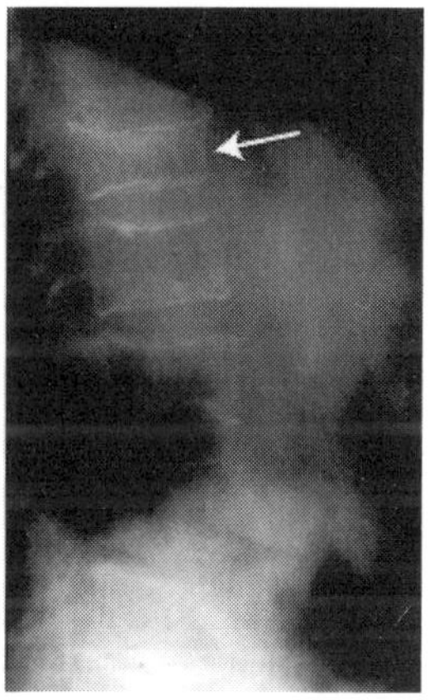

图3-9　第一腰椎的挤压性骨折，椎体变得扁而增宽

3. 剪切负荷

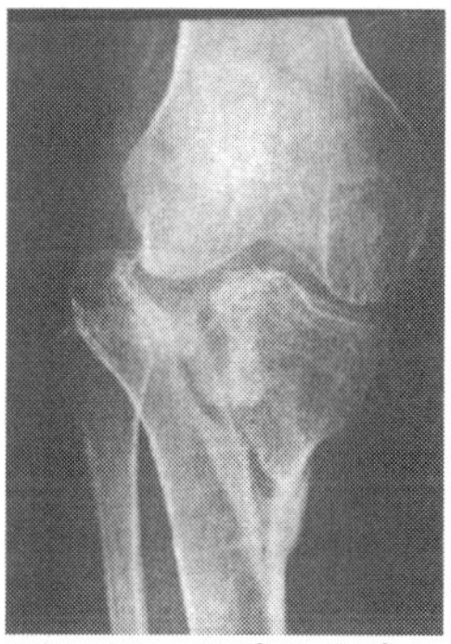

图3-10　胫骨平台骨折，多为膝内翻应力和/或垂直重力构成的复合暴力所致

剪切力作用于与力方向平行的物体切面上。骨在受剪切负荷时，结构内平面上的直角会变为钝角或锐角。骨在承受拉伸或压缩负荷时，结构内部的斜面上也会受到剪切应力的作用。临床上剪切骨折最多见于松质骨，如股骨髁骨折及胫骨平台的骨折（图3-10）。

4. 弯曲负荷

骨在受弯曲负荷时，凸侧受拉伸负荷，凹侧受压缩负荷，中性轴处则无负荷和形变。骨弯曲时受到的压缩或拉伸负荷与离骨中性轴的距离呈正比。离中性轴越远，负荷就越大。

弯曲可分为三点弯曲和四点弯曲（图3-11）。临床上两种弯曲类型均可造成长骨骨折。三点弯曲发生于三个力作用于一个物体且产生两个大小相等方向相反的力矩。三点弯曲骨折往往在中间力的作用点处断裂。典型的三点弯曲骨折是滑雪运动员发生的“靴口”骨折。图3-12所显示的“靴口”骨折是当滑雪者向前摔倒时，胫骨近端受到一个弯曲力矩，而固定足与滑板产生同样大小的力矩作用于胫骨远端。当胫骨近端向前弯曲，骨后侧受拉伸负荷，而前侧受压缩负荷，胫骨与腓骨会在靴口处折断。由于成人骨承受拉伸负荷的能力比承受压缩负荷的能力弱，所以承受拉伸负荷的一侧会首先破坏；而不成熟骨由于具有很好的延展性，所以骨折一般首先发生于压力侧。

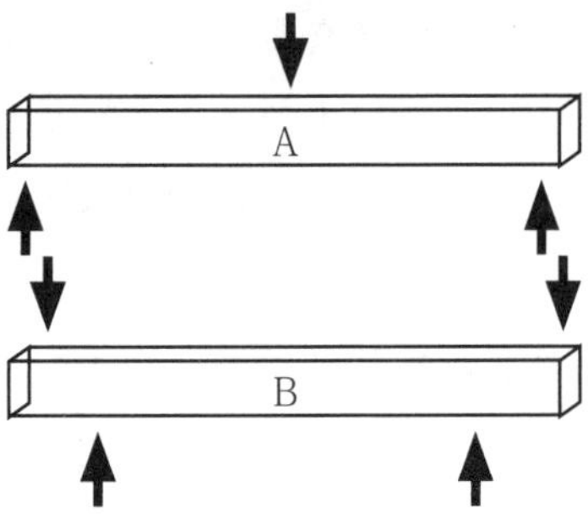

（A）三点弯曲（B）四点弯曲

图3-11　弯曲类型

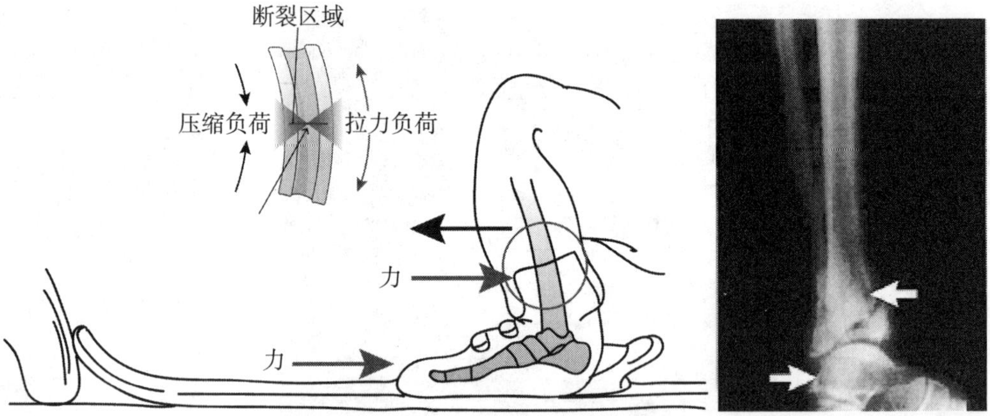

图3-12　因三点弯曲而引起的“靴口”骨折的机制示意图，肌骨折侧位X片

四点弯曲发生于两个力偶共同作用于物体产生两个方向相反的力矩时。四点弯曲时骨的断裂点会在两个力偶之间的薄弱部位。图3-13显示四点弯曲折断的例子。股骨骨折的患者在康复期其僵硬的膝关节接受了不正确的推拿治疗。在推拿治疗期时，膝关节后方的关节囊和胫骨形成了一个力偶，股骨头和髋关节囊形成了另一个力偶。当弯矩作用于股骨时，股骨就会在其最薄弱的地方发生骨折，即原先骨折的部位会再次发生骨折。

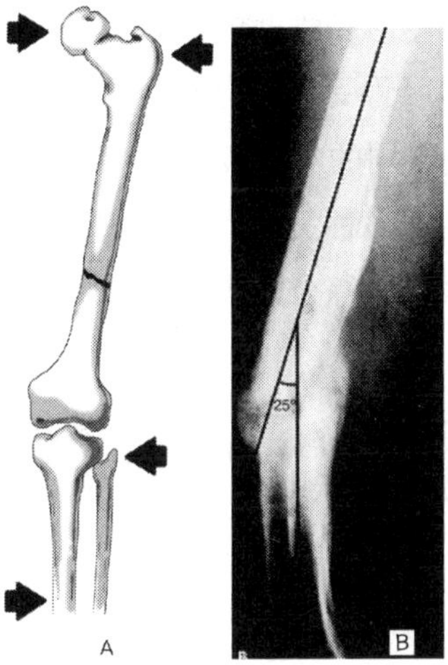

（A）在骨折康复治疗时，用手法治疗僵硬的膝关节，于股骨的最弱点，即原来骨折处，由于四点屈曲力发生骨折。（B）骨折的侧位X线扫描图。

图3-13　四点弯曲折断

5. 扭转负荷

负荷加于骨上使其沿轴线产生扭曲时，即形成扭转。扭转引起的骨折是螺旋骨折，骨折面为45° 螺旋型。由于骨的形状不规则，受力不均匀，断裂时可同时出现几个螺旋型断口，多数骨是螺旋型粉碎骨折。如投掷动作过程中，肩关节周围肌肉使上臂内旋的力矩与投掷物惯性力对肱骨的力矩方向相反，当运动员开始内旋上臂向前投掷时，肱骨可能受到过大的扭转负荷而产生螺旋型骨折（图3-14）。

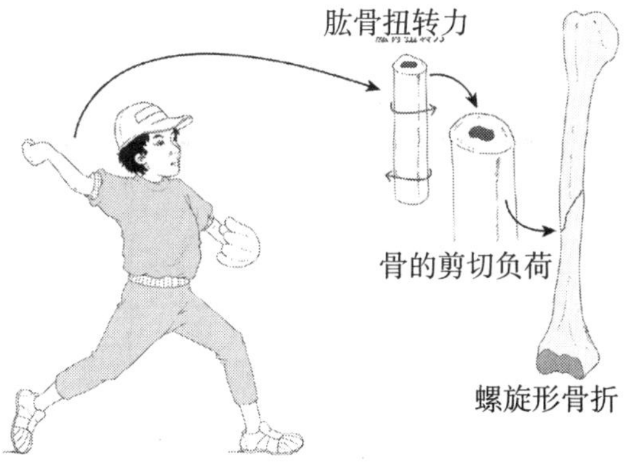

图3-14　加载在肱骨上的扭旋负荷，造成了骨表面的剪切负荷

6. 复合负荷

虽然每种负荷形式分别独立存在，但是活体骨很少只受到一种力的作用。活体骨的受力情况比较复杂，这主要有两个原因：骨持续受到多种不确定性的负载；骨的几何结构是不规

则的。通过测量成人在行走和慢跑时胫骨前内侧面的应变量证实，在这些常见的生理活动中胫骨受到的力非常复杂，在一个步态周期的不同阶段会受到不同的应力负荷。

骨折形式的临床检查也说明，一种负荷形式，甚至两种形式，很少会发生骨折。多数骨折是综合几个负荷形式才会产生。

在压缩、拉伸和剪切负荷下，成人皮质骨表现出不同的极限应力（图3-15）。皮质骨承受压缩的应力（约190MPa）要大于承受拉伸的应力（约130Mpa），承受拉伸的应力要大于承受剪切的应力（约70Mpa）。

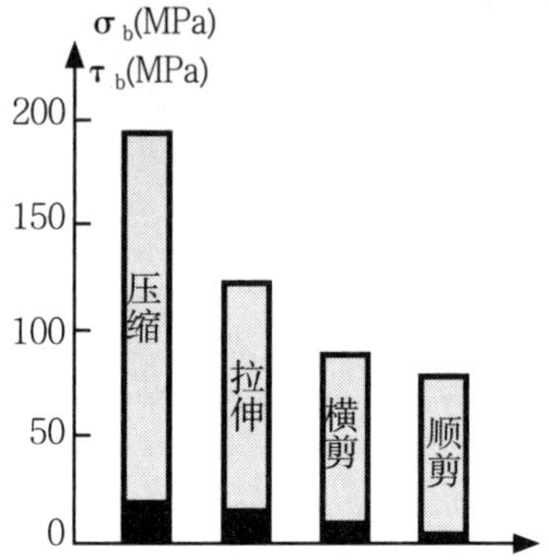

图3-15　不同变形形式的强度比较

图3-15显示成人皮质骨标本在挤压、拉张和剪切下测试时所表现的终极应力。阴影区表明成人松质骨的终极应力。松质骨密度只有皮质骨的35%，但应力远小于皮质骨。

（二）肌肉活动对骨内应力分布的影响

骨骼在体内受载时，附着于骨骼的肌肉收缩可改变骨骼的应力分布。肌肉收缩所产生的压应力，与部分或全部拉应力相抵，从而降低或消除加于骨骼上的拉应力。

例如当滑雪者向前摔倒时，胫骨受到了弯矩的作用，在胫骨后侧产生了很高的拉伸应力，胫骨前侧则产生了很高的压缩应力（图3-16）。而小腿三头肌的收缩在胫骨的后侧产生了很强的压应力，这样就抵消了胫骨后侧大量的拉伸应力，从而避免了胫骨在张应力作用下发生骨折。这种收缩也会造成胫骨前侧产生更大的压应力。成熟的骨往往能够承受这种压应力，但未成熟骨的强度较低，在压应力作用下往往会发生骨折。

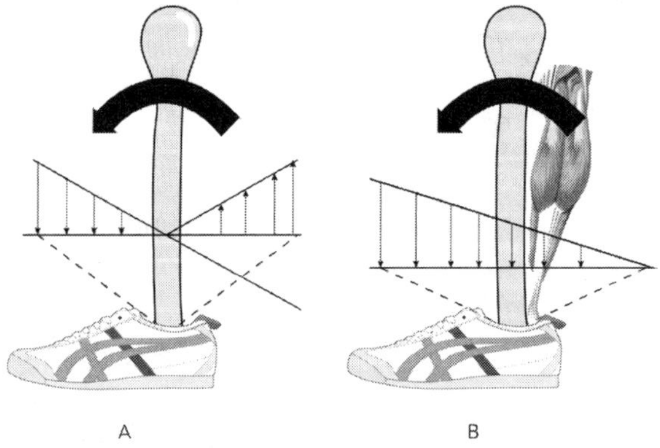

（A）胫骨承受三点弯曲时，压应力和拉伸应力的分布。

（B）小腿三角肌的收缩在后方产生高的压应力，以中和后方的高拉伸应力。

图3-16　压应力与拉伸应力的变化

肌肉的收缩同样可在髋关节产生类似的作用（图3-17）。在运动时，股骨颈将承受弯曲力矩，在颈上部的皮质骨产生拉应力。臀中肌收缩时产生压应力，可以抵消拉应力，其结果是股骨颈上部皮质骨既无拉应力，也无压应力。如此，肌肉的收缩可使股骨颈承受较大的负荷。

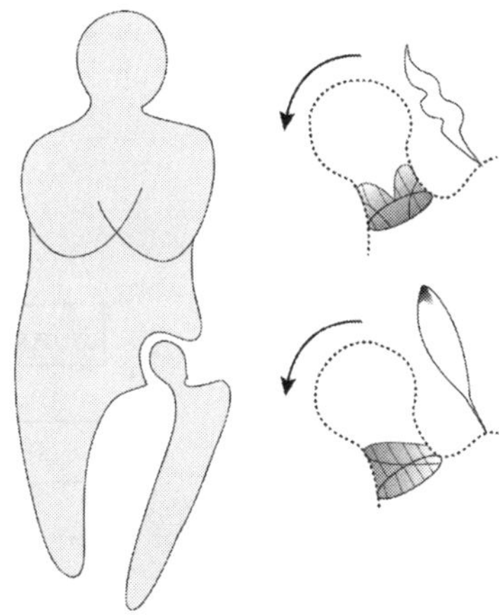

若臀中肌放松（上方），拉伸应力可发生于上方皮质骨，而压应力发生于下方皮质骨。若臀中肌收缩（下方），它可中和这种拉伸应力。

图3-17　股骨颈内的应力可见于弯曲状态

（三）疲劳性骨折

沃夫定律与应力性骨折

骨折可由一次超过骨极限强度的负荷引起，也可由反复出现的较低负荷引起。由于重复作用的较低负载引起的骨折称为疲劳性骨折，又叫应力性骨折、新兵骨折、慢性骨折等。对活骨的反复负荷，疲劳损伤的进程不仅取决于负荷的大小和反复次数，同时也取决于在一定时间内施行负荷的次数，即负荷频率。另外，负荷的形式、骨本身的力学强度、肌肉疲劳的程度和骨的局部解剖结构也是影响骨疲劳性损伤的因素。体内骨具有自我修复能力，只有在骨重建不足以弥补骨疲劳损伤时才发生疲劳骨折——也就是说频繁的负荷妨碍了骨为防止骨折所进行的重建活动。如长期在较硬地面上跑步造成的足第二跖骨疲劳性骨折（图3-18）。

疲劳性骨折往往发生在持续过度活动的部位，这种持续过度活动使肌肉疲劳，收缩乏力，导致他们吸收震荡和抵消应力的能力大大减弱。随之发生的骨应力分布变化使骨受到的应力异常增高，疲劳损伤逐渐积累，最终导致骨折。骨折可发生在拉力侧，也可以发生在压力侧，或者两侧均发生骨折。拉力侧骨折导致横断骨折，骨很快发生完全性骨折。压力侧疲劳骨折发生比较缓慢，不容易妨碍骨的重建活动，因此不太会发生完全骨折。肌肉疲劳引起下肢疲劳性骨折的基本机制见图3-19。

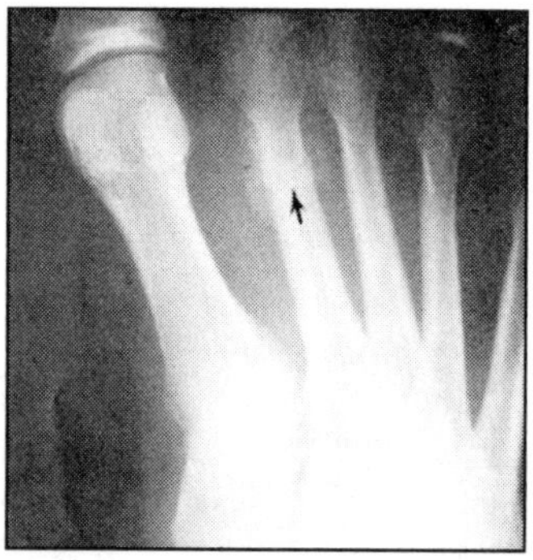

图3-18　第二跖骨的疲劳性骨折（箭头所指处）原因是长期在较硬地面上跑步

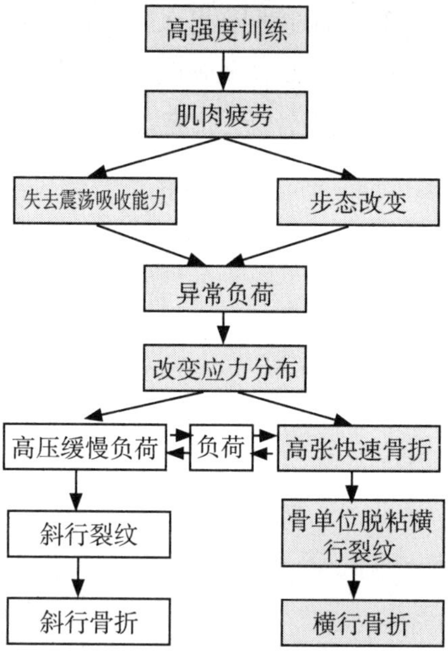

图3-19　肌肉疲劳引起下肢疲劳性骨折的基本机制

三、骨的功能适应性

骨的功能适应性是指骨能够适应其力学环境而产生最优化的外部形状和内部结构。骨能够随着它受到的应力和应变而进行外部重建和内部重建。骨外部形状的改变称为外部重建，而骨的疏密度、矿物含量等的改变称为内部重建。骨能够通过重建过程改变其大小、形状和结构来适应外界的力学要求（Buckwalter et al.，1995）。不论是生长发育过程中的骨，还是成年骨与老年骨，始终存在骨重建过程。当骨所受负荷增加时，成骨细胞活性增强，表现为骨生长，而所受负荷减小时，则破骨细胞活性增强，表现为骨吸收。即骨在需要处多生长而在不需要处多吸收。骨的这种功能适应性符合Wolff定律，即骨功能的每一改变，都有与数学法则一致的确定的内部结构和外部形态的变化。

骨骼肌的活动或重力都能对骨骼进行加载作用。骨量和身体的重量呈正比关系。身体越重，对应的骨量就越多（Exner等，1979）。相反，长期处于失重状态能够导致承重骨发生骨量丢失，如太空旅行。宇航员会经历快速的钙丢失及由此引发的骨量减少。体力活动对骨骼施加了负荷，使得成骨细胞活性增强，促进了骨的生成。而静止或者不运动将会导致骨的密度、刚度和机械强度发生大幅度的降低。卧床休息能造成每星期丢失约1%的骨量。Kazarian和von Gierke曾将16只雄罗猴用石膏固定60天，之后进行体外的椎体压缩实验。结果表明（图3-20），固定组猴子的

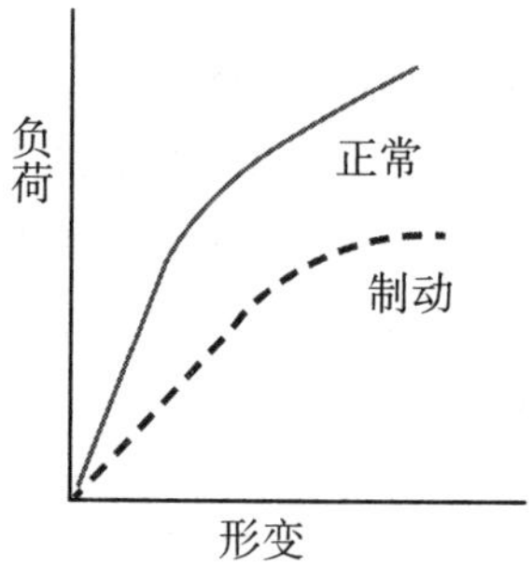

图3-20　正常与制动雄罗猴L5-L7脊椎节段的负荷-形变曲线

椎体能承受的极限负荷比没有固定的猴子减少1/3，其刚度也明显减少。

（一）骨形态结构的功能适应性

现已知道，每块骨的潜在大小、形状是由基因组决定的。但在骨发育的某些关键时刻，决定骨骼的精细形状的则是运动和机械力学的作用。如果缺乏这种作用，可导致骨畸形的发生。在形态发生过程中，早期机械应力的作用模式还可影响软骨内骨化的形成与进程，影响骨内部精细构造，包括骨密度和骨小梁的排列。在骨生长过程中，尤其是正常骨沟、骨凹、骨粗隆、骨结节、骨干的轻微弯曲及干骺端的复杂形状和骺软骨均需要机械力和运动作用的影响。

大量的研究和实践已经证实，长期、系统和科学的运动训练对骨的形态结构能产生良好的影响，并表现为骨形态学的适应性变化。如骨周围肌肉的活动直接影响骨的外形，肌肉活动越频繁，骨在尺度上的增加越明显，出现骨径变粗、骨面肌肉附着处突起明显等现象。随着骨形态结构的变化，骨在功能上表现为抵抗破坏能力显著提高。

此外，不同运动项目对骨形态结构的不同影响也能充分体现骨对力学环境的功能适应性。研究显示，运动可使田径运动员（如跳跃项目类）和举重运动员的胫骨发生适应性变化，但跳跃项目类运动员表现为胫骨前缘骨壁增厚，而举重运动员则表现为胫骨内侧骨壁增厚。

（二）骨组织结构的功能适应性

骨组织的结构与其内部应力分布有关，应力大的部位骨组织密度大，应力小的部位骨密度小。骨组织能用最少的骨量来满足力学环境所需的骨强度。骨松质的小梁结构便是最好的例子。骨松质的结构单位是骨小梁，骨小梁的排列是有序的，其方向沿着运动所引起的骨的主应变方向。以股骨头为例（图3-21），其内部骨小梁的拱式轨道排列避免了骨小梁承受剪力，最大程度地降低了可能受到的弯曲力矩，使骨小梁处于承受以轴向压力为主的十分有利的受力状态。

研究证明，长期从事科学的运动训练可使骨密质增厚，骨小梁排列依张力和压力的变化显得更为清晰而有规律。如系统的武术训练对跟骨的骨小梁有非常明显的影响，表现为跟骨的骨小梁在宽度、粗度和清晰方面均有所增强，并发现有新的骨小梁线系形成。而长期废用或老年人的骨小梁变细、穿孔、骨小梁交叉点数减少，小梁间距扩大。

综上所述，千万年的自然选择使骨无论在其形态、构造及力学性质上，都充分适应其功能，成为相应环境下的最优结构。

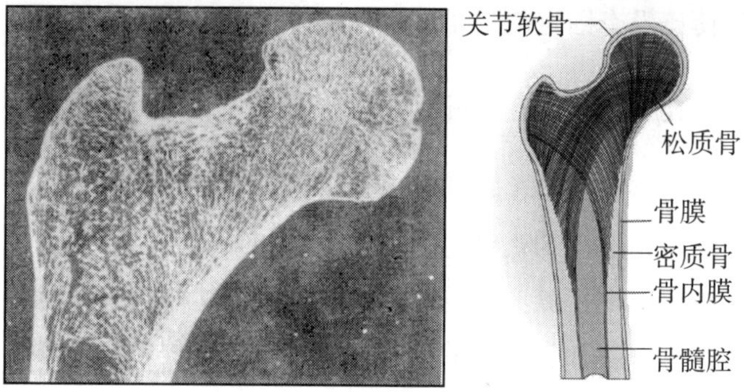

图3-21 股骨上端骨小梁的排列形式

第二节 人体关节软骨的生物力学

在正常年轻关节内，动关节的关节骨末端覆盖着一层厚1~6mm、致密且透明的白色结缔组织，称为透明关节软骨。关节软骨是一种十分特殊的组织，在一般人的寿命期内都可以无损地承担高负荷关节运动。从生理学角度上看，关节软骨属于独立的组织，无血管和淋巴管，也没有神经支配。而且，软骨的细胞密度比其他组织小。

动关节的关节软骨有两个主要功能：在广泛区域内使关节负荷分散，减少接触关节面上的压力；两关节面相对运动时减少摩擦力，降低损耗。水分占关节软骨总重量的60%~80%。大部分水分在承载时，可被挤出去。关节软骨可以认为是充满液体的有多孔可渗透的介质（犹如水饱和的海绵块）。本章将讨论关节软骨的生物力学性能，及其如何完成关节软骨功能。

一、关节软骨的材料特性

（一）关节软骨的渗透性

渗透性是材料的一个力学参数，它表示液体流过多孔固体基质时的摩擦阻力，渗透性越低，液体流过多孔基质越难，表示液体流过多孔基质时受到的阻力越大。充满液体的多孔材料并不一定有渗透性。关节软骨具有非线性渗透性，即关节软骨的渗透性与所受压缩负荷并不成正比。随着压力和变形的增加，健康关节软骨的渗透性大大降低。关节软骨的非线性渗透性表明组织具有一个力学反馈系统，阻止组织间液完全流出。这种生物力学调节系统对正常组织的营养需要、关节润滑、承载能力和组织磨损等均有深刻意义。

（二）关节软骨的粘弹性

关节软骨的形变与承受外力的速度有密切的关系。挤压越快，水分越难流出；挤压越慢，水分越容易完全流出。软骨形变的特征在于水分的丧失不呈线性。这种有赖于应变率的形变叫做粘弹性。由于关节软骨对液体的流动有很大的阻力，也就是渗透性很低，所以它的材料性能与加载和卸载的速度密切相关。在快速加载与卸载的情况下，来不及将液体挤出（如跳跃时），软骨的性能多少像一种弹性的单相材料，承载时立即变形，卸载后又立即恢复。但是，如果缓慢地对软骨加载，并维持恒定，如长期站立，则在挤出液体的同时，软骨变形也将持续增加。卸载后，若有充分的时间，使软骨获得足够多的液体，软骨将恢复到原来的尺寸。

（三）关节软骨的润滑性

关节软骨在滑膜关节中作为骨的衬里材料，表现出非凡的润滑性能，虽然它的润滑性比最好的人工材料要低许多倍，但比大多数以油作为金属间润滑剂得到的金属间的摩擦系数要低两个数量级。

关节软骨的润滑机制有两种，界面润滑和压渗润滑。关节活动时，关节软骨表面产生相对运动。滑液中的分子因化学作用而附着在关节面上。这些附着在关节面上的分子形成一个界面层，防止关节面间的接触，消除大部分的表面磨损，从而保护软骨表面。当关节受压负荷增加或关节运动加快时，关节软骨间的润滑机制还在于自身压迫的流体静力现象，即压渗润滑。液体不是由后向前推入接触面之间，而是从接触面本身挤压出来。关节相对滑动压迫软骨，关节面间形成压力液膜，此液膜由原来的滑液和挤渗出来的软骨组织液组成。在关节运动的正常周期，大部分负荷和运动期，两种润滑机制都有作用。

二、关节软骨的磨损

磨损是通过机械作用去除固体表面的物质。关节软骨的磨损，包括承载面之间相互作用引起的界面磨损，以及承载面变形引起的疲劳性磨损两种形式。如果两个承载面接触，可因粘连或研磨而产生界面磨损。如果两个承载面接触引起的结合力超过其下面的材料所能承受的力，就会发生粘连性磨损。一旦出现软骨面超微结构损害或质量消耗，软骨的表面层即变软，渗透性增加。在这种情况下，液体流动的阻力减少，使液膜中的液体通过软骨而泄露。这种液体丧失增加了不光滑软骨面紧密接触的可能性，从而进一步加剧研磨过程。

即使承载面润滑作用良好，由于周而复始的反复变形也可发生疲劳性磨损。疲劳性磨损的发生是材料反复受压而产生微小的损伤积累而致。虽然施加应力的量远远小于材料的极限强度，但如果经常施加应力最终将发生磨损。

三、关节软骨退变的生物力学

关节活动时，使关节透明软骨面之间时而相互压缩时而放松。压缩时，基质内液体溢出；放松时，液体进入基质内。如此反复交替进行，以保持关节软骨细胞的营养供给。这种营养渠道一旦遭到破坏，即可发生骨基质改变，进而使软骨细胞退化和死亡，产生关节软骨退变。影响关节软骨退变的生物力学因素主要有承受的应力大小、承受应力峰值的总数和胶原、蛋白多糖基质的分子和显微结构。

过度负重是关节软骨发生退变及加速退变进程的主要因素。关节虽然反复承担较大的负荷，却大都能良好地工作，只有当应力太大或负重区太小时才造成关节软骨的损害。而造成关节软骨过度负重的原因常与关节的某种不对称而导致的不正常小接触面有关。如膝关节半月板切除可消除半月板分散负荷的功能，而韧带断裂时骨端的相对运动增加，关节关系的异常可增加总负荷和应力集中。这些过度的应力集中还可以降低关节面间的界面润滑，进一步增加关节面软骨的磨损。关节负荷的大小和频率增加，可以解释为何从事某种职业的人关节退变的发生率高，如足球运动员和矿工的膝关节、芭蕾舞演员的踝关节等。

关节软骨磨损后逐渐变薄，出现水平裂隙，以至于表面软骨成为小碎块，脱落于关节腔内。在应力和摩擦最大的部位，软骨逐渐被全层破坏，使软骨钙化层或甚至软骨下骨骨质裸露。应力最小的部位有骨质疏松，新生骨向阻力最小的方向生长，在关节边缘形成骨赘。应力最大处的骨质由于承受压力的影响产生显微骨折、坏死。

第三节　人体肌腱和韧带的生物力学

肌腱和韧带都是粘弹性组织并具有粘弹性特征。肌腱能够承受很强的张力，将肌肉的收缩力传至关节和带动关节运动，但它也是柔软的组织，能绕着骨骼的外缘改变肌肉拉力方向。韧带更为柔软及可屈曲，可容许骨与骨之间的活动，但也能承受很大的张力及对抗外力的过度伸展。分析肌腱和韧带的机械性能对了解它们受伤的原理有重要的意义。当张力过大导致受伤时，受伤的程度视其张力的速率和拉伸的长度大小而定。

一、肌腱和韧带的生物力学特性

（一）肌腱和韧带受拉力时的表现

拉伸的生物力学

分析肌腱和韧带生物力学性能的一种方式是使标本在恒定延伸速度下观察拉张形变，延伸组织，直至破裂。从图3-22可以看出当拉伸负荷刚施加于肌腱或韧带上时，较小的拉伸力就可使组织产生较大的延伸，这是由于外界拉伸力将肌腱或韧带内部原本在松弛状态下呈波浪形态的胶原纤维拉直。当负荷持续增加，肌腱和韧带组织的刚度也会增加，因此渐渐需要更大的力产生相应的延伸量。当力增加到一定程度时，肌腱和韧带内部的纤维束开始出现不可逆的损伤，肌腱或韧带刚度下降。外界拉力继续增加，肌腱或韧带内部的大量纤维束不规律地断裂。这时负荷可能会达到拉伸应力极限，随之肌腱或韧带完全断裂。

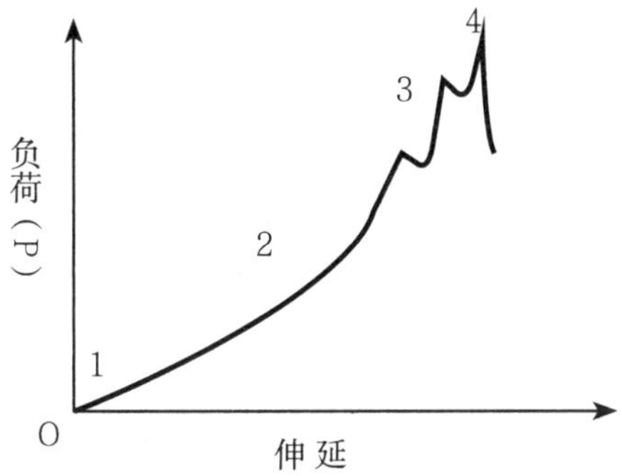

曲线上的数字表明四个区。（1）起始或“趾”区：随着负荷力的增加，组织延伸，使波形胶原纤维拉直。（2）第二或“线”区：说明纤维已拉直，标本的硬度迅速加大，组织开始形变，与负荷量成线性关系。（3）第二区的结束。此点的负荷值称为Plin。在这点以后，胶原纤维逐渐出现衰竭，曲线上出现少量的力减少（下沉）。（4）最大负荷（Pmax）反映组织的最终拉张强度，将很快出现完全衰竭，标本消失其负荷支持的能力。

图3-22　负荷-伸延曲线表现出家兔肌腱在拉张下直至衰竭

（二）肌腱和韧带粘弹性特征

肌腱和韧带的机械特性会随着不同的负荷速率而改变。当肌腱和韧带承受的应变速率（负荷速率）较高时，具有较大的刚度。即承受高速应力，需要较强的拉力才能把肌腱和韧带拉断。

当肌腱和韧带在受到频率较高的反复拉伸时，即便拉力并不大，组织内部也会出现不可恢复的塑性变形。这种塑性变形会随着每一次的重复负荷而增加。如果重复负荷持续加于已受损伤的组织，即使在正常的生理负荷范围内，这些组织也会发生微断裂。

应力松弛和蠕变是两个用来测试肌腱和韧带粘弹性的指标。所谓应力松弛是指材料内部的应力会随着时间的延长而下降的特性，蠕变是指材料的形变随着时间的延长而增加的特性。当使得肌腱或韧带上产生的变形长时间不变，在组织内部的应力会很快地减少，之后减少速度变慢。而如果施加在肌腱或韧带上的负荷长时间保持不变，肌腱或韧带的变形在最初的一段时间会明显增加，之后逐渐减慢。肌腱和韧带具有蠕变的特征使得正畸治疗得以实现。临床上，可让一个均匀的低负荷加于软组织上，用于治疗关节畸形。例如以脊柱支架来改善脊柱侧弯的程度，这种疗法利用均匀负荷加于脊柱弯曲部分，把该处的软组织拉长。

二、影响肌腱与韧带生物力学性能的因素

有许多因素可影响肌腱与韧带的生物力学性能。最常见的有年老、妊娠、运动与制动和非类固醇抗炎药物的应用。

（一）成长及老化

在成长期（至20岁），组成肌腱与韧带的胶原纤维的直径增加，提升了组织的拉伸强度。在成年人中（20~60岁）或超过60岁的老年人中，肌腱和韧带的生物力学性能会有一段时间保持不变，之后胶原纤维的直径随年龄增长而减少，老年后肌腱与韧带的胶原量也会减少，因此其强度、刚度和承受形变的能力也将下降。

（二）妊娠与产后期

在妊娠与产后期，耻骨区的肌腱和韧带的松弛度往往增加，以后会逐渐复原。

（三）运动与制动

同骨一样，韧带与肌腱会适应受到的外界负荷的需要而进行再造。如果负荷增加，它们会变得更坚韧，如果负荷减少，它们的刚度会降低。运动训练能增加肌腱和韧带与骨连接点的拉伸强度。而制动关节则会减弱韧带的强度。研究表明，经过一段时间的关节制动后，韧带需要更长时间的锻炼才能恢复到原来的强度和刚度（图3-23）。

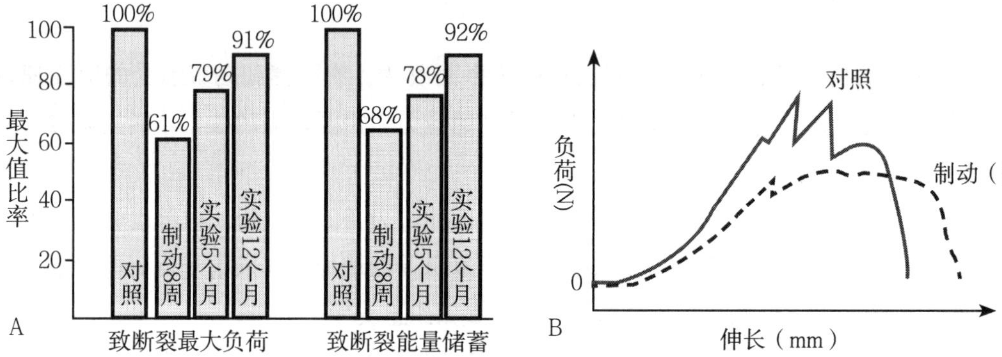

图3-23 损伤和康复训练对韧带力学能力的影响

（A）猴子前交叉韧带在断裂前所能承受的最高应力和能量负荷值。数字显示三个实验组与对照组的百分率比较：① 那些受8周固定的；② 那些经过8周固定后再接受5个月运动训练的；③ 那些经过8周固定后再接12个月运动训练的。（B）与对照组比较，韧带经过8周的固定后刚度会减低（这能表现于变形曲线的斜度减少），应变会增加。

（四）非类固醇抗炎药物

非类固醇抗炎药物（non-steroid anti-inflammatory drugs：NSAID），如阿司匹林、乙酰氨酚（acetaminophen）、消炎痛（indomethacin），是常用以治疗肌肉骨骼系统不同疼痛的药物。NSAID也广泛应用于软组织损伤，如肌腱和韧带的炎性紊乱和部分断裂。研究发现此类药物可使软组织的拉伸强度增加，短期使用NSAID药物对软组织愈合的影响不大，但会增加这些组织机械复原的速度。

（五）类固醇

在韧带受伤后即时使用皮质类固醇可能会严重影响其生物力学和组织特性。动物实验的结果证明，类固醇可导致韧带刚度和强度明显降低。

第四节　人体骨骼肌的生物力学

肌肉系统由三类肌肉构成：心肌，构成心脏；平滑肌是空腔脏器壁的组成部分；骨骼肌通过肌腱与骨骼附着。本节的重点是介绍骨骼肌的生物力学性能。

肌肉是人体最大的组织，约占体重的40%~45%。人体共有600多块肌肉，成对出现于人体左右侧。最强力的运动由不到80对肌肉完成。肌肉通过分散应力吸收震荡而保护骨骼和提供动力。肌肉的基本功能是将化学能转变为机械能。这一转变过程是通过肌肉的收缩力做功实现的。评价肌肉生物力学特征的指标主要是肌肉收缩力（在肌肉端部测出来的力）与肌肉收缩速度。当然，还有一些如弹性、刚度等力学特性，也可以反映肌肉的力学性质。

一、人体骨骼肌的力学模型

肌肉的生物力学模型

为了更好地说明肌肉力学性能，希尔（A. V. Hill）建立了由收缩元、并联弹性元和串联弹性元三个元素组成的肌肉力学模型，三个元素联接方式如图3-24所示。图中A是典型的Hill肌肉模型的形式，图中B是改进的肌肉三元素模型。收缩元表现肌肉受到刺激能够产生收缩的功能，通常认为其代表肌动蛋白微丝和肌球蛋白微丝在受到刺激后相对运动形成拉力，从而使肌肉张力和长度发生变化。并联弹性元通常被认为代表收缩成分周围的组织，如肌外膜、肌束膜、肌内膜和肌纤维膜。在图中A串联弹性元被认为代表两种肌丝和横桥的弹性，而在图B串联弹性元则成为代表与收缩成分呈串联关系的弹性结构，如肌腱。因此图A的模型可以被认为是肌纤维力学模型，而图B则为一块肌肉的力学模型。也有研究者认为（Winters，J. M.，1990），由于串联弹性元所代表结构的刚度（硬度）比并联弹性元所代表的结构大很多，所以图A、B两种模型的力学形式差别很小。串联弹性元和并联弹性元表现肌肉受到拉伸后可以产生被动回缩的弹力，但拉伸长度和弹力之间为非线性关系。利用肌肉三元素模型可以清楚地说明肌肉主要的力学功能和表现，如肌肉张力-长度关系。

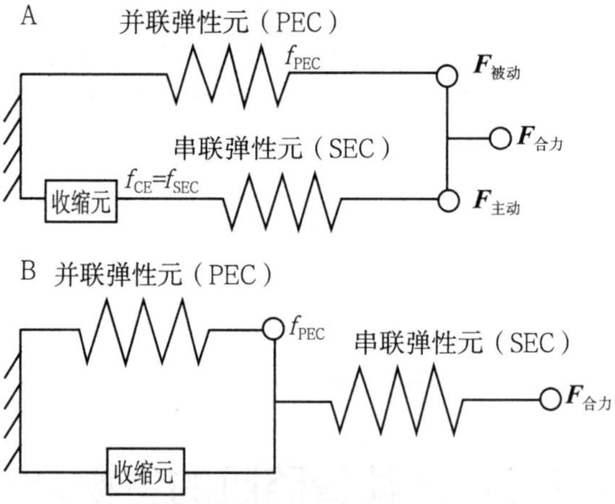

图3-24　两种不同形式的肌肉三元素模型

二、肌肉张力-长度关系

肌肉的长度会影响肌肉产生张力的能力。张力-长度关系表示了肌肉张力随不同肌肉长度的变化。肌肉产生的张力包括收缩元受到刺激产生的主动收缩力和弹性元受到牵拉产生的被动张力两部分，所以肌肉长度-张力关系图含有这两种力在不同长度下的变化曲线（图3-25）。

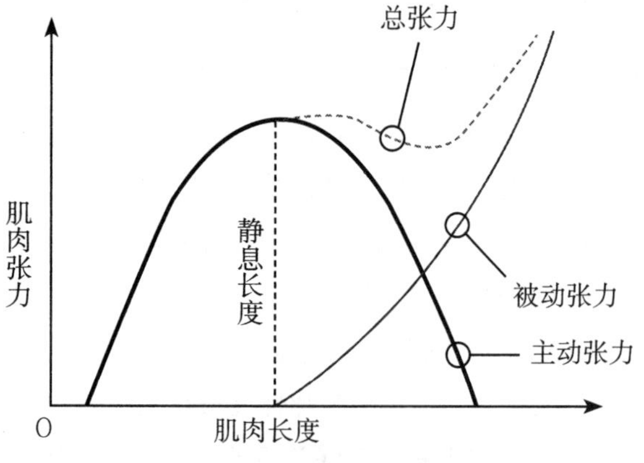

图3-25　人类骨骼肌的张力-长度关系

（一）主动张力-长度曲线

从主动张力-长度曲线（图3-26）可以看出，收缩元在较短或较长的长度下均不会达到最大主动收缩力。肌纤维被牵拉或缩短时张力的变化主要归因于肌节结构的改变。当肌节粗细肌丝相互重叠得最充分而且横桥的数量最多时，能够产生最大主动收缩力，此时的长度（L_0）称为静息长度。如果肌节被拉长，肌丝间的接触少，张力就会降低。肌节的长度被进一步拉长时，肌丝间几乎没有重叠，不能产生主动张力。肌节的长度小于其静息长度时主动张力会降低，这是因为细肌丝过度重叠至肌节的另一端，从而限制向相反方向的运动。

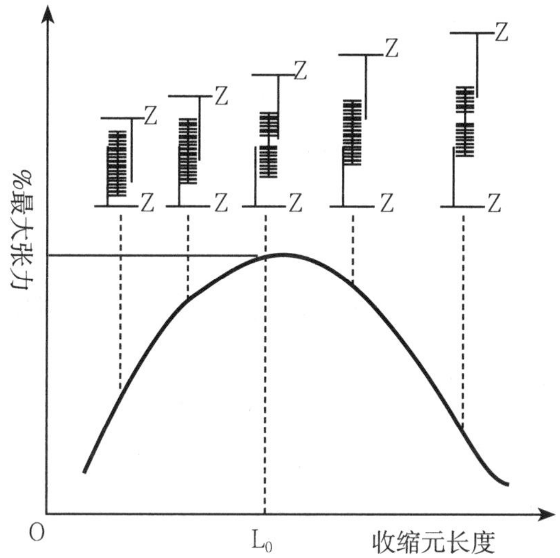

图3-26　肌肉收缩元长度与力的关系

（二）被动张力-长度曲线

被动张力-长度曲线显示肌肉长度在静息长度附近时，肌肉中弹性元成分开始被拉紧，被动张力随肌肉长度的增加而上升，开始上升得比较缓慢，而后急剧上升。被动张力和长度之间呈现非线性关系。

（三）总张力-长度曲线

将主动张力-长度曲线和被动张力-长度曲线相加，即可得到肌肉总张力-长度曲线（图3-25）。从总张力-长度曲线可以看出，肌肉在短于静息长度时肌肉总张力由主动张力产生，当肌肉逐渐被牵拉超过其静息长度时，被动张力开始出现，但主动张力开始下降，因此总张力表现为先稍有上升，再略微下降，其后随被动张力一起上升。肌肉被牵拉的程度越大，肌肉的弹性成分产生的张力在总张力中所占比例越大。不同肌肉的主动张力-长度曲线基本一致，而被动张力-长度和总张力-长度曲线有差异，这与肌肉的结缔组织（弹性成分）多少有关。

多数肌肉只跨越一个关节，牵伸力尚不足以使被动张力起重要作用。跨越两个关节的肌肉则不同，其长度-张力关系的极限会起作用。例如腘绳肌在膝关节完全屈曲时将缩短甚多，以致其张力大大减小。相反，当髋关节屈曲而膝关节伸直时，肌肉被牵伸的强度使其被动张力的幅度，足以防止进一步的伸延，以致髋关节屈曲度的增加会引起膝关节屈曲。另外，被动张力在肌肉总张力中的贡献特征使得运动员应重视肌肉发力的起始位置。使肌肉处于被拉长的位置开始发力有利于增加用力效果。

三、肌肉张力-速度关系

肌肉张力相对于速度的关系（图3-27）解释了充分激活的肌肉的力量是怎样随速度而变化的。肌肉收缩力和速度之间关系的发现同样要归功于A.V.Hill。Hill仔细地测量了离体情况下最大限度刺激青蛙肌肉使其发生等长收缩时的收缩速度，并分析了肌肉收缩的热力学关系，得到了肌肉收缩力与速度的关系方程，即Hill方程。图中显示了骨骼肌在不同收缩形式（离心、等长、向心）下肌肉收缩力与速度之间的关系曲线。从曲线中可以看出，肌肉向心收缩时，肌肉力量随着收缩速度的增加而下降，肌肉收缩力与收缩速度呈反比关系。而离心收缩时，肌肉力量随速度的增加而上升。对离体肌肉进行实验发现，肌肉快速离心收缩时所要抵抗的力几乎是等长收缩最大力的两倍（Alexander，1992）。

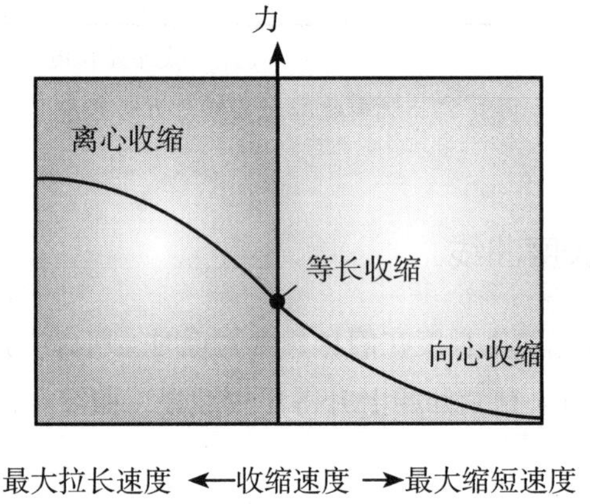

缩短（向心运动）的速度升高，肌肉力量的潜力迅速下降，然而伸长（离心运动）的速度升高，肌肉内部的力量也随之升高。离心收缩所产生的升高的力要远远高于图示中说明的那样。

图3-27　离体肌肉的力-速度关系

肌肉张力-速度关系对人类的运动有重要意义。首先，肌肉向心收缩力量和收缩速度之间的反比关系意味着在高速收缩的情况下肌肉是不可能产生很大的力量的。肌肉能够产生高张力以启动运动，但是随着收缩速度的升高肌肉的发力（保持加速度）能力下降。第二，运动速度很小（曲线的中间部分）的情况下肌肉潜在力量很大程度上取决于肌肉的等长肌力（Zatsiorsky &Kraemer，2006）。这同样意味着等长肌力和肌肉速度是两种截然不同的肌肉能力。例如运动员进行增大投掷速度的训练应根据其专项动作中器械负荷和速度的关系而有所不同。铅球运动员会进行高负荷、重复次数少的力量训练，而那些投掷器械较轻的项目如标枪、垒球或者棒球的运动员会进行低强度、高速的力量训练。

力量训练不能改变肌肉力-速度关系的性质（形态），但是可以通过训练将曲线上移以达到提高能力的目的（Fitts & Widrick，1996）。大负荷、重复次数少的力量训练可以将等长收缩条件附近的力-速度曲线上移（图3-28），而小负荷的快举训练使最大速度附近的曲线上移。

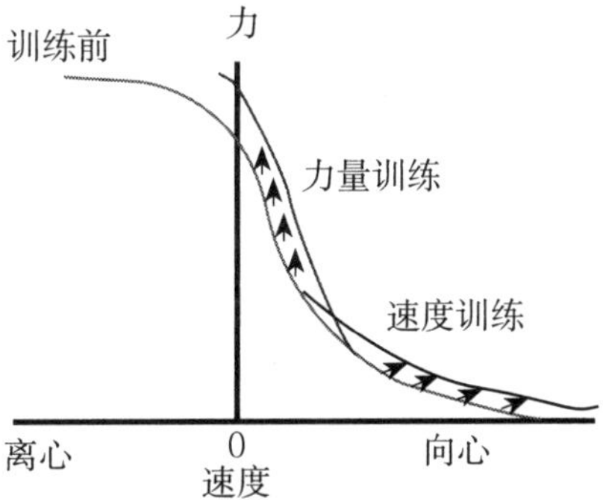

图3-28 训练使得力-速度曲线上移并且不同的训练类型效果不同。大力量训练主要是等长收缩和低速向心收缩运动的曲线上移，而速度训练提高的是高速向心收缩时的肌肉力量。

四、肌肉力-时间关系

（一）肌肉收缩的潜伏期

肌肉产生的张力与收缩的时间成正比：收缩的时间越长，产生的张力越大，直到达到最大张力。图3-29表示整块肌肉作等长收缩时的张力-时间曲线。收缩较慢时能产生更大张力。这是因为肌肉的收缩成分产生的张力需要足够的时间通过并联的弹性成分，再到串联的弹性成分，这时肌肉才对外界产生张力。

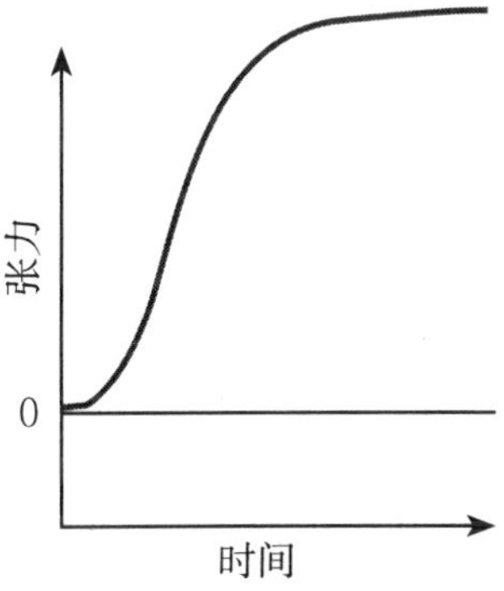

图3-29 肌肉等长收缩时张力随时间变化（收缩时间越长肌肉所产生的张力越大，因为肌肉的收缩成分产生的张力需要一定时间才能传到并联的弹性成分，再到串联的弹性成分，这时肌肉肌腱单位才能受到牵拉）。

图3-30可以说明肌肉受刺激时力学效应的顺序性。当肌肉收缩时，先在肌肉的收缩元中产生张力，此时在肌肉的外部端还检测不到力的增长（图3-30 A、B）。缩短的收缩元将串联弹性元拉长。经过一段时间，只有使串联弹性元被拉到足够的长度，才能在肌肉的末端检测到力的变化。虽然肌肉的收缩成分最少可在10毫秒内产生张力，但张力传到弹性成分则最多需要300毫秒。只有主动收缩的时间足够长时，肌腱才能达到收缩成分所能产生的最大张力（Ottoson，1983）。

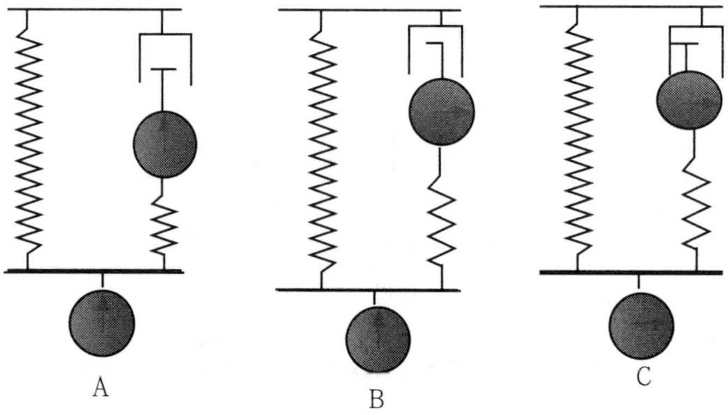

图3-30　肌肉受刺激时力学效应的顺序性

肌肉收缩时收缩元力学状态的变化叫做激活状态。肌肉由激活状态到肌肉末端出现力学反应这段时间叫做肌肉收缩的潜伏期。如果在潜伏期内迅速拉长肌肉，则在肌肉末端测得的张力要比拉长静止肌肉时的张力大得多，这证明肌肉已处于激活状态，串联弹性元的迅速拉长使收缩成分的激活状态能够向外部表现出来。现已证明，肌肉在准备进行发力动作之前通常已处于激活状态。如起跳前跖屈肌和伸膝肌的激活，再如腿部肌肉在跳跃落地前15~25毫秒便已出现电活性。为了在即将运动的初始就产生最大的肌肉力量，神经肌肉系统对肌肉激活的时间必须非常精确。

（二）肌肉松弛

被拉长的肌肉，其张力有随着时间的延长而下降的特性，这一特性称肌肉松弛。这是肌肉中串联及并联弹性元属粘弹性体的特性决定的。在完成动作过程中，当肌肉出现松弛现象时，肌肉的弹性力下降。如在做纵跳练习时，当下蹲到最低点后停顿一下再起跳，跳跃高度就很难达到最好成绩。这是因为停顿时下肢在下蹲动作中被拉长的肌肉及肌腱的弹性成分产生了松弛。如果停顿时间大于肌肉松弛的出现时间，则肌肉所产生的被动张力就会耗散掉，后继动作只能单纯依靠肌肉收缩力来完成。

总之，在相等程度的刺激下，肌肉张力的大小决定于三个因素：

第一，该瞬间肌肉的长度。

第二，长度变化的速度。

第三，从开始刺激时刻起，所经历的时间。

因此，到达肌肉的同一种神经脉冲，将引起不同的力学效应，这就要看受刺激的肌肉处于何种状态。

五、负荷对肌肉收缩力学特性的影响

肌肉收缩的力学特性与阻力的大小有密切联系，当负荷增大时（如阻力增加，负重量加大）肌肉收缩力学特征发生三种变化。

（一）潜伏期延长

潜伏期的长短在很大程度上取决于将串联弹性元拉长到肌肉的等长张力超过肌肉末端阻力的程度所必需的时间，当负荷增加时，这一时间必然会延长。依据肌肉这一特性，在完成需要快速反应和位移动作时，如100米起跑，在“预备”时使下肢的各肌群产生“预张力”，这样可以提高反应速度和起跑能力，当运动员听到“跑”的信号时，收缩元的主动张力不再被缓冲，而直接用于克服外界阻力，因此提高肌肉的预张力可以缩短动作潜伏期。

（二）收缩幅度减少

当负荷增加时，肌肉向心收缩的幅度会下降，当负荷增加到一定量值，动作不能完成，肌肉只能做等长收缩，肌肉收缩幅度为零。

（三）向心收缩速度下降

肌肉向心收缩力与收缩速度之间存在反比关系。负荷增加时，肌肉向心收缩速度会随之降低。

六、肌肉收缩的功与功率

肌肉可以把化学能转化为机械能。人体肌肉收缩是把化学能转变为热能和机械能的过程。在能量转变过程中肌肉克服了阻力，使物体位移，因此肌肉做了功。肌肉在做等长收缩的过程中，物体不产生位移，没有做功。但肌肉等长收缩时消耗了能量，因此说肌肉做了“生理功”。

人体活动能力的大小，体育成绩的高低及动作技术质量的优劣，往往取决于完成动作过程中肌肉功率的大小，即肌肉的化学能转化为机械能的速度。功率为单位时间内做功的多少，因此肌肉收缩的功率可表达为力与速度的乘积，其大小可根据肌肉的“力-速度”曲线（图3-31）计算。在曲线上每一点的功率等于该点至两坐标轴距离所围成的矩形面积。当肌肉向心收缩速度最大时，肌力约为零，此时功率输出也为零。在收缩速度为零时（等长收缩时），功率输出也为零。肌肉的最大功率输出约是在其最大收缩速度的30%的时候。在离心收缩时（肌肉拉长），功率输出是负值，肌肉在吸收能量。

从事不同专项的运动员，因其先天因素以及项目训练的适应性不同，在肌肉功率方面也表现出明显的专项特征。如对短跑、中长跑和长跑运动员伸膝功率进行比较显示，如短跑运动员的最大功率为100%，则中距离跑选手为80%，而长距离选手为70%。由力-速度曲线看出，曲线由高到低的排列顺序是短跑、中长跑及长跑。再如短跑运动员与跳高选手相比，虽然最大功率相近，但其最大瞬时肌力和速度则有差异，短跑运动员以发挥速度占优势，而跳高运动员则以发挥力量占优势。

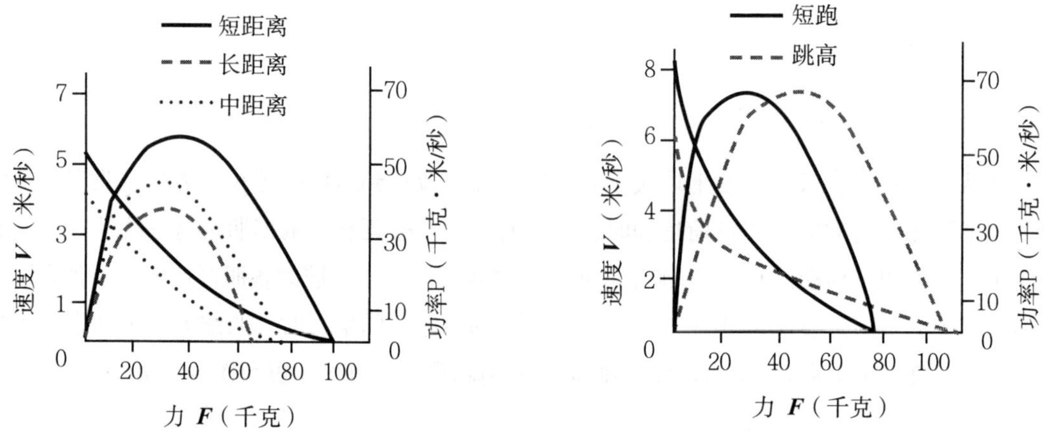

图3-31　不同专项运动员的肌肉功率特征

肌肉训练的专项适应性特点从肌肉力学的角度分析，主要是肌肉收缩的力-速度曲线向不同方向偏移，每一专项有各自的肌肉功率特点。因此为获得最适宜的专项肌肉功率特征，在运动训练安排中应从以下几个方面考虑训练方法、内容和负荷与专项要求的一致性：①动作的幅度与方向；②运动的有效幅度及重点区；③作用力（或肌力）的大小；④最大作用力的发挥速率（或称力的梯度）；⑤肌肉工作形式等。如在田径训练中，采用牵拉橡皮筋以发展运动员摆腿的力量，这种练习无论是动作工作特征，还是动作重点区域，都不符合跑、跳项目的技术要求。

七、肌肉的拉长缩短周期

在人的日常活动和体育运动中，肌肉很少只做静力性的等长收缩或单纯的向心收缩和离心收缩。如在走路时，足着地之前下肢肌肉即被激活，准备对抗地面冲击力，着地后肌肉被拉长（离心运动），被拉长的肌肉随后进行缩短（向心运动）（图3-32）。肌肉先做离心收缩，紧接着做向心收缩，离心和向心运动的结合构成肌肉功能的一个自然形式，称其为拉长缩短周期（Stretch-Shortening Cycle，SSC）。很多人体动作都会无意识地完成拉长-缩短周期（SSC）的动作：首先进行与动作目的方向相反的反向动作，这一反向运动被肌肉拉长形成的离心收缩制动，随后马上进行向动作目的方向的向心收缩。例如，棒球投球前的手臂挥动的准备动作以及原地跳跃起跳前的反向下蹲动作。如若两种肌肉活动之间的延迟很小，那么肌肉离心收缩后的反弹将增加随后向心运动力量（Wilson，Elliott，&Wood，1991）。这种动作形式对高强度运动最为有益，但通常也被用在亚强度运动中。离心运动后的向心运动比单纯的向心运动可增加10%~20%的力量，甚至可能更高。

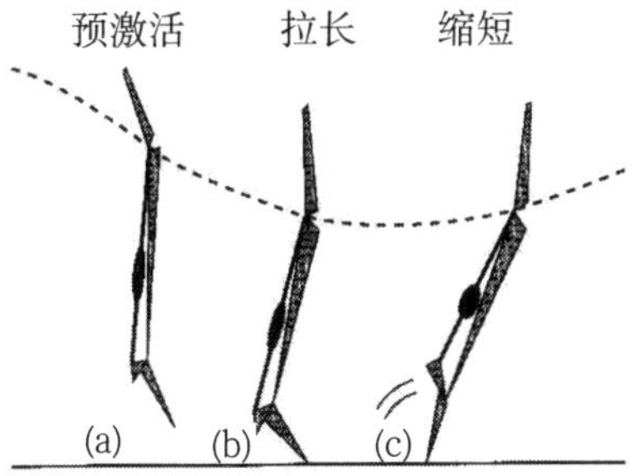

（a）人体在走或跑中，触地时会产生相当大的冲击负荷，这需要下肢伸肌在与地面接触前预先激活，为抵抗冲击力作准备；（b）积极制动（拉长）阶段；（c）拉长阶段后的缩短（向心）收缩。（参照Komi 1992）

图3-32　小腿后群肌肉在走、跑支撑阶段的拉长缩短周期运动

一般认为拉长-缩短周期可以提高向心阶段力量的原因有四点。第一，周期的顶点。也就是说，在从拉长到缩短的转换瞬间，力是在等长条件下发展出来的，从而增加向心收缩的起始力量（图3-33）。第二，弹性能力的储存和再利用。离心运动引起的高强度的力有利于肌-腱复合体储存更多的弹性势能。在随后的缩短阶段，这种储存的弹性势能的一部分被转化为动能，并被用于提高运动效能。第三，增加了力发展的时间。由于力在离心阶段就开始上升，使力发展可利用的时间变多了。第四，肌肉牵张反射的贡献。肌肉中的肌梭对快速牵拉尤其敏感。当肌肉在拉长-缩短周期中被迅速拉长，肌梭产生的牵张反射激活了正在被牵拉的肌肉，使后继肌肉做向心收缩时有更大的激活（Komi, Golhoffer, 1997）。

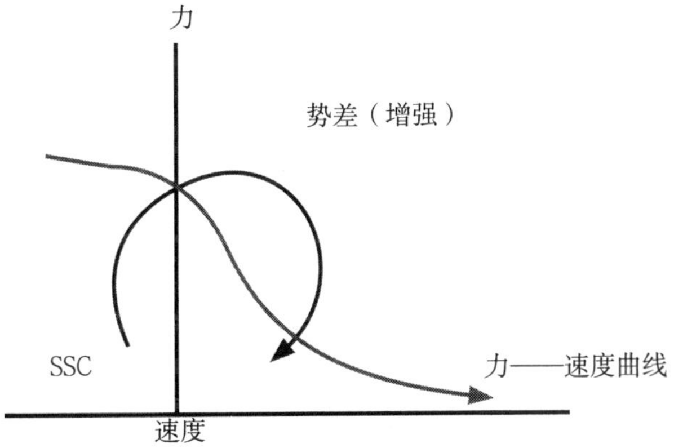

图3-33　进行SSC活动间活体肌肉力-速度行为的示意图

八、肌肉的固定和废用性萎缩

肌肉在废用情况下会萎缩，而在超过平时活动强度时会肥大。肌肉的废用和固定对肌纤维产生有害的影响，包括耐力和力量的减退以及在微观和宏观上的肌萎缩，比如肌纤维的数量和体积减小。这些有害的影响与肌纤维类型和肌肉固定时的长度有关。肌肉被固定在拉长位置时对肌肉的有害影响较小（Kasser，1996；Ohira et al.，1997；Sandmann et al，1998）。

临床和实验研究表明人或者动物肌肉损伤或手术后尽早进行活动能够预防肌萎缩。下肢固定于坚硬的石膏中可导致股四头肌萎缩，而且不能通过等长收缩训练恢复。能进行早期活动的装置比如弹力支持带可缓解肌肉萎缩，这样肢体可在固定的同时进行活动训练。

人体骨骼肌活检结果表明固定主要引起肌肉中的I型肌纤维萎缩，使其横截面积减少（Kannus et al.1998）。尽早运动可预防这种肌萎缩。虽然间歇性的等长收缩训练足以维持II型肌纤维的代谢功能，但I型纤维需要更多的连续运动。

对于职业运动员，手术、制动或损伤导致的停止运动量会急剧减低肌纤维，尤其是那些与其职业运动相关的纤维类型的体积。对于耐力性运动员，I型纤维受影响较大，而爆发力型运动员则为II型纤维受影响。

思考题

1. 影响骨力学性质的因素有哪些？
2. 骨可受哪几种模式的负荷并简述其受力特点。
3. 论述疲劳性骨折的发生机制。
4. 简述骨的功能适应性的概念及运动训练对骨结构的影响。
5. 关节软骨的润滑机制分为哪两种？并叙述其分别作用机制。
6. 简述关节软骨退变的力学因素。
7. 简述影响肌肉和韧带生物力学性能的因素。
8. 从生物力学角度分析肌肉张力大小的影响因素。
9. 分析骨骼肌不同收缩形式下的肌肉张力与收缩速度的关系。
10. 负荷对肌肉收缩力学特性可产生哪些影响？
11. 在运动训练中如何获得最适宜的专项肌肉功率特征？
12. 为什么说拉长-缩短周期可以提高向心阶段力量？

参考文献

[1] 邝适存，郭霞. 肌肉骨骼系统基础生物力学(第3版)[M]. 北京: 人民卫生出版社, 2008.

[2] 全国体育院校教材委员会审定. 运动解剖学[M]. 北京: 人民体育出版社, 2000.

[3] Alexander, R. M. The human machine.New York[M]. Columbia University Press，1992.

[4] Appell, H.J. The muscle in the rehabilitation process[J]. Orthopade. 1997，26（11）.930–934.

[5] Buckwalter J.A., Glimcher, M.J., Cooper, R.R., et al. Bone biology. Part I：Structure, blood supply, cells, matrix and mineralization. Part II：Formation, form, remodelling and regulation of cell function[J]. J Bone Joint Surg, 1995：77A, 1256–1289.

[6] Evans, F.G. and Lebow, M. Regional difference in some of the physical properties of the human femur[J]. Journal of Applied Physiology, 1951：3, 563–572.

[7] Exner, G U., et al. Bonedensitometry using computed tomography. Part I：Selective determination of trabecular bone density and other bone mineral parameters. Normal values in children and adults[J]. BrJ Radiol. 1979：52.

[8] Fitts, R.H. Widrick, J., J. Muscle Mechanics：Adaptations with Exercise–Training[J]. Exercise & Sport Sciences Reviews, 1996：24（1）：427–474.

[9] Fu, H.F., and Stone, D.A. Sports Injuries[M]. Baltimore：Williams & Wilkins. 1994.

[10] Hill, A. V. The Heat of Shortening and Dynamic Constants of Muscle, Proc[J]. R. Soc.B. 1938，126：136–195.

[11] Lindahl, O., Lindgren, A.G., Cortical bone in man I. variationof the amount and density with age and sex[J]. Acta OrthopaedicaScandinavica. 1967：38, 133–140.

[12] Kannus. P., Jozsa, L.. Jarvinen, T.L., Kvist. M., vieno T, .Jarvinen, M. Free mobilization, and low– to high– intensity exercise in immobilization–induced muscle atrophy[J]. J Appl Physiol. 1998：84（4）, 1418–1424.

[13] Kasser, J. R. General Knowledge. In J.R. Kasser. Orthopaedic Knowledge Update 5：Home study Syllabus[M]. Illionois：American Academy of Orthopadic Surgeons.1996.

[14] Kazarian, L.L, & von Gierke, H.E. Bone lose as a result of immobilization and chelation[J]. Preliminary results in Macacamulalta. Clin Orthop, 1969：65, 67.

[15] Komi, P. V. Strength and power insport[M]. London：Blackwell Scientific Publications. 1992.

[16] McElhancy, J.H., Fogle, J.L., Melvin, J.W., et al., Mechanical properties of cranial bone[J]. Journal of Biomechanics, 1970，3（5）：495–496, IN5, 497–511.

[17] Ohira Y., Yasui, W., Roy, R. R., Edgerton, V. R. Effects of muscle length on the response

to unloading[J]. Acta Anat （Basel）.1997：159（2–3），90–98.

[18] Ottoson, D. Physiology of the Nervous System[M]. New York：Oxford University Press.1983.

[19] Sandmann, M. E., Shoemann, J.A. Thompson, L.V. The fiber–type–specific effect of inactivity and intermittent weight–bearing on the gastrocnemius of 30–month–old rats[J]. Arch Phys Med Rehabil, 1998：79（6），658–662.

[20] Wilson, G.J., Elliott, B.C. & Wood, G.A. The effect on performance of imposing a delay during a stretch–shorten cycle movement[J]. Medicine and Science in Sport and Exercise. 1991：3, 364–370.

[21] Yamada, H. Strength of Biologic Materials. Baltimore[M]. Williams and Wilkins, 1970.

[22] Zatsiorksy, V. M., & Kraemer, W. J. Science and practice of strength training[M]. Champaign, IL：Human Kinetics，2006.

第四章 人体基本运动原理

教学提示

学习人体运动的基本运动形式，学习人体运动的杠杆原理、复杠杆原理、关节活动顺序性原理、鞭打动作原理、缓冲动作原理、蹬摆动作原理、躯干的扭转动作原理、相向运动原理，会应用基本运动原理分析实际问题。学习肌肉力量的生物力学分类、影响肌肉力量的原因、肌肉力量对运动的影响、力量训练的基本原则、力量训练的方法，为在实践中根据自己的专项特点，学会设计和安排速度力量素质的训练方案。

第一节　人体基本运动形式

从运动生物力学观点来看，可把人体看成是由上肢、头、躯干及下肢组成的多环节链状系统。人体的运动形式千变万化、复杂多样，为了清楚地描述人体的运动，把人体的运动进行了划分，分别将上肢、下肢及全身的运动进行基本归类，它们的基本运动形式如图4-1所示。

- 人体运动基本形式
  - 上肢的基本运动形式
    - 上肢的推
    - 上肢的拉
    - 上肢的鞭打动作
  - 下肢的基本运动形式
    - 下肢的缓冲动作
    - 下肢的蹬伸动作
    - 下肢的鞭打动作
  - 全身的基本运动形式
    - 肢体的摆动动作
    - 躯干的扭转动作
    - 相向运动

图4-1　人体运动基本形式

一、上肢基本运动形式

上肢的各种基本运动形式，是由上肢各环节共同参与下完成的，可归纳为三种。

1. 上肢的推

上肢在克服阻力的过程中，由屈曲状态变为伸展状态的动作过程称为上肢推。如举重的推起、推铅球、篮球的胸前传球都属于推的运动形式（图4-2）。

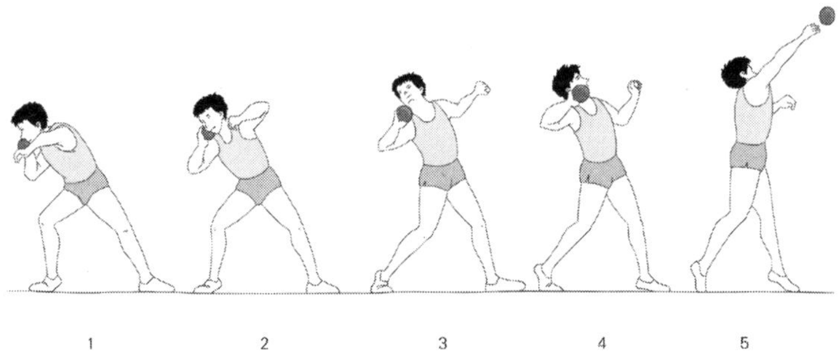

图4-2　上肢推（铅球）动作

2. 上肢的拉

上肢在克服阻力的过程中，由伸展状态变为屈曲状态的动作过程称为上肢的拉。如爬绳、划船、游泳的划臂动作均为上肢拉的动作形式。

某些体育动作技术中，往往包含了上肢的拉与推相结合的运动形式。如举重的提铃与上挺、撑竿跳高的引体与倒立推起等动作形式（图4-3）。

图4-3　拉与推相结合动作

某些动作是上肢处于伸直状态完成推与拉的，如提铃与体操的推马动作，在完成动作过程中主要由肩带及腕关节参与活动。

3. 上肢的鞭打动作

上肢在克服阻力或自体位移的过程中，上肢由近端环节到远端环节依次加速和制动，使末端环节产生极大运动速度的动作形式称上肢的鞭打动作（图4-4）。

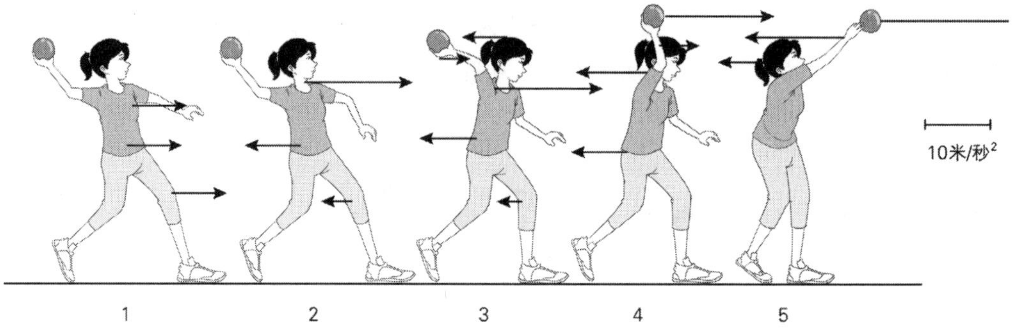

图4-4　投球时身体各环节加速度变化（按E.H.Matbeeb）
（球重150克，成绩95.2米，镜头3及4肩关节的加速度迅速地由正变为负值）

在鞭打动作中，上肢首先向鞭打动作的反方向挥动，并处于较为屈曲状态，然后上肢运动链的近端环节首先加速（转动），带动上肢各环节依次加速与制动，形成类似于鞭子急剧抽打的动作形式，并使末端环节产生极大的运动速度。

二、下肢基本运动形式

1. 下肢的缓冲动作

下肢在抵抗外力作用的过程中，由伸展状态转为屈曲状态的动作形式称下肢的缓冲动作。如跑步、跳跃的落地时支撑腿的动作形式。

2. 下肢的蹬伸动作

下肢在克服阻力过程中，下肢由屈曲状态进行积极伸展的动作过程称为下肢的蹬伸动作。如跳跃项目中下肢蹬地的动作形式。

3. 下肢的鞭打动作

下肢是游离肢体时，在克服阻力或自体位移的过程中，下肢由近端环节到远端环节依次加速和制动，使末端环节产生极大运动速度的动作形式称下肢的鞭打动作。如足球运动员在完成远传球时踢球腿的动作（图4-5）、体操摆动的振浪动作、自由泳的两腿打水动作。

图4-5　足球运动员下肢鞭打动作

三、全身基本运动形式

人体运动形式的完成，大都是由身体各部分，即上肢、下肢及躯干等相互配合协作共同完成的，但身体不同部分所起的作用及活动方式不同，即有工作部分与配合部分，有主、次之分。如跳高的起跳动作，主要由起跳腿完成，但同时身体的其他部分，如两臂及摆动腿则以摆动动作配合及协助起跳腿起跳动作的完成。起跳腿是完成动作的“工作”部分和“主要”部分，而两臂及摆动腿则是动作的“配合”部分和“次要”部分。实际上“次要”部分并不次要，它对动作的完成起重要作用。因此全身基本运动形式，主要研究“工作”部分及“主要”部分活动时，其余环节协调配合活动的形式及作用。

1. 肢体的摆动动作

身体某一部分（如支撑腿）完成“主要”动作（如起跳动作、跑步的支撑动作）时，身体的其他部分（如两臂及摆动腿）配合“主要”动作进行加速摆动的动作形式称肢体的摆动动作。

2. 躯干的扭转动作

在身体各部分完成动作时，躯干上端的两肩关节形成的肩轴与躯干下端的两髋关节形成的髋轴同时绕躯干纵轴向相反方向转动的运动形式称躯干的扭转动作（图4-6a）。几乎所有全身运动的动作形式中都有躯干的扭转动作。

3. 相向运动

人体处在无支撑的腾空状态下完成动作时，由于人体两端均无约束，因此身体某一部分向某一方向活动（转动）时，身体的另一部分会同时产生与之相反方向的活动（转动）。因此，依据运动形式，把身体两部分相互接近（或远离）的运动形式称相向运动（图4-6b、图4-6c）。

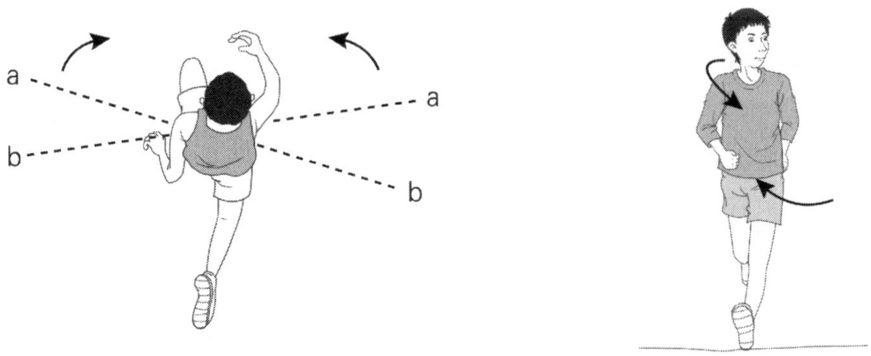

图4-6a　跑步时躯干的扭转动作

图4-6b　网球运动的躯干扭转和相向运动

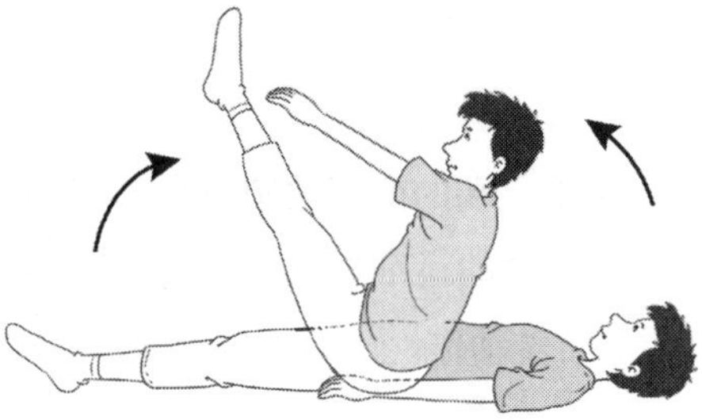

两臂贴于体侧时产生相向运动

图4-6c　仰卧两头起（相向运动）

第二节　人体基本运动原理

一、杠杆原理

人体单个环节活动时，可用杠杆模型说明其活动规律与原理（图4-7）。

（一）骨杠杆

一个直的或曲的刚体，在力的作用下，能绕一个固定点或固定轴（支点）作转动，并克服阻力而做功的，这个刚体在力学上称为杠杆。在生物力学和解剖学中构成杠杆的物体可能具有相当复杂的形状。组成人体运动系统的三个部分：骨、关节、肌肉也可以看作是杠杆系统，坚硬的骨相当于一根硬棒，它在肌肉拉力（动力）的作用下，能绕关节轴（支点）作用，并克服阻力而做功，由于它的作用和杠杆相同，故称为骨杠杆。人体的运动是以骨为杠杆、以关节为支点、以肌肉收缩为动力完成的。

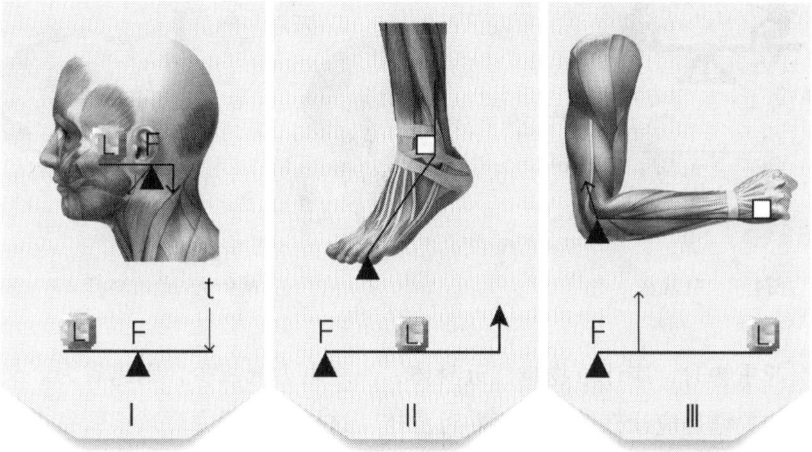

图4-7　人体内三类典型杠杆示意图

动力在骨杠杆上的作用点称为力点，运动肌群在骨上的附着点就是力点。从支点到动力作用线的垂直距离为力臂。骨杠杆的力臂称为肌力臂，是从关节中心到肌肉拉力线的垂直距离。需要注意的是，肌肉在缩短过程中肌肉的拉力的方向是在不断变化着的，因此骨杠杆中的肌力臂的值是不固定的，是随着运动而变化的。

骨杠杆的阻力常为：运动环节的重力、其他物体的阻力、对抗肌的张力、韧带和筋膜的牵张阻力等，骨杠杆的阻力点就是这些力在骨杠杆上的合力作用点。从支点到阻力作用线的垂直距离为阻力臂，骨杠杆的阻力臂是从关节中心到阻力作用线的垂直距离。

肌肉拉力与肌力臂的乘积称为肌力矩（又称为动力矩），它决定了肌力对骨杠杆的转动作用。阻力与阻力臂的乘积称为阻力矩，它决定了阻力对骨杠杆的转动作用。

（二）骨杠杆的类型

一般可根据杠杆上的三个点（支点、力点和阻力点）的位置关系，将杠杆分为三种类型。

1. 第一类杠杆：平衡杠杆或静止杠杆

支点位于力点和阻力点之间，例如天平秤，跷跷板等（图4-8）。在人体内这类杠杆较少，例如颅骨与脊柱的连结，当头寰枕关节作屈伸运动时，支点位于寰枕关节的额状轴上，力点（斜方肌和项肌在枕骨上的附着点）在支点的后方，阻力点（头的重心）在支点的前方（图4-9）。又如肘关节伸的动作，支点在关节中心。第一类杠杆的主要作用是平衡力，故又称为平衡杠杆或静止杠杆。由于支点可以靠近力点，也可以靠近阻力点，故除有平衡作用外，若支点靠近力点，具有增大速度和幅度作用，若支点靠近阻力点，则具有省力的作用。

图4-8　跷跷板

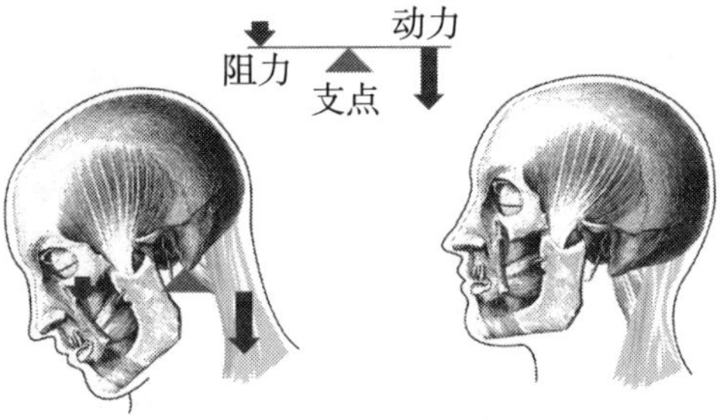

图4-9　平衡杠杆

例如在提起重物时，应让重物越靠近身体，使之阻力臂减少，则越省力。又如在举重提杠铃时，技术的关键是应让杠铃尽可能贴近身体，这样就使阻力臂减小而省力。如果是差的姿态，则重力作用线远离关节中心，使阻力臂变长，肌肉较费力，常易感劳累，故许多身体姿态不良的人（包括某些工作需要保持某种特定姿态的），例如驼背、脊柱侧弯、打字员、描图员等，则经常感到身体某一部分疲劳，这样久而久之，易产生劳损性损伤。

2. 第二类杠杆：省力杠杆

阻力点位于力点和支点之间，例如手推独轮车等。在人体上，这类杠杆也较少见，例如站立时提踵，是以位于前方的跖趾关节为支点，小腿三头肌在跟骨上的附着点为力点，位于后方，人体的重力通过距骨向下，位于支点和力点之间（图4-10）；又如肱桡肌屈前臂的动作是以肘关节中心为支点，位于骨杠杆的后方，肱桡肌在桡骨上的附着点为力点，居于前方，而前臂的重心作为阻力点，则位于中间。

第二类杠杆的作用是省力，因为阻力点在中间，阻力臂始终小于力臂，因此用较小的动力就能克服较大的阻力，所以又称为省力杠杆。

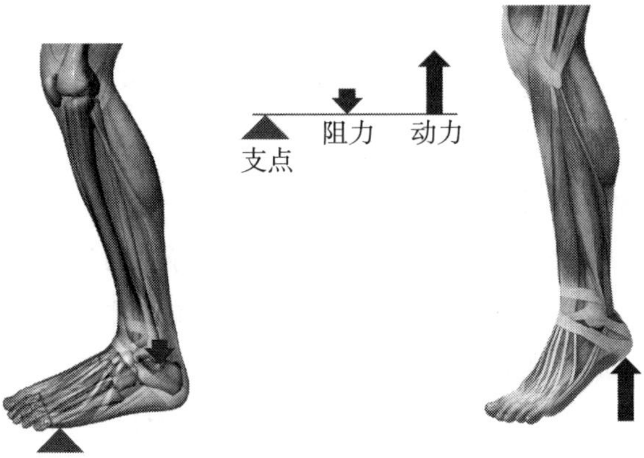

图4-10　省力杠杆

3. 第三类杠杆：速度杠杆或费力杠杆

力点位于阻力点和支点之间。这类杠杆在人体上较为普遍，例如肱二头肌屈前臂的动作，支点在肘关节中心，位于杠杆的后方，前臂的重心或手上的重物是阻力点，它位于杠杆的前方，而肱二头肌在桡骨粗隆上的止点是力点，位于支点和阻力点之间（图4-11）。

这类杠杆因为力点在中间，肌力臂始终小于阻力臂，因此一定要用较大的肌力才能克服较小的阻力，因此此类杠杆为费力杠杆，但此类杠杆可使阻力点移动的速度和幅度增大而获得速度，所以又称为速度杠杆。

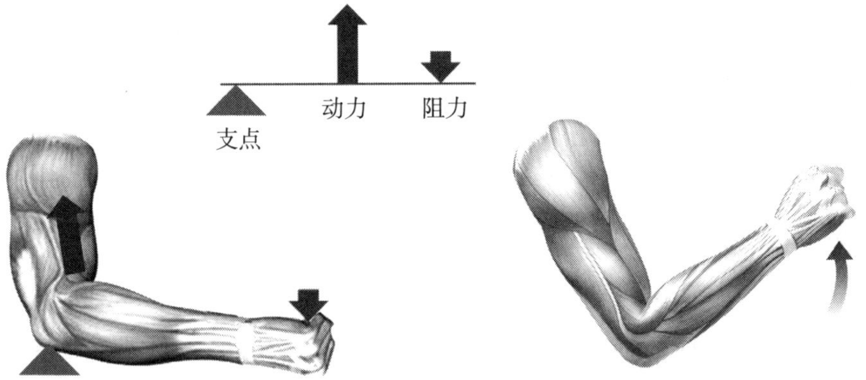

图4-11 速度杠杆

（三）骨杠杆平衡原理

由物理学知，凡是一根杠杆要使其对支点保持平衡，则必须使动力矩等于阻力矩，即作用在杠杆上的各力对支点之矩应等于零。这就是杠杆平衡原理，该原理应用到骨杠杆上，则为使骨杠杆平衡，必须使肌力矩等于阻力矩。

当肌力矩大于阻力矩时，相对于主动收缩的肌群来说为向心收缩（或克制性收缩）；当肌力矩等于阻力矩时，相对于主动收缩的肌群来说为等长收缩（或静力性收缩）；当肌力矩小于阻力矩时，相对于主动收缩的肌群来说为离心收缩（或退让性收缩）。

二、复杠杆原理

当两环节的夹角很大时，可用末端负荷复杠杆模型说明其活动原理，如膝关节伸。如大小腿及上前臂两个环节，当膝关节与肘关节角很大时，其伸展活动符合末端负荷复杠杆原理（图4-12）。

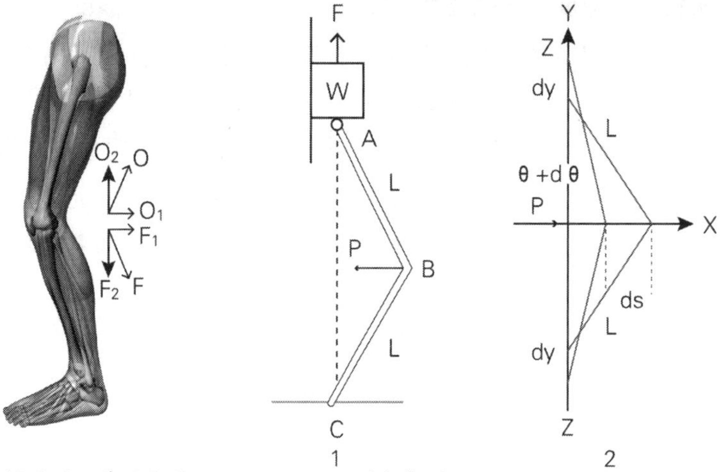

A 腓肠肌及腿后屈肌作用力图　　B 下肢杠杆图

图4-12　下肢复杠杆图解

设蹬伸活动时，力P（由髋踝两关节肌产生）使膝关节向右移动时，促使股骨上端产生向上的举力$\boldsymbol{F}$。设AB=BC=L，膝关节角为2$\boldsymbol{\theta}$，当膝关节向右移动ds时，$\boldsymbol{\theta}$增加为$\boldsymbol{\theta}+d\boldsymbol{\theta}$，则股骨上端位移为2$dy$。经分析得：

$$\boldsymbol{F}=\frac{P}{2}\cdot\tan\boldsymbol{\theta}$$

上式说明，伸膝关节活动产生的举力$\boldsymbol{F}$与力$\boldsymbol{F}_1$及膝关节角$\boldsymbol{\theta}$的关系。说明当膝关节接近伸直时tan$\boldsymbol{\theta}$值相当大，因此用很小的力$\boldsymbol{F}_1$，就可以产生很大的举力$\boldsymbol{F}$，所以复杠杆的机械效益是相当大的。因此人体上下肢能产生极大的打击力和蹬地力量。

三、关节活动顺序性原理

人体运动的关节活动顺序性原理

人体四肢由近端至远端，各关节所配置的肌肉由强变弱，即肌肉生理横断面逐个减少（表4-1）。因此把所配置的肌肉横断面大的关节称为大关节，反之称小关节。这与人体活动时各关节所遇到的阻力矩，由近端至远端依次减少的情况是一致的。

表4-1　上下肢各关节的肌肉生理横断面（cm^2）

关节		上肢			下肢		
性别		肩带及肩关节	肘关节	腕关节	髋关节	膝关节	踝关节
男	左	139.75	71.79	42.43	261.49	160.73	157.92
	右	139.69	76.37	46.58	213.42	161.44	155.48
女	左	89.35	50.79	31.13	142.26	92.31	94.12
	右	92.97	53.75	33.02	149.62	97.13	92.84

（此表数据是根据北京体育学院解剖教研组于1960年在《北京体育学院》上发表的“人体肌肉生理横断面”论文资料经统计而得。）

由于上述结构与功能条件，当人体活动时，在关节的活动顺序方面表现出一定的规律。

（一）大关节首先产生活动原理

当需要克服大阻力，或需要表现出大的运动速度时，运动链中各关节的肌肉虽然同时用力，但其中大关节总是首先产生活动，并依据关节的大小，表现出一定的先后顺序。因此依据关节大小表现出大关节首先产生活动的顺序性原理。

如由原地纵跳实验中各关节角度变化曲线说明，在作纵跳时关节活动（伸展）的时间顺序是：髋关节、膝关节，最后是踝关节（图4-13）。

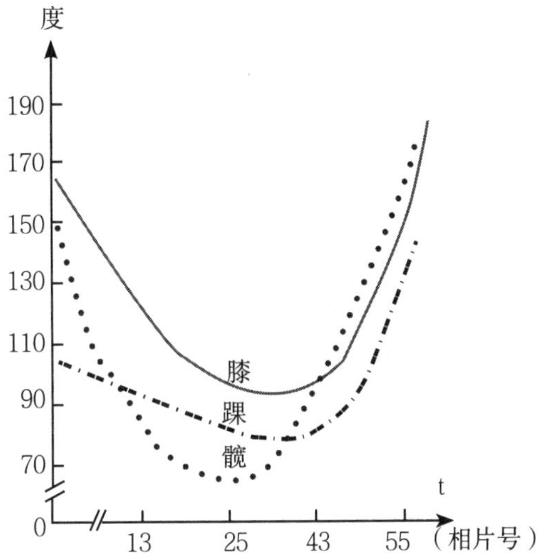

图4-13　原地向上跳时关节活动顺序（李亚茹）

由于大关节的肌肉生理横断面大，产生的肌力大，从而肌力矩也大。因此，在人体运动过程中，它能首先克服阻力矩，使环节产生加速转动。

（二）活动顺序性原理的实际意义

在完成运动技术过程中，主动加强大关节用力，充分发挥大关节的潜力，有利于动作技术的完成。

如踝关节的力量为膝关节的80%，那么在跳远起跳过程中，踝关节产生蹬伸活动的时刻，必须晚于膝关节，在膝关节的活动基础上进行。否则如果出现所谓的“提踵过早”，即踝关节先于膝关节产生伸展活动，说明膝关节肌力未能充分发挥，使起跳力减少，降低起跳效果。又如在做双杠倒立推起练习时，动作的失败往往是没有充分发挥大关节（肩带）肌肉力量。因此当进行到动作②时（图4-14），主动加强肩带活动，充分发挥大关节肌力，容易完成动作。

图4-14　推（双杆倒立屈体推起）

（三）小关节活动的重要性

在人体运动中，小关节具有重要作用。例如起跳、投掷等项目的结束动作，都是在小关节的参与下完成的。因此小关节活动直接影响动作质量。如丘巴等人揭示出，在跳远的起跳动作中，膝、踝两关节轮流起主要作用。在起跳的缓冲阶段，膝关节肌力矩大于踝关节。而在蹬伸阶段，则踝关节肌力矩大于膝关节，此时膝关节的肌力矩为155牛顿·米，而踝关节为228牛顿·米。小关节的重要作用归纳如下：

1. 小关节是人体支撑点

小关节肌肉力量的强弱直接决定完成动作时支撑的稳固性，决定人体上位环节作用力的效率。

2. 影响动作时间

小关节肌肉力量的强弱，决定它参与“工作”的早晚。如果其肌力矩强大，它可克服更多的负荷，“提前”参与“工作”。从而缩短完成动作的时间，提高动作的速度。

3. 可以精确地控制方向

小关节肌肉动作精细，调节动作的能力强，对许多项目影响很大，如射击、射箭等项目。

四、鞭打动作原理

鞭打动作可使运动链末端环节产生极大的运动速度和打击力量。

人体四肢结构类似于鞭子，它们近端环节质量大，末端环节质量小。因此有游离端的肢体在做鞭打动作时，鞭根（近端环节）先加速挥动，获得角动量，在制动过程中，角动量向鞭梢（末端环节即游离端）传递。由于鞭梢质量较小，因此获得较大的运动速度。

如正投球及投掷标枪时（图4-15），身体的躯干、上臂、前臂及手等环节依次加速与制动。当近端环节制动时，其角动量向邻近的远端环节传递。由于末端环节的转动惯量很小，角动量的不断传递结果，可使末端环节（如手）获得很大的角速度及线速度。

在角动量的传递过程中，中间环节肌力矩（冲量矩）的作用，使其远端环节角动量的增加起重要作用。

须注意，在鞭打动作中近端环节的制动，并非以使该环节加速的主动肌群的对抗肌用力实现的，而是其远端关节的肌肉用力，在其远瑞环节产生角加速度运动时，所产生的阻力矩造成的（图4-16）。

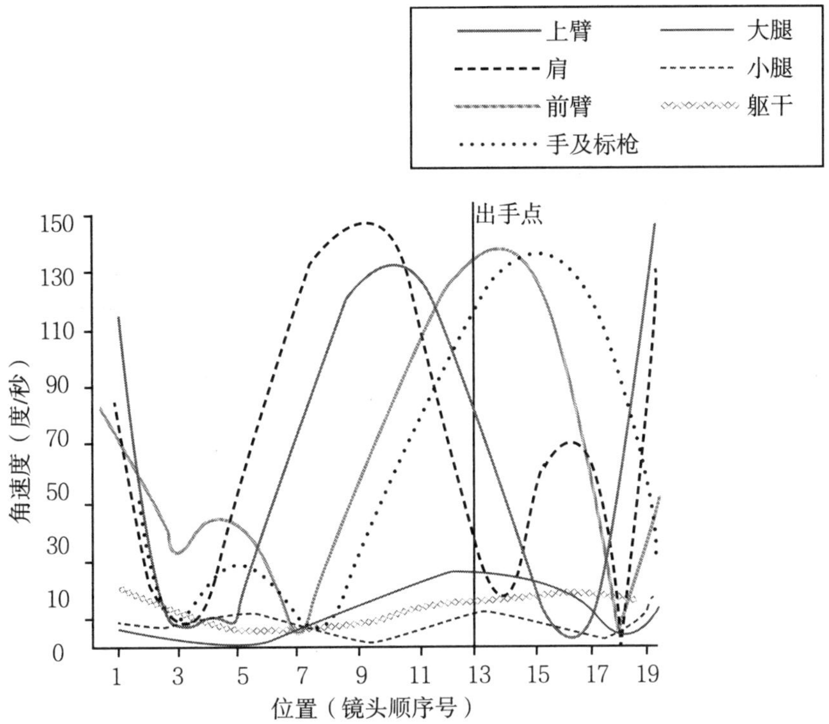

图4-15　投掷标枪时身体各环节相对角速度变化曲线

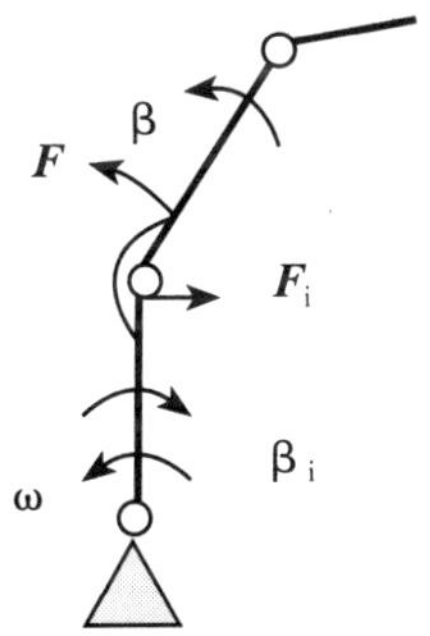

图4-16　上肢鞭打动作模式图

鞭打动作的力学原理如下：

近端环节用力，则$\boldsymbol{M}t=\Delta\Sigma \boldsymbol{I}_i\boldsymbol{\omega}_i=\Delta(\boldsymbol{I}_1+\boldsymbol{I}_2)\boldsymbol{\omega}_0$

则$Q_0=(\boldsymbol{I}_1+\boldsymbol{I}_2)\boldsymbol{\omega}_0$

远端环节加速度，对近端环节制动，

$\because$ $\boldsymbol{I}_1\boldsymbol{\omega}_0=0$

$\therefore$ $Q=\boldsymbol{I}_2\boldsymbol{\omega}$

设角动量守恒

则$Q=Q_0$

$$I_2\omega=(I_1+I_2)\omega_0$$

$$\omega=\frac{(I_1+I_2)\omega_0}{I_2}=\omega_0+\frac{I_1\omega_0}{I_2}$$

显然$\omega>\omega_0$，角速度增加的值为$I_1\omega_0/I_2$。

排球的扣球动作为典型的上肢鞭打动作，在环节表现为依次加速与制动的过程中肩、肘、腕等关节的速度变化曲线规律性，如图4-17。

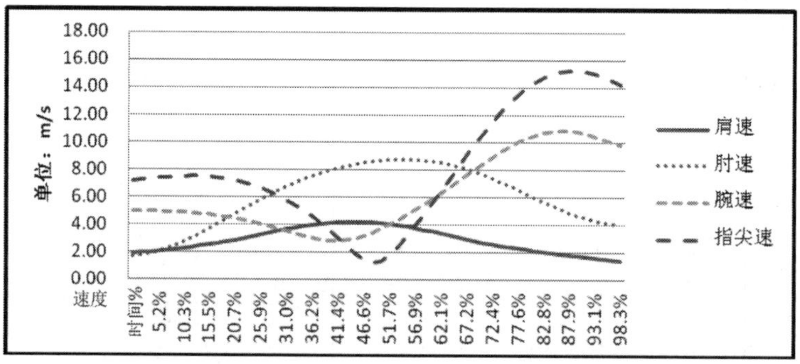

图4-17　前排扣球上肢各关节速度-时间曲线（熊峰）

五、缓冲动作原理

在大多数项目中（如走、跑、跳），着地时刻支撑腿在抵抗外力作用的过程中，膝关节、踝关节由伸展状态转为屈曲状态，而髋关节在整个支撑阶段持续伸展不参与缓冲（图4-18、图4-19）。

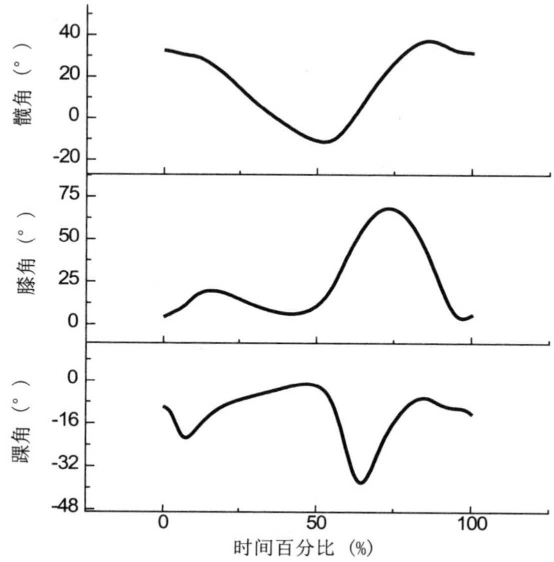

图4-18　一个完整步态周期下肢各关节角度变化曲线

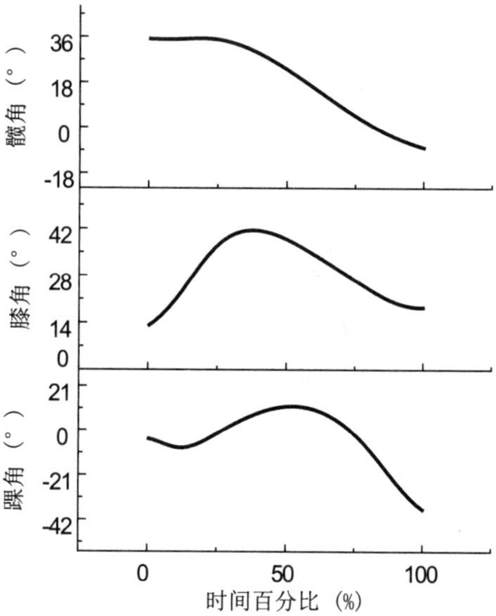

图4-19　跑步单腿支撑期下肢各关节角度变化曲线

缓冲动作是在外力作用下，由伸展下肢的肌群作退让式收缩完成的。人体运动器官的形变也是缓冲动作的一部分。缓冲动作的意义如下：

（一）缓冲动作可以减小冲击力

在着地等动作的碰撞过程中，由于动作技术的规范化，人体动量变化往往是一定的。而缓冲动作的实质是增加碰撞动作的作用时间，由动量定理可知，当动量变化一定时，力的作用时间延长，可减少外力对人体的作用（图4-20）。

当 $\Delta m\boldsymbol{v}$=C（C为常数）

则 $\boldsymbol{F}t=\Delta m\boldsymbol{v}$

$$\boldsymbol{F}=\frac{\Delta m\boldsymbol{v}}{t}$$

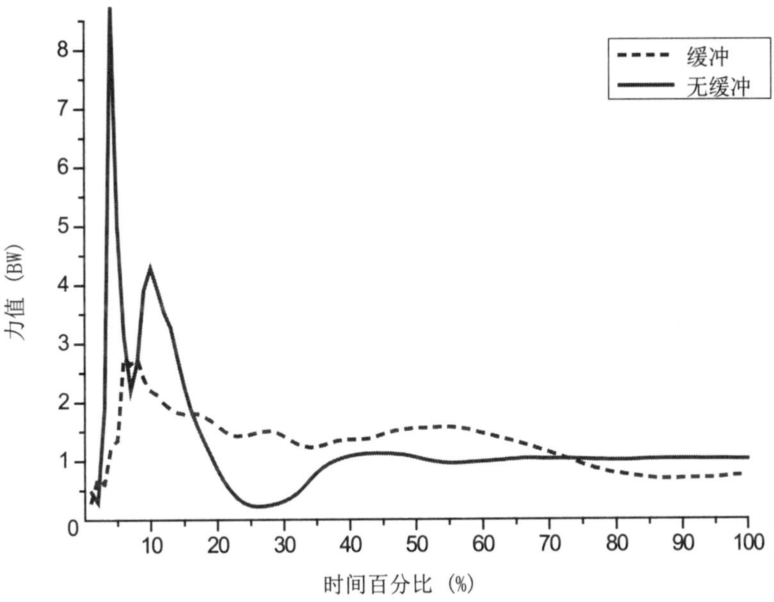

图4-20　有缓冲动作和无缓冲动作，地面反作用力曲线

（二）缓冲动作是完成技术动作的重要环节

在完成起跳动作时，人们往往把缓冲动作作为准备性动作环节，从消极方面看待它。其实不然，在助跑速度一定时，跳远、跳高成绩取决于起跳力中垂直分力的冲量大小。由跳远起跳力中垂直分力冲量图（图4-21）说明，缓冲阶段的冲量占总冲量的87%，说明缓冲阶段在完成动作技术中起重要的作用。

在动作技术的运动学特征方面，往往把膝关节缓冲角度的大小及缓冲阶段的时间作为技术诊断的重要内容。

（三）缓冲动作是准备性动作

蹬伸动作是缓冲动作的继续，因此缓冲动作的作用还包括为后继动作提供适宜的空间和时间以及各关节肌肉适宜的发力条件。如短跑运动员最大缓冲角，我国高水平运动员为138.3°角，美国4名高水平运动员为134.2° 角；背越式跳高为140~143° 角，俯卧式为135~140° 角。

（四）缓冲动作是非代谢能的利用

在缓冲阶段人体运动的机械能，对完成缓冲动作的肌群做功（使上述肌肉拉伸或增加肌肉张力），提高了肌肉及肌腱的弹性势能。当缓冲动作结束转为蹬伸时，由于肌肉的总收缩力增大，增大了肌肉所做的功，从而使人体获得较大的动能。人体动量的获得，并非完全是通过肌肉消耗能量物质由肌肉的收缩元的收缩产生的，其中一部分是通过肌肉及肌腱中积蓄的势能的转换产生的。如在短跑比赛时，腓肠肌被拉长3~4厘米，此时踝关节减小（缓冲）33°±7° 。在蹬伸阶段小腿三头肌的肌腹几乎不变，以等长性收缩提高肌张力，而主要由肌腱及肌肉中弹性成分的复原进行蹬伸动作。

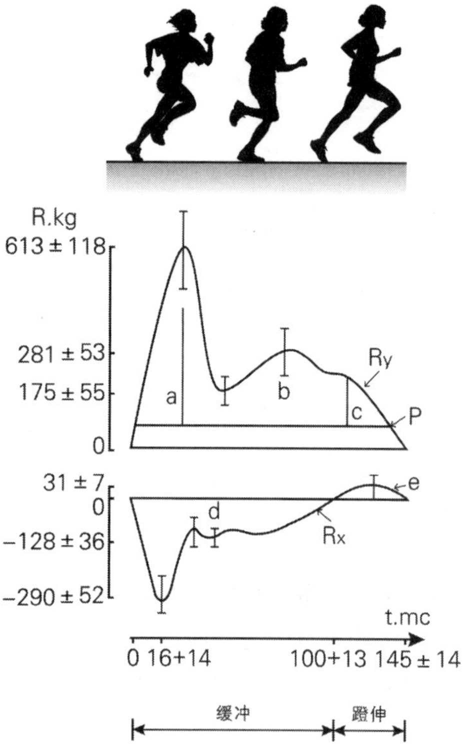

图4-21 跳远起跳力及冲量

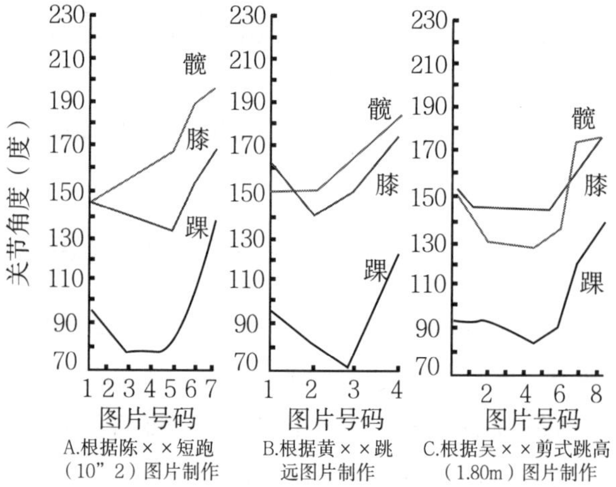

图4-22 蹬地动作时各关节角度的变化

六、蹬伸动作原理

人体运动的蹬摆配合原理

下肢由屈曲状态进行积极的伸展动作过程，目的是克服大的负荷或获得大的运动速度，因此，下肢的蹬伸动作原理遵循关节活动顺序性原理。

蹬伸动作往往是缓冲动作的继续，具有“跟随”动作的性质。因此蹬伸动作是前一阶段的动作的自然发展的表现，如跳高、跳远蹬伸动作的肌肉用力，实质上是缓冲阶段肌肉用力的继续，虽然肌肉收缩形式发生了变化，但运动员用力意识是一样的。

不同运动项目的蹬伸动作技术也各有其特点，表现为蹬伸动作时各关节的活动顺序和配合形式略有差别（图4-22）。如短跑的缓冲动作由膝、踝两个关节的活动完成的，而髋关节则一开始就进行伸展活动。跳远、跳高的蹬伸动作，髋关节的伸展幅度很少（从动作技术要领上讲应避免缓冲），主要由膝关节及踝关节完成蹬伸动作。

七、摆动动作原理

（一）摆动动作的运动学特征

在完成跳跃动作时，当起跳腿进行起跳动作的同时，身体其余环节进行加速度摆动。摆动环节的竖直加速度呈规律性变化：在起跳动作的缓冲阶段，加速度值急剧增加，并在最大缓冲时刻达到最大值；转动蹬伸阶段，加速度值开始减小，起跳结束时，甚至可达负值。并且加速度值的变化趋势，也与起跳腿的动作阶段呈现出如下所示的合理配合关系（图4-23）。

（二）摆动动作的合理配合形式

摆动动作的运动学特征，反映出摆动动作与起跳动作之间的合理的配合关系。这种关系是符合人体结构与性能特点的。因为缓冲阶段完成起跳动作的肌群，做退让性收缩时能发挥出最大的肌力。所以缓冲阶段起跳腿能承担因摆动动作而引起的额外负荷，使起跳力得以增加。而在蹬伸阶段，摆动动作的加速度值减小，减小了给予起跳腿肌肉的额外负荷。这与肌肉做克制性收缩时发挥肌力减小的性能相一致，有利于起跳动作的完成。这是符合肌肉收缩力学特性的。

蹬摆合理配合：着地后的缓冲动作使支撑腿的膝关节、踝关节处于屈曲状态。当摆动环节加速上摆时，产生的动态反作用力向下，作用在支撑腿上，增大了支撑腿的负荷，使支撑腿蹬伸肌群的被动收缩程度增大，从而增大了支撑腿的弹性势能的储备。支撑腿在蹬伸时克服的负荷增大，提高了蹬伸时肌群的力量。当摆动环节制动时，产生的动态反作用力向上，作用在支撑腿上，减小了支撑腿的负荷，提高了蹬伸时肌群的收缩速度。

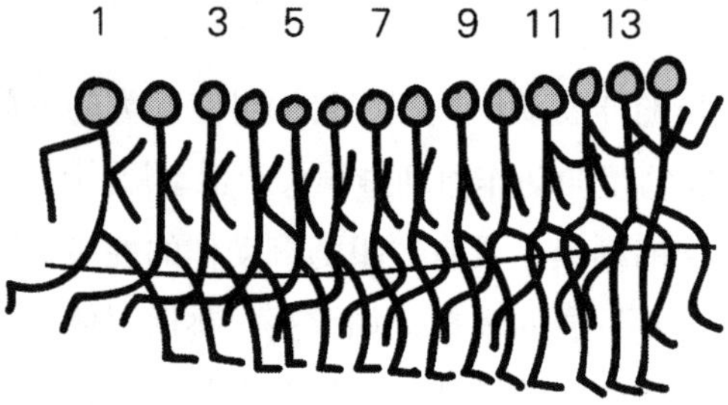

A.连续动作简图（100格/秒）

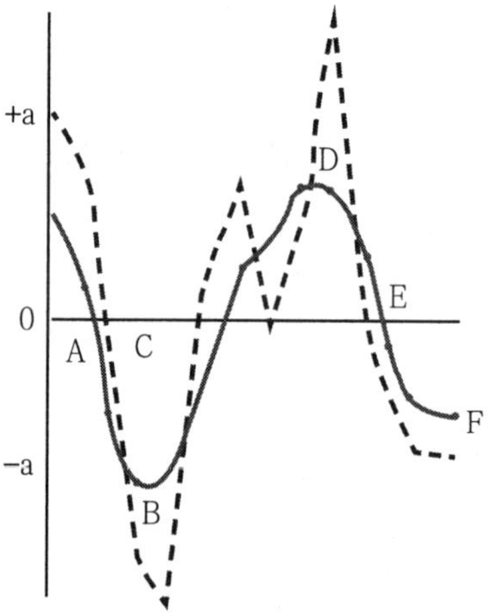

B.摆动腿质心铅锤方向加速度

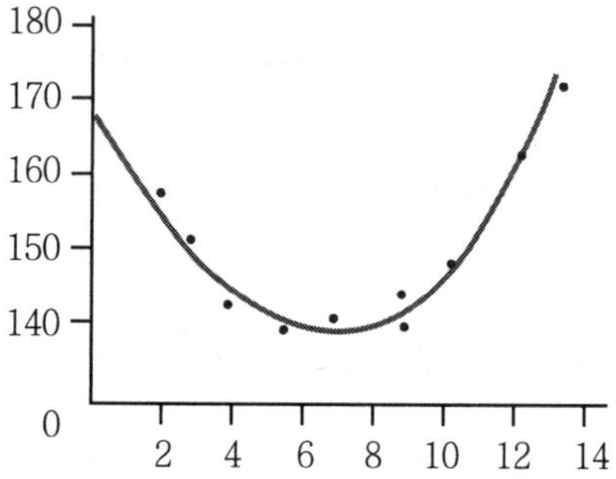

C.起跳腿膝关节角度

图4-23 李瑞芬起跳时运动学特征

（三）摆动动作的作用

1. 提高重心相对高度

做摆动动作时，摆动环节的质量向上移动，因而使人体总质心的相对位置升高。其升高的数值相当可观，约占起跳后人体重心腾起高度的25%左右（表4-2）。

2. 增加起跳力和起跳速度

当摆动环节质心做竖直向上加速运动时，必然对施力部位（躯干）产生反作用力（$-\boldsymbol{F}=m\boldsymbol{a}$，m为摆动环节的质量，$\boldsymbol{a}$为摆动环节质心加速度），并通过起跳腿的肌肉用力作用于地面，从而增大了起跳力。有人计算其大小约为48千克（屈腿摆）至117千克（支腿摆）。

表4-2 摆动动作对人体重心高度的影响（单位：厘米）

性别	摆臂	摆腿	提踵	合计
女子	5.02	6.40	7.27	18.69
男子	6.37	6.11	5.06	17.54

八、躯干扭转动作原理

在进行走、跑及跳跃动作时躯干会进行适当的扭转活动。在完成动作过程中，躯干的扭转动作，有利于动作技术的完成。

如跑步时髋关节横轴绕躯干纵轴，向蹬地腿一侧转动，肩关节横轴向摆动腿一侧转动，形成整个躯干的扭转。

人体运动的扭转动作原理

躯干的扭转是人体固有的协调活动形式，但是有意识地、合理地运用它，有利于提高动作效果。如跑步时当右腿进行蹬地动作时由于躯干的扭转活动，骨盆的转动方向与摆动方向一致。因此躯干扭转促进了摆动动作的进行，又由于提高了摆动动作的质量，进一步提高了蹬地效果。所以躯干的扭转可增大摆动动作的幅度、速度及蹬地力。

九、相向运动原理

人体处于腾空状态进行活动时，由于两端不受约束，人体活动形式上表现出所谓的“相向运动”的特点。

如跳起向左前方投实心球时，会出现左腿不由自主地向右摆动（图4-24）。当跳远运动员落地前做举腿动作的同时，会产生躯干前倾下压动作。

相向运动产生的原因，可由人体解剖结构特点及角动量守恒原理加以说明。

人体肌肉在身体上配布的规律是至少跨过一个关节，并起止于人体两个以上环节或骨上。当肌肉收缩时，必然以等值反向的肌力作用于其起止点的骨骼，因此引起人体两个环节同时产生加速度运动（转动），表现出相向运动的形式。

图4-24 动量矩守恒实验

人体处于腾空状态时，由于不受外力矩作用，因此人体活动服从角动量守恒定律，人体某一环节转动时所产生的角动量，必然被另一环节所产生的反向角动量所抵消。

在体育活动中，利用相向运动的规律，完成一些技术动作。如跨栏运动员，在过栏向前移动起跨腿时（此时起跨腿对人体纵轴产生角动量），由于臂的质量及转动惯量比腿小，所以同侧臂必须伸直（增大转动惯量），做反向的大幅度的摆臂动作（此时臂的摆动，对人体纵轴产生相反方向的角动量），使得过栏动作顺利地进行，人体处于平稳状态（图4-25）。又如在负重做仰卧起坐时，胸前抱臂与双臂伸直保持在头两侧，对腹肌的阻力矩不同，所以锻炼效果不同（改变对髋关节横转的转动惯量大小）。

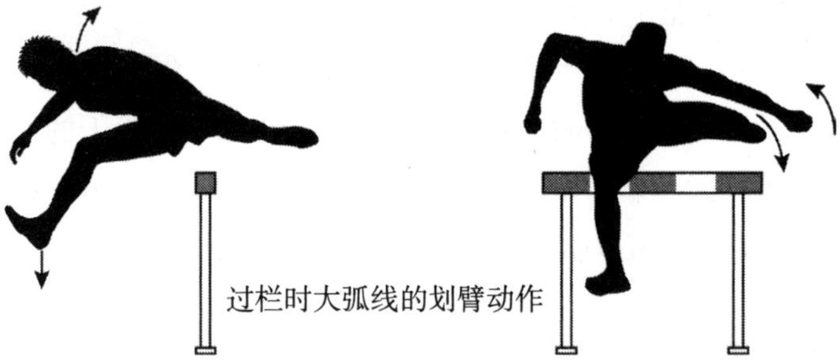

图4-25　过栏时大弧度的划臂动作

为了取得较好起跳效果，跳远运动员起跳离板后，身体有向前翻转的运动，因此运动员在空中采用“走步”动作，设法克服这个转动，以防身体过早着地。

走步过程中，向后摆的腿是伸直的，向前摆的腿是屈曲的，走步过程中两腿的转动惯量大小不等。因此由走步产生了指向地面的角动量。由于腾空时人体服从角动量守恒定律，因此在走步时整个人体产生背离地面方向的角动量。它的方向正好与起跳离板后人体旋转方向相反，所以抵消了离板后人体的转动。在走步时向前摆臂是直的，向后摆臂是屈的，其结果与两腿一样（图4-26）。

图4-26　跳远运动员形成两个副轴来防止向前旋转

第三节　力量素质训练的生物力学原理

力量是人体在工作时所有参与工作的运动肌群力量的最终表现，包括肌肉的收缩成分、串联弹性成分和并联弹性成分张力的总和。在本章节的内容中，主要以肌肉力量表述。

力量是各项身体素质和各种运动项目的基础。肌肉力量的大小与肌肉体积、肌肉长度、收缩速度、肌纤维类型、神经系统控制能力等多种因素有关。在运动实践中常用的力量训练方法有等动训练法、等长训练法、等张训练法、超等长训练法、离心训练法和电刺激法等。另外，在力量训练中应考虑不同因素的影响。力量训练可以有效刺激肌肉以增加其力量，不同的力量训练方法会导致肌肉产生不同的效果。本章主要以力量训练的力学原理与方法为中心进行阐述，试图能够进一步深入了解力量训练的特点和规律、提高力量训练的效果。

一、肌肉力量的概念

力量是运动的基本素质，是人体神经肌肉系统在工作时克服或对抗阻力的能力。从力学角度讲，力量是反映力对物体的一定作用。从人体运动学角度讲，力量是肌肉收缩时可能产生的最大力。

力量训练是练习者为了提高自身力量素质而进行的运动训练，是培养优秀运动员过程中的基本训练内容和主要训练手段，是身体训练水平中最重要的评定指标，其对竞技运动成绩获得有重要的积极作用。

力量是速度、耐力、柔韧、灵敏的基础。身体各项基本素质相互联系、相互作用。肌肉收缩是力量、速度、耐力、柔韧、灵敏素质的基本环节，而肌肉收缩产生的力量是其他基本素质的必要条件。

力量是运动技术掌握和提高的关键：运动技术的实现以运动员的基本身体素质为基础，而力量是其他身体素质的基础。

力量是防止运动伤害的因素：良好的身体稳定性可以有效地降低和防止运动伤害，特别是在身体接触性运动项目中。研究证实，机体的整体等长力量与身体稳定性呈正相关。

力量是运动水平提高的条件：尽管不同的运动项目具有不同的专项运动特点，但是力量是各种运动项目内最重要素质之一。

二、肌肉力量的生物力学分类

1. 根据肌肉工作的性质可分为动力性力量、静力性力量

- 动力性力量指机体在动态时表现出的肌肉力量。
- 静力性力量指机体在静态时表现出的肌肉力量。

2. 根据机体克服的阻力大小可分为最大力量、快速力量、力量耐力

- 最大力量指机体克服极限负荷的能力。
- 快速力量指机体在短时间内快速发挥力量的能力。
- 力量耐力指机体在静态或动态工作时长时间保持肌肉张力而不降低工作效果的能力。

3. 根据力量与体重的关系可分为绝对力量、相对力量

- 绝对力量指机体克服阻力时表现出的最大肌肉力量。
- 相对力量（也叫标准力量）指机体单位体重的最大肌肉力量。

4. 根据肌肉收缩的方式可分为向心（克制）收缩力量、离心（退让）收缩力量、等长收缩力量、超等长收缩力量

- 向心（克制）收缩力量指机体的肌肉在向心收缩时产生的力量。
- 离心（退让）收缩力量指机体的肌肉在被外力拉伸过程中表现出的力量。
- 等长收缩力量指机体的肌肉在长度不发生变化时表现出的力量。
- 超等长收缩力量指机体的肌肉在拉长-缩短过程中表现出的力量。

三、影响肌肉力量的因素

（一）肌肉体积

肌肉体积的增加（肌肉肥大）直接引起肌肉力量的增加。一定程度上，性别之间的差异表现出的肌肉体积的差异可以解释肌肉力量之间的差异。另外，研究发现机体力量的大小与体重呈正向相关性，例如举重项目的世界纪录与运动员的体重呈正比例的关系（见图4-27）。研究证实，几个星期或几个月的肢体固定首先表现出的是肌肉体积的减小（即肌肉萎缩），然后表现出肌肉力量的减弱，肌肉体积的大小常常与肌肉力量的大小呈平行关系。但是，肌肉体积并不是影响肌肉力量的唯一因素。

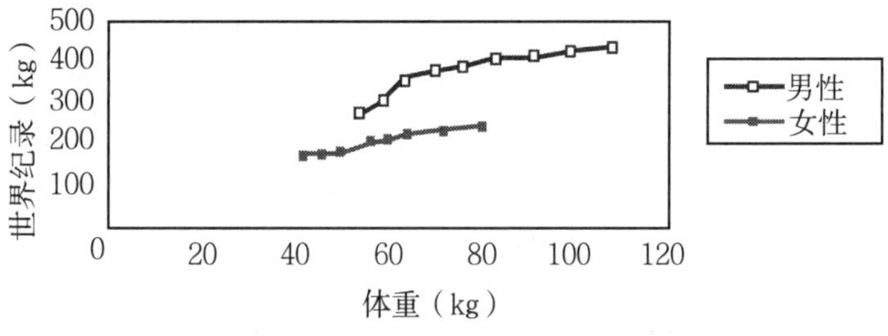

图4-27　举重世界纪录与运动员体重的关系

（依据Wilmore，1994）

肌肉肥大的发生机制包括两方面：急性的肌肉肥大和慢性的肌肉肥大。

急性的肌肉肥大指肌肉在一次性的运动后表现出的肥大现象，其中的主要原因为液体在肌肉空隙和细胞间的聚集（即水肿），液体的主要来源为血浆。急性的肌肉肥大具有持续时间短的特点，通常在运动后的数小时内消失。

慢性的肌肉肥大指肌肉在长期的运动后表现出的肥大现象，其反映肌肉结构上的变化，其中主要原因为肌纤维横截面积的增大或肌纤维数目的增加。肌纤维数目增加指肌纤维在运动训练过程中表现出的肌纤维分裂或生成现象，高阻力训练可能是肌纤维增加的重要途径和方法。

肌肉萎缩是伴随着机体固定而发生的肌肉体积减小现象。研究证实，机体在固定后6小时蛋白质的合成速度开始逐渐减弱，肌肉力量在固定后的第一周会以3%~4%的速度递减。肌肉萎缩的负面影响主要作用于慢肌纤维，呈现出肌纤维横截面积的减小和慢肌纤维比例的下降。另外，适当的运动可以恢复萎缩的肌肉。因此，运动员在停训期间和受伤治疗期间进行适宜的运动有助于保持肌肉力量和肌肉体积。

（二）肌肉长度

肌肉长度可以影响肌肉力量的大小。肌肉长度决定于肌肉的收缩成分和弹性成分（串联弹性成分、并联弹性成分）的情况，有效横桥的数目可以影响肌肉的收缩成分的力量大小，肌肉处于静息状态时有效横桥的数目保持最多。完整肌肉长度与肌肉力量的研究表明，一定程度上肌肉的长度越大其产生的张力也越大（图4-28）。

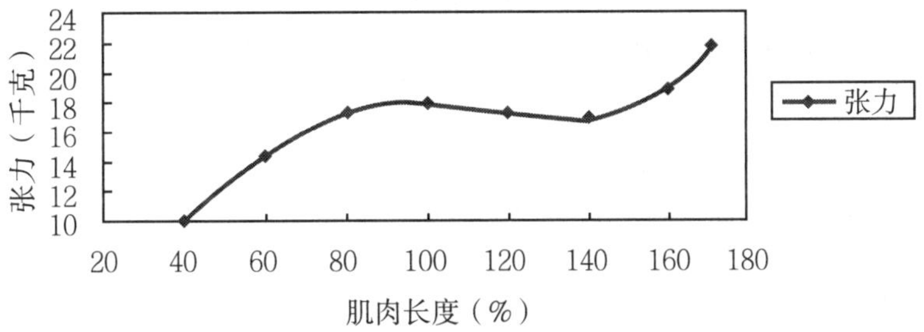

图4-28　肌肉长度与张力的关系

（依据Eston，2001）

（三）肌肉的收缩速度

研究证实，肌肉力量与肌肉收缩的速度之间存在着一定的关系。Hill首先系统地观察了肌肉力量与速度的关系，其发现随着肌肉向心收缩速度的线性增加，肌肉力量表现出非线性的下降特点。之后，Wilkie等也发现随着肌肉离心收缩速度的线性增加，肌肉力量表现出相应的增加（图4-29）。

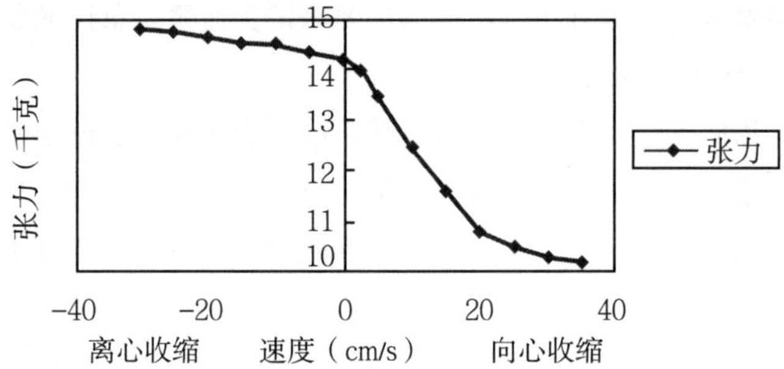

图4-29 肌肉收缩速度与张力的关系

（依据Hill等，1938；Wilkie等，1950；Chapman等，1976；Tiahanyi等，1987）

（四）肌纤维类型的改变

肌肉力量不仅取决于肌肉的体积而且决定于肌纤维的类型。根据肌肉的收缩速度，骨骼肌纤维类型可以分为快肌a、快肌b和慢肌三种类型。肌纤维类型与力量有着密切的关系，快肌纤维的收缩力量明显大于慢肌纤维，快肌纤维的收缩速度明显高于慢肌纤维，但慢肌纤维的抗疲劳能力明显强于快肌纤维。

（五）神经控制能力

肌肉力量并不是完全由肌肉的性质所决定，其与神经控制能力也有一定的关系，神经控制能力可以有效调节肌肉内运动单元的募集。研究证实，人类机体内的神经肌肉系统可以有效地防止肌肉力量超出骨骼和关联组织的承受范围，力量训练可以逐渐降低或抵消机体的自生抑制机制，保证肌肉能够产生更大的肌力。为期6个月力量训练的观察发现，神经控制能力是力量增加的主要因素，而肌肉肥大只是一个次要影响因素。

（六）激素

人体的内分泌系统与力量的大小有一定的关系，对机体肌肉力量影响较大的内分泌激素有生长激素和睾酮。生长激素对肌肉力量的营养作用，能促进肌肉蛋白质合成、增加萎缩肌肉的体积、改善肌肉功能。睾酮可以刺激肌肉摄取氨基酸，进而促进肌纤维的生长，对肌肉体积的增大具有积极作用。

四、肌肉力量对运动的影响

完成体育动作时的力、速度和动作的经济性，取决于运动员成功地运用自身运动器官生物力学性能的程度如何。运动的力和速度可因利用肌肉的弹力而得以提高，而动作的经济性依靠机械能的再利用和减少耗散性损失来达到。肌肉的生物力学性能对此有决定性影响。

在肌肉和肌腱中，可以储存足够多的弹性势能。但在肌肉拉伸时，必须附加外力的作用，在肌肉基本动作之前给予“预张力”，这样使肌肉及肌腱中的弹性势能达到足够大的值。因为给予肌肉一个最佳拉伸力和最佳拉伸速度，后继动作才能达到最理想的结果。

弹性势能的再利用的程度，除取决于肌肉拉伸和缩短之间的时间间隔外，运动员力量素质的发展水平也是一个重要因素。如果运动员力量素质好，利用弹性势能的程度就会高。

（一）增加动作的力和速度

众所周知，做纵跳时若下蹲到最低点时稍事停顿，跳起的高度要低于下蹲后不停顿立即起跳所达到的高度，这是因为第二种做法：一是增加了下肢的蹬伸肌群的初长度，二是摆动环节（上肢）的加速向上摆动，增加了下肢的负荷，从而增加了下肢的弹性势能；起跳时，摆动环节（上肢）的制动，缩短了起跳时间，从而提高了起跳速度。前一种做法是下蹲后稍事停顿，使肌肉（弹性成分）产生了松弛现象，从而使肌肉的收缩速度及收缩力下降的结果。

（二）提高动作的经济性

在周期性运动中，弹性势能的再利用，大大地减少了能量的消耗。肌肉和肌腱在被拉伸产生弹性形变时产生弹力，增加了弹性势能。这部分能量释放时就会做功或转化为热能（图4-30）。运动员在做基本动作之前，往往有一个反向动作作为前导（向上跳起前的下蹲，向前投掷前的后摆等）。前导动作使得即将完成动作的肌肉预先拉伸，从而积累了弹性形变能，这部分能量在后继的基本动作中转化为动能。这种非代谢能量对于保证基本动作所需的总能量的贡献越大，代谢能的需要量就越小，完成这一动作的经济性越高。有充分的根据认为，人类的跑动和袋鼠的跳跃具有高度经济性的原因是弹性势能的再利用（道森等，1973年）。

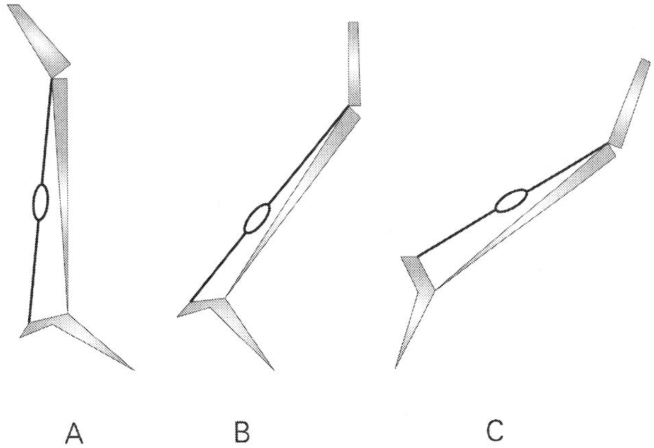

图4-30　蹬地时肌肉的弹性形变（据埃尔福特曼）

（三）肌肉对冲击负荷和振动负荷的缓冲

肌肉及肌腱弹性形变，可以减小冲击负荷和振动负荷对人体的伤害。肌肉力量的提高，可以改善其弹性形变能力，提高其减小冲击负荷和振动负荷的程度，减少这些负荷对关节及头部的损伤。

由于性别和年龄会影响到肌肉、韧带和肌腱的极限强度、相对伸长量以及弹性系数等特性，因此，不同性别、不同年龄的肌肉及肌腱的缓冲能力也各有差异。

五、肌肉力量的训练原则与方法

肌肉力量是指肌肉完成动作时依靠肌肉紧张克服或对抗阻力的能力。有效的力量训练可以使运动员肌肉的生理横断面增大、肌肉力量增大、运动的爆发力增强，使运动员利用能量的能力提高，运动成绩提高。力量训练还有助于预防运动损伤的产生，减少因训练造成的劳损的形成，且有助于损伤的恢复。

（一）肌肉力量训练的基本原则

1. 超负荷原则

肌肉或肌群超负荷时，可使肌肉得到更大的刺激，并产生一定的生理适应，使肌肉力量增加，能有效地发展肌肉力量。应注意的是超负荷并不是超过本人的最大负荷能力，而是超过平时一般负荷能力或自己过去已适应的负荷。

2. 渐增阻力原则

在训练过程中，超负荷可使肌力增加，使原来的超负荷或变成了已适应的低负荷而不是超负荷了。经过一段时间的适应训练，如果不再增加训练负荷，使之达到新的超负荷，就不能使力量继续增加了。要想继续取得负重训练的最佳效果，在力量训练时就要逐渐增加负荷，呈台阶式的增加趋势。

3. 由大到小原则

所谓由大到小原则是指在负荷抗阻训练中，先进行主要由大肌肉群参与的练习，然后进行小肌肉群的练习，这是因为小肌肉群比大肌肉群容易产生疲劳。为了保证大肌肉群的超负荷，大肌肉群必须在小肌肉群疲劳之前进行练习。另外在训练中还要注意，在相邻的两个练习中尽可能不使用同一群肌肉，以保证肌肉在每次负重后有必要的休息。

4. 弱者优先原则

在影响高质量完成动作技术和发挥最好运动成绩的诸因素中，重要的制约因素往往是身体中那些肌肉力量最薄弱的环节或发力过程中最薄弱的肌群，以使之得到优先的训练和强化，这样才能保证运动成绩的提高，这点在跳跃和投掷项目中显得尤其重要。

5. 专门性原则

力量训练的专门性原则，包括进行力量练习的身体部位的专门性和练习动作的专门性。也就是说，进行负重抗阻练习时，应包含直接完成动作技术的肌群，并尽可能地模拟其实际的动作技术结构及动作的节奏与速度。

（二）肌肉力量训练的方法

肌肉有等张收缩、等长收缩、离心收缩和等动收缩四种基本形式，在力量训练中也有与其相应的四种基本训练形式。此外电刺激训练法也受到教练员的重视。

1. 等张力量训练

等张训练法是一种利用特定的力量训练器（由杠杆阻力臂和附加重物组成）或自由物体（如杠铃、壶铃等）进行的力量练习方法。等张力量训练又称为动力性训练或向心训练。等张练习是肌肉收缩与放松交换进行的抗阻练习，所对抗的阻力可包括体重和外部附加阻力。进行等张训练时，肌肉没有静力紧张，肌肉收缩放松交替进行。因此在增长肌肉力量的同时，肌肉群的协调能力也会得到提高。抗阻负重训练是最基本的手段，其主要特点为练习时施加重量是恒定的、阻力因力臂改变而产生相应的变化。在进行训练时要注意以下几方面的问题，即训练的负荷、训练的组数和重复次数、训练的频率等。

（1）应用范围

等张训练法通常分为大重量和小重量两种训练法：大重量训练法指少次数、大重量的方式，其可以有效提高练习者最大等张和等长力量；小重量训练法指多次数、小重量的方式，其可以有效提高练习者的肌肉耐力。等张训练法可以提高像短跑、跳高、立定跳远、铅球和链球等运动项目的运动成绩，并可以增加瘦体重和肌肉体积、降低体脂率等。

（2）局限性

在等张训练法进行练习时，肌肉所遇阻力在整个关节活动范围之内是等重量的，尽管其可以由于力臂的改变而产生相应的改变，但是与实际运动动作的受力情况差别较大。

2. 等长力量训练

等长训练法是一种肌肉紧张用力与肌肉长度保持相对不变的力量练习方法。等长力量训练又称为静力训练，进行等长训练时，虽然肌肉产生张力，但肌肉长度并不发生变化，由于静力练习可使神经细胞持续紧张，该部位毛细血管压力增加，使血液循环受阻，从而造成局部缺氧，提高肌肉无氧代谢的能力，肌红蛋白的增加。与动力性练习不同的是，静力练习不能提高肌肉收缩与放松的协调性。因此，在训练中与动力性练习相结合，会取得更好的训练效果。实验证实重量强度和持续时间对于发展力量缺乏有效性，提高静力性力量的有效方法是每次训练进行少次数和长时间（10秒以上）或多次数（30~40次）和短时间。另外，研究发现采用多个角度进行最大等长力量训练可以有效地提高静力和动力性力量。在训练中要注意训练的强度和次数、关节角度特性等方面的问题。

（1）应用范围

等长训练法对于提高持续用力为主导项目的效果较为明显。并且，运动员发生损伤进行康复的开始阶段也需要此种训练方法。另外，当运动员难以完成既定的力量训练时，等长训练法可以有效地提高某些特定关节角度的力量。

（2）局限性

等长训练只能发展局部关节角度的力量，其他角度的力量增长非常小。另外，静力性力量对于发展爆发力没有显著作用，甚至有不利的影响。

3. 离心力量训练

离心训练法是一种肌肉用力收缩与肌肉被动拉长同时并存的力量练习方法。从理论上讲离心练习也属等张练习，但肌肉收缩时，表现为肌肉被拉长，而不是缩短。离心训练法又称为退让性力量练习方法。例如肌肉在完成慢慢放下重物的动作时，或对抗不能对抗的阻力时肌肉在用力的状态下被拉长，这就是离心练习。研究证实，肌肉不仅在收缩时可以将化学能转化为机械能，而且在拉长时可以将机械能转化为化学能。另外，离心训练法对练习者神经肌肉系统产生强烈刺激，可使肌肉力量特别是最大力量得到明显增长。

（1）应用范围

离心训练法由于刺激时间长、强度大，因而对神经肌肉产生超量负荷，可有效地动员储备力量，即离心训练法可以迅速地促进肌肉力量尤其是最大力量的明显增长。另外，离心训练法可以特异性发展对抗肌的力量。

（2）局限性

离心训练法的训练动作与许多实际体育运动中动作相差甚远，离心训练法的练习会导致练习者训练肌肉持续长时间的疼痛效应即延迟性肌肉酸痛现象比其他力量训练方法更为明显。

4. 超等长力量训练

超等长力量训练是肌肉在离心收缩后紧接着进行向心收缩的力量训练法。超等长练习是在肌肉先被拉长的情况下进行向心收缩，如进行“跳深”练习（从高处跳下，落地后再向上跳起的练习）就属于超等长练习。田径运动项目中许多动作技术的肌肉发力特征与此相仿，如跳高、跳远的踏跳动作，参加工作的肌群在被拉长进行离心收缩后以急骤缩短完成蹬伸动作。所以当超等长训练方法被引入跳跃项目的训练中，对提高成绩起了很大的促进作用。肌肉在离心收缩后紧接着进行向心收缩，所以能产生更大的力量，是因为肌肉弹性组织产生的张力变化以及牵张反射使肌肉收缩加强。

（1）应用范围

超等长训练法与许多实际运动动作表现出相同特点（如跳跃、投掷的预摆动作及排球中的扣球动作等），并且超等长训练法被认为是发展弹跳力的最有效方法。超等长训练法应用最广，如“跳深”练习被列入多数运动训练之内。

（2）局限性

研究发现，超等长训练法对于爆发力项目的运动成绩没有明显效果。超等长训练法的负荷量相对难以控制，过小的负荷量难以出现训练效果，而过大的负荷量容易产生运动损伤的不良后果。例如，跳深练习是一种有效提高纵跳能力的超等长训练方法，而过高的跳深练习可能会影响伸展-收缩循环的训练效果、离心收缩力量过大而导致踝、膝和髋关节的损伤。

5. 等动力量训练

等动力量训练是肌肉进行最大等动收缩时，在整个关节运动范围内都产生最大张力的肌肉力量训练方法。进行最大用力等动练习时，关节运动在各个角度均受到相应的最大阻力，从而使肌肉在整个练习过程中均产生大张力。等动力量练习是可控制肌肉收缩速率的力量练习。当运动速率选定后，在整个关节运动范围内，运动速度就是恒定的，因此等动训练也可称为等速训练。等动练习是借助于专门的等动训练器材在动态下完成练习的方法，这种方法可根据运动员工作能力和参与收缩的肌纤维数量，以及比赛时完成实际动作时的速度而定。等动训练法优点为：其可以在整个动作范围内都产生最大阻力，从而产生最佳的训练效果。

（1）应用范围

等动训练法可以提高等张、等动和等动性力量，但力量增长的大小与训练和测定方法之间有很大的关系，训练采用的方法和测定的方法相同时，力量的增长最为明显。另外，研究发现等动力量的增长与训练时的动作速度存在着一定关联，中等速度训练可以使所有训练速度附近范围的力量大幅度增长，而低速训练对高速运动时的力量增长几乎没有作用。

（2）局限性

等动训练法缺少速度的变化，实际运动中的动作常为多个关节的加速和减速过程，如跑、跳、急停转身和投掷等动作；等动训练法的测试速度远低于实际动作速度，短跑、踢球等运动动作的速度等。

6. 电刺激训练法

电刺激训练法是一种用电刺激代替由大脑发出的神经冲动，使肌肉产生收缩的力量训练法。电刺激可分为间接刺激和直接刺激两种。间接刺激是将电极敷贴在运动神经处刺激运动神经使肌肉收缩。直接刺激是将电极固定在要使收缩的肌肉上，直接用电流刺激肌肉使之收缩，使局部肌肉的训练负荷和刺激强度进一步加深，从而有效提高力量训练的效果。

（1）应用范围

由于电刺激法是将电极置于肌肉的起止端，因此其可以满足训练需求、特异性发展和强化某部肌肉或肌肉群，并且在短期内取得显著练习效果。另外，练习者在正常训练结果后可以采用电刺激法增强训练效果、缓解中枢神经系统的疲劳。同时，电刺激法是运动员受伤治疗期的理想训练手段，可以加速康复、保持肌力。

（2）局限性

电刺激法肌肉力量的消退速度明显快于其他力量训练方法；电刺激法最大限度地动员运

动单位参与收缩，妨碍运动系统内保护性感受器作用的正常发挥；电刺激法分离神经中枢系统与动作肌肉的工作，不利于实际运动动作中机体的协调工作。

思考题

1. 自由纵跳和不加摆臂的纵跳，哪种情况跳得高？为什么？
2. 人体基本运动形式有哪些？结合体育实例说明。
3. 简述人体基本运动原理。
4. 关节活动顺序性原理是什么？结合体育实例说明。
5. 说明在人体运动中，小关节活动的重要性。
6. 结合体育实例简述鞭打动作原理。
7. 缓冲动作的意义是什么？
8. 在跑步的支撑阶段如何减少制动冲量？
9. 跳高、跳远时两臂及摆动腿的合理摆动的运动学特征是什么？
10. 跳高时运动员肢体的摆动起什么作用？
11. 什么是相向运动？相向运动产生的原因是什么？
12. 走步式跳远时，运动员腾空阶段的走步动作的作用是什么？
13. 肌肉力量的生物力学分类有哪些？
14. 影响肌肉力量的因素有哪些？
15. 肌肉力量对运动的影响有哪些？
16. 力量训练的基本原则有哪些？
17. 力量训练的方法有哪些？

参考文献

[1] 全国体育学院教材委员会. 运动生物力学[M]. 北京: 人民体育出版社, 1990.

[2] Arthur E. Chapman. 人体基本运动的生物力学分析[M]. 金季春, 译. 北京: 北京体育大学出版社, 2010.

第五章 动作技术的生物力学分析

教学提示

了解与掌握主要运动项目的动作技术的生物力学原理及分析方法。分析动作技术的一般方法：划分动作阶段；明确所研究动作的生物力学特性和目的任务；明确关键技术环节；揭示动作技术的生物力学特征和规律；做出分析结论。了解和掌握各项动作技术的生物力学原理，主要是了解和掌握跑、跳、投等项目的运动生物力学原理。

第一节　动作技术的生物力学原理

动作技术是人们从事体育活动的方法。而动作技术的生物力学原理则是完成体育活动方法中具有普遍性意义的规律。

一、动作技术的生物力学原理

由动作技术生物力学原理的定义可知，人们只能提出具体动作技术的生物力学原理，而不可能提出一个适合于所有运动项目的动作技术生物力学原理。但是我们可以归纳出各运动项目的动作技术生物力学原理中具有普遍意义的要素。所以，具体运动项目的动作技术生物力学原理，不外乎是这些要素的合理组合与适宜的匹配。因此，掌握和了解动作技术生物力学原理的要素的意义及组合原则，将有助于理解和掌握具体项目的动作技术生物力学原理。

（一）动作技术生物力学原理的具体表现

无论是运动员通过肢体与外界相互作用而产生自体位移或特定的动作，还是通过运动员身体及其环节的活动操纵器械，使器械产生位移，或操纵器械进行运动，都是由运动员的身体活动引起的。因此，动作技术的生物力学原理就是由运动员身体活动的要素体现出来的。

1. 动作技术生物力学的基本要素

（1）身体姿位、关节角度；

（2）身体及肢体的位移、时间、速度及加速度；

（3）用力大小及方向，用力的稳定性及动态力的变化速率（力的梯度）；

（4）人体各环节的相互配合形式及方法；

（5）增大动力的利用率及减少阻力的技巧。

2. 动作技术生物力学原理各要素的意义

（1）身体姿位、关节角度。身体姿位决定着整个人体完成运动及用力时的身体状态，也决定着力的相互作用状态。它对动作技术的效果产生重要影响。如跳远运动员起跳时躯干过分后仰，就会影响起跳力的作用方向与效果。在做体操练习时，身体姿位、身体与器械的位置关系是否合理，往往会决定动作的成败。

身体姿位的不同，关节角度的大小，将影响肌力的发挥。身体姿位不同（图5-1）时，各关节所产生的肌肉力矩各异（表5-1）。

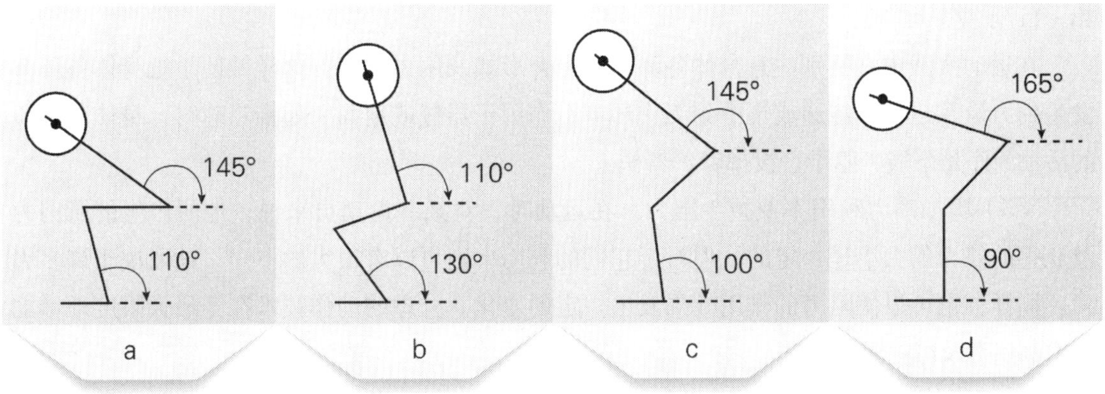

图5-1　颈后负铃（50千克）蹲的各种姿位（据普拉根霍夫）每种姿位作用力都相同（50千克）而各关节中转动力矩各异（据普拉根霍夫）

表 5-1　颈后负铃（50千克）蹲时下肢关节肌肉作用的转动力矩（运动员体重75千克）

身体姿位	髋关节	膝关节	踝关节
a	+185	+70	+25
b	+76	+175	+4
c	+185	+10	+33
d	+218	−22	+22

"+"号表示关节伸的力矩，"−"号表示关节屈的力矩

（2）身体和肢体位移的距离、时间、速度及加速度。衡量动作技术的质量及其成绩，往往以整个身体的位移大小、时间的长短及速度大小为依据，这是不言而喻的。而短跑运动员起跑快慢、投掷运动员器械出手速度的大小，也同样取决于人体或肢体加速度的大小。

完成跳高起跳及各种跳跃动作时，肢体摆动动作的幅度、方向及加速度大小，对增大起跳力量、提高起跳效果和改善动作质量有重要影响。

（3）用力大小、方向、稳定性及动态力的变化速率。运动员身体位移的大小、运动速度变化的快慢取决于用力大小；而用力大小往往取决于爆发力或力的变化速率。

身体运动方向及路线是否合理，取决于用力方向的正确性。在需要精细控制的动作技术中，肌肉用力的稳定性对动作的质量有重要影响，正如前面所说，射箭时肌肉用力稳定性与技术水平有密切关系。

（4）运动时身体各环节的相互配合形式及方法。运动时身体不同部位承担的任务不同，因此它们的活动形式各异。如跳高中，支撑腿进行起跳动作时，两臂及摆动腿则配合起跳腿进行摆动动作。

我们把上述起跳腿称工作环节；而摆动臂和摆动腿称配合环节。分析研究表明，配合环节的活动，对动作技术的完成和效果起着重要作用。如跳高时的摆动动作，可使身体重心相对高度升高18厘米左右，占身体重心腾起高度的25%～30%，摆动动作所增加的起跳力可达

48～117千克。

在运动实践中，特别注意身体各环节的配合形式及用力顺序。这样做便于把身体各环节发生的力量及运动，传递或集中到工作环节，作用于器械或地面。如推铅球时，身体各环节的活动顺序是下肢、躯干、投掷臂、器械。

（5）增加动力利用率及减少阻力。在运动时，对某一运动员来说，他所产生的肌肉力及获得的外力的大小是一定的，但对于它们的利用率则可以有很大的不同，这取决于许多因素。同样，也可以使阻力的作用效果发生一定的变化。合理的动作技术在于最大限度地增加动力利用率及减少阻力。

如果以同样大小的力量推铅球时，若出手角度接近42° 角，则比出手角为30° 角时掷得远。短跑运动员摆动腿着地时，若支撑点与重心投影点的距离较小，其阻力也较小。而着地时足相对于地面的运动速度较小时，也可以减少着地瞬间的阻力。又如摆动动作的惯性力，可促使起跳腿肌肉收缩力增加，从而增大起跳力。做原地纵跳练习，当下蹲到最低点时，不停顿地做蹬伸动作，所跳起的高度比稍停片刻跳的高度高。

这是利用了肌肉的弹性力特性，增大了肌肉收缩力的缘故。概括起来，增大动力利用率减少阻力的方法有：采用合理的动作技术；身体各环节的合理配合；利用肌肉力学性质。

3. 要素的组合与匹配原则

在建立动作技术生物力学原理的过程中，必须涉及动作技术生物力学原理要素的组合与匹配问题。如短跑技术生物力学原理，其中关于步长、步频指数是依据跑步动作特征与任务而提出的。这些指数运用了身体与肢体的位移、速度及加速度的要素。其中采用小的后蹬角度，减小着地时足相对于地面的速度是服从于增大动力的利用率和减少阻力的要素。而投掷运动技术的生物力学原理中，关于投掷臂的鞭打动作，及身体各环节的活动顺序，又是运用了人体各环节相互配合以及增大动力利用率的要素。动作技术生物力学原理要素的组合与匹配应遵循下述原则：

（1）依据运动技术特征及其任务要求选择要素；

（2）应突出与完成任务有密切关系的要素，但也尽量发挥次要要素的作用。因为有些项目的运动成绩是以厘米、百分之一秒来计算的；

（3）各要素组合应力求取得最佳效果。

（二）技术生物力学原理的产生

1. 动作技术生物力学原理的建立过程

依据运动训练实践经验与有关科学原理的结合，经过分析研究之后，人们可以揭示出完成动作技术的基本规律，产生了某一项目的动作技术的生物力学原理。并经过实践的检验，使动作技术的生物力学原理的理论不断发展和深化（图5-2）。

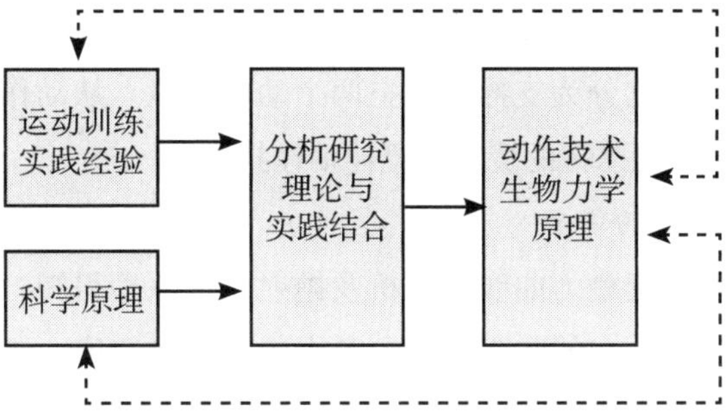

图5-2　运动技术原理产生过程示意图

可见，运动训练是动作技术生物力学原理产生的实践基础。而科学原理是理论基础。同时说明，动作技术生物力学原理的建立，可先由训练实践经验提出，再经过科学论证。也可通过对实践进行科研活动揭示出动作技术生物力学原理，再由实践进行验证。以上过程，反映了人们认识过程的普遍规律，即由实践到理论，再由理论反作用于实践的过程。

2. 动作技术生物力学原理建立的方法和步骤

动作技术生物力学原理的建立过程，是一个复杂的创造性思维与实践过程。当人们欲揭示并建立某一项目的运动技术原理时，通常首先依据运动技术实践的经验，明确动作技术的特征、任务以及提出完成任务的方法与决定成绩的技术因素（图5-3），最后揭示出完成动作技术的基本规律。

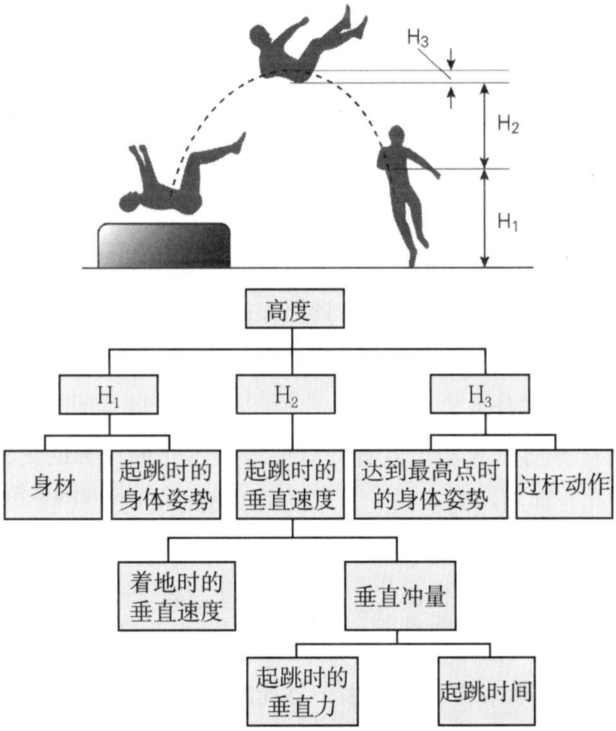

图5-3　决定跳高成绩的基本因素

（1）明确动作技术特征

如跑步是周期性运动，它分为支撑与腾空两个动作阶段。从动作技术方面讲，跑步包括两臂与摆动腿的摆动技术及支撑腿的缓冲与蹬伸动作技术。

（2）明确动作技术的目的任务

如跳远起跳技术，由对起跳力曲线的分析及抛射运动原理得知，跳远成绩取决于运动员身体（重心）腾起初速度及适宜的腾起角度。其中腾起水平速度，主要是通过运动员的助跑获得的。而运动员的腾起角度，是通过起跳力的垂直分力冲量（$F_y t$）的作用，产生垂直向上的腾起速度（v_y）使运动方向发生变化的结果。因此，起跳动作的实质是通过起跳（垂直分力）力的作用，改变身体（重心）运动方向，按一定大小的角度腾起，获得相应的远度（图5-4）。

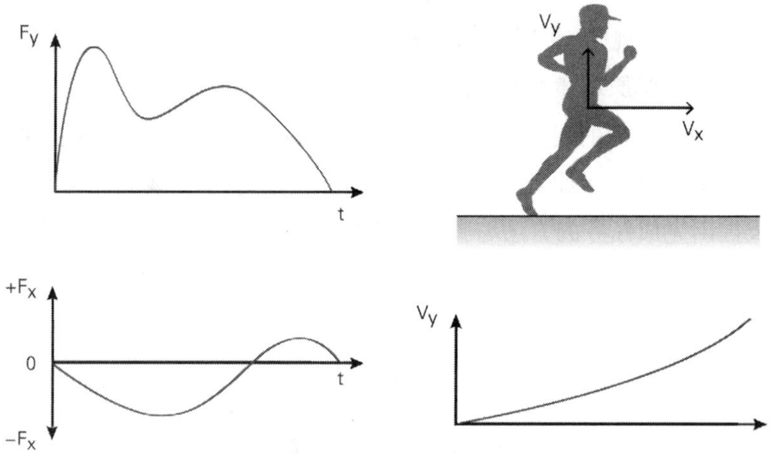

图5-4　踏跳时人体运动方向的变化

因此，跳远起跳技术的任务，就是在保持适宜助跑速度的情况下，使起跳动作产生尽可能大的起跳垂直分力的冲量（在助跑速度合理损失的基础上）。其目的是增大运动员腾空时间、跳出好成绩。

（3）提出完成动作技术任务的方法

明确动作技术的任务后，人们可以有针对性地提出完成任务的具体方法。如在明确跳远起跳任务后，提出在合理助跑的基础上，起跳腿着地时应向前送髋（髋关节伸展）。膝关节处于较伸展的状态进行起跳。这样做能够承担着地时刻巨大的冲击力，并产生较大的蹬地力。与此同时，两臂与摆动腿进行快速的加速摆动，使起跳更加有力。

又如射箭的任务是使箭射向靶心。因此要求射箭运动技术准确、一致，根据这一要求，射箭时应使拉弓力准确而平稳，并且使每射一支箭时的用力状况高度一致，重复性强。只有这样做，才能做到不但使箭射向靶心，而且可提高射箭的命中率。我们对射箭时的肌电测试结果说明了这一原理的正确性。在瞄准阶段，尤其是撒放前，高水平运动员肌电活动的平均值曲线波动小，而且标准差也小（图5-5）。说明射箭用力准确性高而平稳，而且各次射箭时的用力比较一致。低水平射箭运动员用力不稳而且标准差也大。

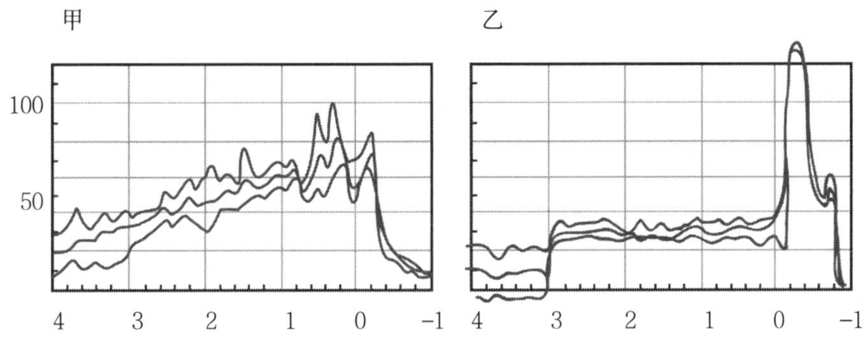

图5-5　高水平（甲）与低水平（乙）射箭运动员肌电图

（4）提出完成动作技术的基本生物力学的规律

在明确和制订了完成运动技术任务的方法的基础上，再经过分析研究，则有可能归纳出完成动作技术方法中具有普遍意义的基本生物力学规律。这些规律上升为理论，就成为动作技术原理。

文献资料表明，人们通过训练实践经验的总结与科研活动，许多项目的动作技术基本规律已被人们揭示出来，动作技术生物力学原理的理论也相应建立起来。如跑步速度等于步长与步频的乘积。因此，步频、步长两个基本指标反映短跑成绩的优劣。欲达到世界高水平的100米（男）成绩，其步频、步长指数应分别达到8.14和1.14。支撑腿着地时，为了减少足着地时的阻力和速度损失，跑步技术原理要求着地时足与地面之间的相对速度要小。随着比赛距离的变化，当跑速相应增大时，支撑腿膝关节缓冲程度相应增大，后蹬角应相应减小。这一技术方法的变化，有利于跑速的提高。又如塑胶跑道的弹性大大高于煤渣跑道，因此导致蹬地技术的变化，在快速蹬伸时出现膝关节不充分伸展的蹬地技术，在蹬离地面瞬间，膝关节角在165°±8° 角的范围内。采取这样的技术，可以提高步频，而同时又不影响蹬地效果。

因此，依据训练实践经验与科学原理，揭示出跑步技术中具有普遍意义的规律。运用步长、步频指数，足着地时的速度，支撑腿膝关节缓冲程度与蹬离地面时膝关节的伸展范围，以及蹬地角的大小等参数指导实践。概括出某些原理和方法，就成为跑步动作技术的生物力学原理。

二、动作技术的生物力学原理对技术训练的指导作用

（一）运动技术训练必须符合动作技术的生物力学原理

技术训练，旨在使运动员学习和掌握合理、先进的技术，充分发挥其身体能力的潜力，提高运动成绩。而动作技术生物力学原理诸要素的最佳组合，便构成了合理的技术。因此，在选择技术训练的方法手段时，必须根据专项技术动作特点，对该项技术原理的要素进行认真的分析和研究，并找出决定技术效果的主要因素，而后进行有针对性的训练。

例如，在投掷标枪动作技术的几个主要环节中，投掷步是其中的关键环节。而投掷动作技术本身，又包括了进入投掷步后超越器械的身体姿位，臂、腿的关节角度，下肢蹬地力量的大小及方向，从超越器械姿位到最后用力前的身体位移速度，出手时鞭打动作的速度和角度，身体各环节的相互配合等要素。在诸多要素中，下肢蹬地力的大小和出手的角度与速度又是主要因素。因此在投掷标枪技术训练中，无论是方法与手段的选择，还是技术训练的内容比重，都必须围绕着改进和提高投掷步技术为主要侧重点。这样，才能提高技术训练的质量和效果。

（二）动作技术训练中必须求得必备要素的总体最佳化

动作技术的生物力学原理各要素之间，既相互联系又相互制约。它们之间合理而有机地匹配与组合，最终必须服从于提高运动成绩这一目的任务，并反映出专项技术的本质规律。按照系统论的观点，只有当系统内部的各要素之间高度协调，才能使系统的功能产生正效应（增量）。否则，会依“木桶原理”而出现内耗并产生负效应（减量）。因此，在学习和改进技术的技术训练过程中，在突出和重视主要因素合理性的同时，还必须重视各要素之间的有机联系。在选择技术训练的方法手段时，无论采用分解练习、辅助练习还是完整技术练习，都应重视动作技术要素的整体效应，使之达到最佳化，切勿顾此失彼。

例如，在改进标枪投掷步的技术训练中，如果只重视了最后用力前超越器械的身体姿位以及由此姿位而产生的最大的下肢蹬地力量，而忽视了身体重量由蹬地腿向支撑腿的迅速转移以及最后用力开始时投掷臂外旋的技术细节，必然会因水平速度的损失而影响动力的利用率，随之而来的是因蹬地角过大而影响出手角度与速度。所以，在改进技术的训练中，必须注意分析研究某一要素的改进可能会给其他要素带来不利影响，并采取相应措施。

（三）通过技术诊断调控技术训练过程

对于优秀运动员和教练员来说，在技术训练过程中，及时得到掌握技术动作程度的反馈信息，有助于改进技术训练方法手段和改善调控技术训练过程。要实现这一目的，必须借助于科学的测试诊断，以及经验诊断的结合，即采用先进的生物力学设备与方法进行诊断，然后结合

教练员的实践经验进行配合断定，以便为运动员和教练员提供更多的、有价值的信息。

（四）技术训练中的区别对待

在运用动作技术的生物力学原理指导技术训练的过程中，还应重视运动员的个人特点。动作技术的生物力学原理只是从生物力学角度反映了各项动作技术带有共性的普遍规律，而每名运动员的技术特点各有不同，他们的技术训练也不应该按一个不变的模式进行。因此要求教练员在技术训练的过程中，经过实践逐步摸索出适合于运动员个人特点（身体的、素质的、心理的）的合理技术。以举重的提铃技术为例，虽然从整体上来说臀位太低不利于发力，但又不是绝对的，而要视运动员的身体特点而定。腿短、躯干长、腿部力量强、腰部力量弱者，就应采用臀位相对较低的提铃技术。这样才能扬长避短，充分发挥其腿部力量强的优势，避免腰部负担过重而造成失败或受伤。而腿长、躯干短、腰部力量强、腿部力量弱者，则应采用臀位相对较高的提铃技术，这样才能充分发挥腰部伸肌的力量，避免腿部负担过重造成失败或受伤，其他专项的技术训练也不例外。

第二节　动作技术分析的一般生物力学方法

一、了解动作技术的一般过程

分析研究动作技术时，首要的工作是划分动作技术的阶段，确定动作技术的特征画面。

（一）划分动作技术的范围

确定了动作技术的开始与结束瞬间，就把动作技术的范围确定下来了。如跳远的起跳动作，起跳脚着地瞬间是起跳动作的开始，起跳脚离地瞬间便是起跳动作的结束。又如跑步是周期性动作，因此当其一只脚着地，经过支撑与腾空至另一脚着地与腾空，为一个跑步动作周期。

（二）划分动作阶段

当动作范围确定后，划分动作的不同阶段，为分析研究提供方便。如跑步动作周期由一个单步（图5-6）组成，而一个单步又可分为支撑（图5-6①～④）与腾空（图5-6④～⑥）两个时期。

在支撑时期，依据蹬地水平力的作用性质，又可分为前蹬（或前支撑。图5-6①～②）与后蹬（或后支撑。图5-6②～④） 两个动作阶段。如果依据支撑腿的膝关节活动形式（或肌肉收缩形式），又可分为缓冲（图5-6①～③）与蹬伸（图5-6③～④）两个动作阶段。

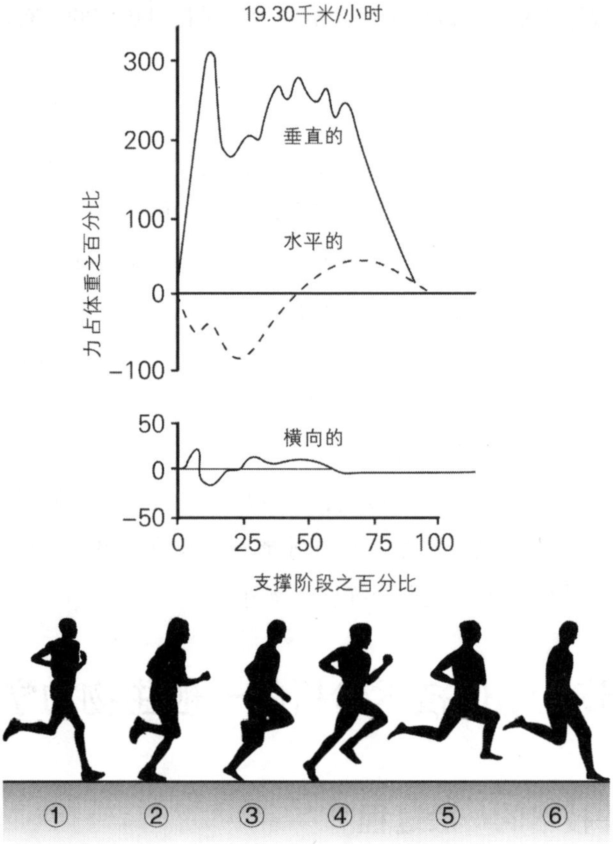

图5-6　跑的动作阶段及蹬地力

动作阶段划分的依据：一个完整的复杂的动作是由不同形式的简单的基本动作组成的。把它们相互区分开来，有利于对完整的动作进行分析研究。由于动作的各组成部分的具体情况不同，可参照下述条件对动作进行阶段划分。

1. 肌肉工作形式等

解剖学条件如跳高起跳时，起跳腿的膝关节屈曲（其伸肌做退让式收缩）的动作过程称起跳动作的缓冲阶段。膝关节伸展（其伸肌做克制性收缩）的动作过程称起跳动作的蹬伸阶段。

2. 作用力的性质

如在跑步时，当人体重心投影点处于支撑点后方，蹬地力的水平反作用力的方向与人体运动方向相反，称跑步的阻力作用阶段（亦称前蹬阶段）。当人体重心投影点处于支撑点的前方时，水平支撑反作用力方向与人体运动方向一致，称跑步的动力作用阶段（亦称后蹬阶段）。

3. 动作方向

如跑步时臂相对于人体向前摆动，称臂的前摆。跳高时摆动腿相对于地面主要是向上摆动，称摆动腿的向上摆动。

4.动作的任务与性质

如投掷铁饼时的预摆，最后用力的动作阶段的划分，是依据该动作的具体任务而命名的。如跳远的助跑、起跳、腾空、落地等动作阶段，是依据其动作性质的不同确定的。

5.人体工作环境

依据人体或其某些环节活动时与周围环境的关系，区分为支撑、腾空、着地、游泳的空中移臂等动作阶段与时相。

（三）确定动作技术的特征画面

不同动作阶段的临界点（画面），称为动作技术的特征画面。如跑步的着地与离地瞬间，身体垂直瞬间，最大缓冲瞬间等等。这些特征画面可表征各动作阶段基本力学特征与动作质量。如最大缓冲时刻的膝关节角度的大小，可表示缓冲动作的质量，而蹬离地面时的后蹬角的大小，可表示蹬地水平力的利用程度，也可说明缓冲技术的好坏，以致说明整个蹬地技术的质量。因此，动作的特征画面可作为动作技术诊断的重要依据。

（四）明确各动作阶段的相互影响及其作用

虽然组成完整动作的不同阶段，其基本动作的形式、任务及其性质不同，但它们都同属于一个完整动作的不可缺少的有机组成部分，都是为完成完整动作的任务服务的。因此它们之间存在着必然的联系与因果关系。如跑步时蹬地腿的缓冲与蹬伸动作，虽然是人体基本活动的屈与伸的基本解剖学条件决定的，但从生物力学角度来看，它们之间在生物力学特征方面存在着必然联系与因果关系。跑步的蹬伸动作是缓冲动作的继续，而缓冲程度影响后蹬角的大小及蹬伸动作的幅度与时间。而后蹬时膝关节伸直的程度，又影响动作的频率。

二、明确动作技术本身所要达到的目的

赛跑运动员的成功，取决于其跑步的平均速度，而跑的速度又取决于平均步长L与平均步频f，即：

$\bar{v}=L \cdot f$

因此跑步技术本身的目的是力求达到尽可能大的步长与步频，或是两者合理的配合。

跳高、跳远的目的是使人体达到最大的起跳高度或远度。由分析可知，起跳结束时人体腾起速度的水平分量v_x主要是通过助跑获得的，起跳只能使水平速度减小；而腾起速度的垂直分量v_y是通过起跳垂直力冲量的作用产生的（图5-7）。

图5-7 跳远起跳过程中人体运动速度的变化

$\boldsymbol{v}_x = \boldsymbol{v}_{0x} + (-\boldsymbol{F}_x t)/m$

$\boldsymbol{v}_y = \boldsymbol{F}_y t/m$

因此，不论是跳高或是跳远的起跳任务，都是如何赢得身体垂直方向上的腾起速度（但水平速度的损失应保持在合理的范围内）。

三、明确动作技术的关键环节

凡对完成动作技术的目的起重要作用的动作阶段，称动作技术的主要环节，或关键性环节。

如跳高或跳远的起跳动作分为缓冲与蹬伸两个动作阶段。在比较哪一个动作阶段更重要时，可以在起跳力的测试材料中找到答案。如跳高、跳远起跳垂直力总冲量中，缓冲阶段占80%以上，因此，缓冲阶段对起跳动作起的作用最大，是起跳动作的关键性环节。

四、揭示动作技术的生物力学特征

动作技术的运动学特征参数，一般是通过影片解析取得；动力学参数可通过测力台等设备测量得到。

对所得数据进行处理、分析、整理，得出测试结果，然后对测试结果进行分析处理，得出规律性数据材料，最后成为动作技术的生物力学研究结果。

五、作出结论

对分析研究所作的结论，是对研究结果的进一步归纳、提炼和升华。而研究结果的具体内容又是依据分析研究的不同任务而采用相应的不同的测试与分析方法得到的。

分析动作技术的目的是根据具体的条件和需要而确定的，因此是多样的，但归纳起来主要有下述几方面：

1. 揭示动作技术的一般测试结果

如动作技术的运动学参数及动力学参数统计结果，动作技术的线条图（一般以图表方式表示）。

2. 揭示生物力学原理

通过对测试结果的分析研究，寻找各测试数据之间的内在联系，及其对动作技术的关系和影响。并在此基础上归纳出完成动作技术的生物力学原理。

3. 揭示高水平运动员动作技术的生物力学特征

不同等级运动员完成动作技术时应遵循同一规律，即动作技术原理是一样的。但不同水平运动员的运动素质发展水平不同，因此在动作技术特征方面反映出相应的差异。高水平运动员的动作技术生物力学特征可表示动作技术的发展趋势，因此，了解高水平运动员动作技术的生物力学特征有助于改善动作技术原理的理论和动作技术的训练。

4. 对完成的动作技术作出生物力学诊断

第三节　走的生物力学分析

人类最基本的特征是直立行走，以及在行走过程中产生一系列的生物学效应。行走的控制十分复杂，包括中枢命令、身体平衡和协调控制，涉及足、踝、膝、髋、躯干、颈、肩、臂的肌肉和关节协同运动。

一、走

人体行走时所具有的姿态特征称为步态，即步行姿态。人体在行走时，由一侧足跟着地至该足跟再次着地的过程称为一个步态周期，人的整个行走进程，便是由一个个步态周期所反复而形成的。正常人的步态具有稳定性、周期性、节律性、方向性和协调性等特性。当人的步态不具备或者破坏了正常步态特征，则出现异常步态。实验和研究证明，异常步态的原因是多方面的，主要包括：结构原因，例如肌肉骨骼畸形；关节软组织病损，如关节炎、软组织挛缩等；神经系统病变，如周围或中枢神经系统的病变。

（一）走的阶段划分

根据足部与地面接触与否可将行走的步态周期划分为支撑阶段和腾空阶段（或摆动阶段）。在步态分析中，整个步态周期通常又被划分为8个独立的阶段（期）（以右脚为例，如图5-8所示）。

1. 支撑阶段

（1）初始着地期，从足跟着地到足掌着地前；

（2）支撑反应期，从足掌着地到重心移至支撑脚中心前，足（脚）底平行；

（3）中点支撑期，从中点支撑到足跟离地前；

（4）支撑后期，从足跟离地到足趾离地前；

（5）摆动前期（推离期），足趾离地阶段。

2. 腾空阶段（摆动阶段）

（1）摆动早期，腿加速摆动阶段；

（2）摆动中期，从两足相邻继续向前摆动到胫骨与地面垂直时结束；

（3）摆动后期，腿减速摆动阶段（足下落），这个阶段从摆动中期开始到足跟着地结束。

此外，根据左右足着地的情况，又可分为单支撑时相和双支撑时相。

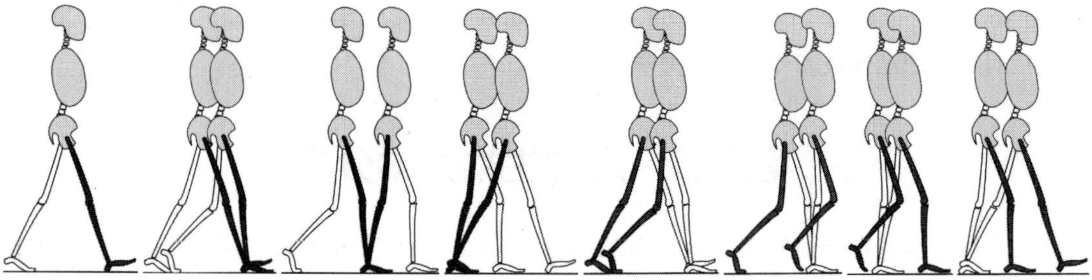

①初始着地期 ②支撑反应期 ③中点支撑期 ④支撑后期 ⑤摆动前期 ⑥摆动早期 ⑦摆动中期 ⑧摆动后期

图5-8　步态周期

（二）步态基本特征

人的步态还具有个体差异性，体现在不同人的步态具有自己的特点。步态的一般特征由下面一些参数组成（图5-9）。

步长：行走时左右足跟（或趾尖）间的纵向距离，约75~83厘米，也称单步长。步周长（周期跨距）为同侧足跟（或趾尖）间的纵向距离，也称复步长。

步频：行走时，每分钟迈出的步数，约95~125步/分。

步宽：行走时，两侧足内侧弓之间的横向距离，约5~10厘米。

足偏角：行走时，足中心线与行进方向的夹角。足偏角向外为外八字，足偏角向内为内八字。

足廓清：行走摆动期下肢适当离开地面，以保证肢体向前行进，防止跌倒的行为特征。

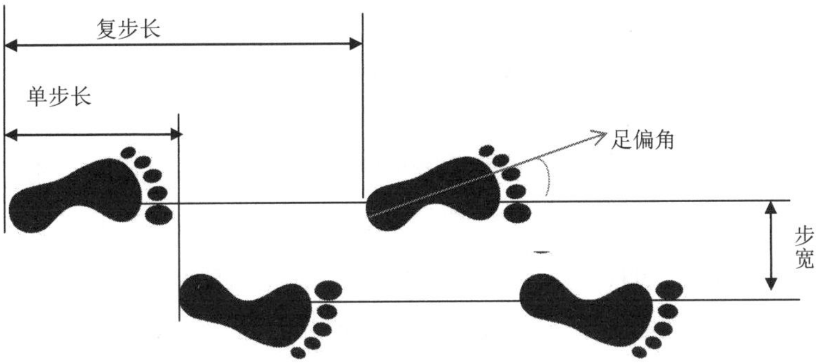

图5-9 步态基本参数示意图

（三）影响步态的因素

1. 支撑阶段的稳定性

良好的稳定性能够有效地控制肢体向前运动时的身体姿势。

2. 摆动阶段的足廓清

足廓清的主动出现，可以保证行走的稳定，防止身体过早前倾导致摔倒等。

3. 合理的步长

合理的步长、步宽、步频，可以减小重心在行进过程中的摆动和起伏，减少能量消耗。

4. 最佳的能量消耗

可以在足触地时有效地吸收机械能，以减小撞击；使得人体在支撑相有合理的肌力及髋、膝、踝角度，以及充分的支撑面；在摆动相有足够的推进力。

二、竞走

竞走运动是田径诸多项目中具有特殊要求的一种运动，是在普通走的基础上发展起来的。竞走和走的动作结构相同，都是由单脚支撑和双脚支撑交替反复进行，但竞走骨盆前后转动大，腰部有一定的扭动，两臂积极摆动，脚着地时腿充分伸直，步幅大，频率高，前进速度快。如图5-10中所示，转髋与不转髋的动作技术具有明显的区别。

图5-10 转髋动作效果对比（引自http://www.racewalk.com）

竞走运动中，强调髋关节的转动效果。转髋动作不仅能够增加步长，同时也伴有步频的增加，而较合适的步长步频比例是有助于提高竞走效率的。

研究也表明，转髋动作引起了步长和步频的增加。专项运动员竞走时能够运用主动转肩来完成转髋动作，且帮助抑制重心的过分起伏；而非专项运动员和普通人需要利用相对较大的躯干偏转角度来保证自己的转髋动作，这样消耗了不必要消耗的能量，降低了行进效率。如果能够较好地控制肩和躯干的旋转，则不会出现明显“提胯”动作以此来达到转髋的效果以增大步长，使行进过程变得不流畅，影响前进速度。优秀竞走专项运动员往往能够将转髋处理为一个过渡动作，自然流畅，却能够达到较大的旋转角度和幅度，利于提高前进速度，同时能够把握好行进过程中自己的节奏、动作连贯性，从而使行进过程中重心的起伏控制在一定的范围内，减少了不必要的能量损失；如果不能够很好地控制自己的行进方式，导致身体过度的摆动或是重心的不稳定，则会造成能量的损失，影响行进效率。

第四节　跑的生物力学分析

跑步不但是人体最基本的位移形式，而且也是体育活动中最基本的动作，各项动作技术都包含跑步活动。径赛中的不同距离赛跑，其跑步动作的技术结构基本相同，最终目的都是要求在最短的时间内跑完所规定的距离。根据人体能量供应的可能性，用最快的速度跑完全程是各项距离的共同技术要求。因此，研究具有代表性的短跑动作生物力学特征和原理具有普遍意义。

一、起跑与加速跑

（一）起跑姿势与起跑

1. 起跑姿势

短跑运动员一般采用蹲踞式或预备姿势作为起跑的方法。运动员根据身体形态结构和运动素质的发展水平，选择为两腿能快速有效地蹬伸创造条件的预备姿势。在起跑器上起跑，可使运动员获得牢固的支撑，改善两腿用力条件。

预备姿势肌肉的生物力学特性

研究资料表明，高水平运动员起跑姿势的生物力学参数非常接近。因此所引用的数据可作为起跑姿势的一般模式（表5-2）。

表 5-2　起跑姿势及起跑运动学特征

环节角度（度）	波动范围（度）	距离长度（厘米）	鸣枪至完成动作时间（秒）
躯干前倾104	98 ~ 112	重心高度60 ~ 66	反应潜伏期 0.10 ~ 0.18
前膝角100	92 ~ 105	前起跑器距起跑线40 ~ 45	两手离地0.20 ~ 0.22
后膝角129	115 ~ 138	后起跑器距起跑线70 ~ 80	后足离地0.25 ~ 0.30
两上臂夹角34	27 ~ 40	重心投影距起跑线15 ~ 25	前足离地0.38 ~ 0.48

在预备时，运动员运用提高肌肉“预张力”的方法，可以使肌肉提前进入“工作状态”，增大蹬离起跑器的速度和力量。

2. 起跑

起跑时高水平运动员质心水平加速度及速度较大。这与高水平运动员质心至起跑线的水平距离较短、两臂承受的体重较大有关（图5-11、表5-3）。因而可使高水平运动员获得较大的蹬起跑器水平分力。

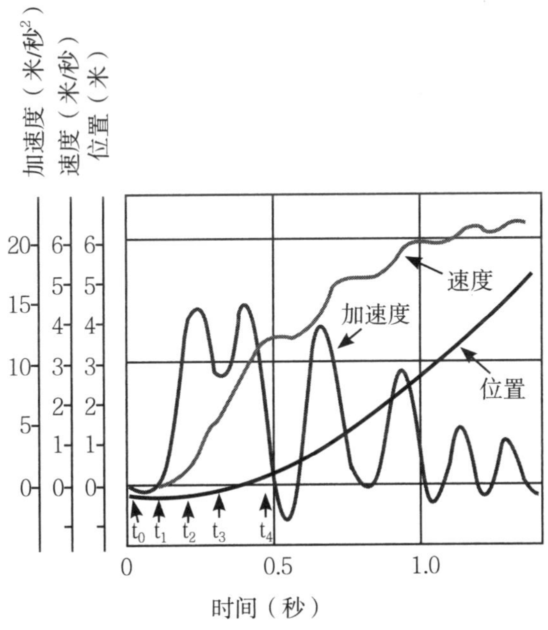

t_0，鸣枪；t_1，第一反应；t_2，手离地；t_3，后足离地；t_4，前足离地

图5-11　身体质量中心的水平位置、速度和加速度对时间的函数

起跑时两腿蹬起跑器的用力时间指标，必须与蹬地力指标结合起来分析，才能反映出蹬起跑器的效果。两腿蹬地力的冲量表示如下：

$$\boldsymbol{I}=\int_{t_0}^{t_1}\boldsymbol{F}_1\mathrm{d}t+\int_{t_0}^{t_1}\mathrm{F}_2\mathrm{d}t$$

表 5-3 运动学和动力学测量的平均值（$\bar{x}$）和均方差（S. D.） （W.鲍曼）

参数	G1（12人）		G2（8人）		G3（10人）	
	$\bar{x}$	S. D.	$\bar{x}$	S. D.	$\bar{x}$	S. D.
各距离到起跑线						
前起跑器（厘米）	-60	5	-53	7	-56	6
质心水平距离（厘米）	-16	4	-20	14	-27	13
质心铅垂距离（厘米）	66	3	60	7	63	10
起跑器见隔（厘米）	28	5	26	5	25	3
起跑器上最大加速度（米/秒）	15.4	2.0	13.2	1.7	12.2	2.4
起跑器上平均加速度（米/秒）	10.0	0.8	8.6	0.7	7.8	0.7
起跑器上速度（米/秒）	3.0	0.2	3.1	0.15	2.9	0.2
起跑器上冲量（牛顿秒）	263	22	223	20	214	20
头三个跨步的总冲量（牛顿秒）	200	16	214	49	204	26
100米成绩（秒）	10.35	0.12	11.11	0.16	11.85	0.24

*身体质心在“预备”姿势时测定

在这里I为两腿蹬地力的冲量；t_0-t_1为后腿蹬起跑器的时间；t_0-t_2为前腿蹬起跑器的时间，$\boldsymbol{F}_2$、$\boldsymbol{F}_1$为前、后腿蹬起跑器的力。

起跑三维蹬地力的特征如图5-12所示。后腿蹬地力的作用时间短，力的曲线形状只有一个峰值，具有典型的冲力形式。前腿蹬地力曲线有三个波峰。第一个波峰与后腿的峰值相对应，是运动员听到鸣枪信号后，两腿同时用力蹬起跑器产生的；第二波峰是后腿加速前摆产生的；第三波峰是由前腿进一步积极蹬伸和体重由两腿承担转为前腿承担造成的。

前后腿蹬地力的$\boldsymbol{F}$x值明显大于$\boldsymbol{F}$z，它们之间约为二比一的关系（图5-12）。因此能形成很小的蹬地用力角。这是蹲踞式起跑所具有的良好的向后蹬地条件所造成的，因此，蹲踞式起跑提供了短跑出发时最好的水平加速度的力学条件。

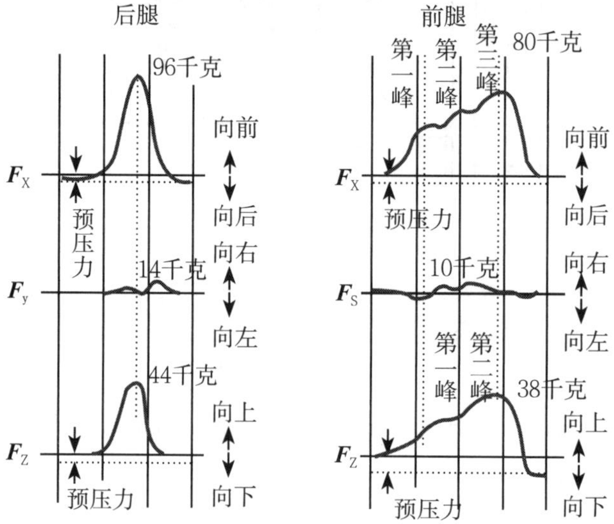

图5-12 起跑时前腿三维支撑作用力的变化与起跑时后腿三维支撑反作用力的变化曲线

（二）加速跑

起跑后加速跑的过程中，由于人体前倾程度逐渐减小，足着地点逐步向前远离身体重心投影点，以及人体运动速度逐渐增大等诸因素，所以在蹬地时间特征方面呈规律性变化：即后支撑时间逐步减少，而前支撑时间逐步增大（图5-13、图5-14）。

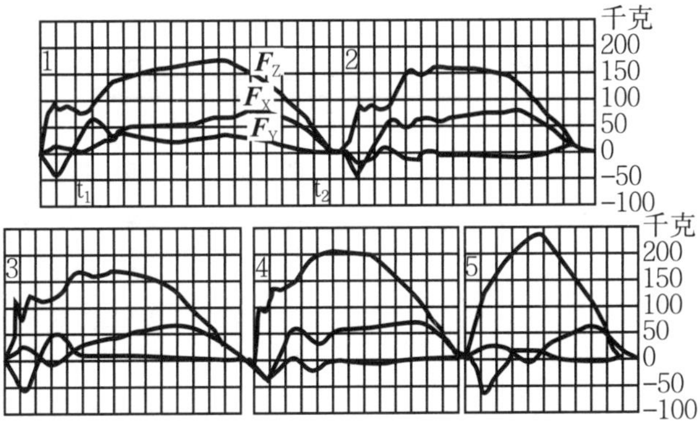

t_1：前支撑时间；t_2：支撑时间；横坐标每格为0.01秒

图5-13　加速跑三维蹬地力时间曲线变化趋势及途中跑三维蹬地力

（引自冯雅芳《起跑后加速跑蹬地力测试结果与分析》）

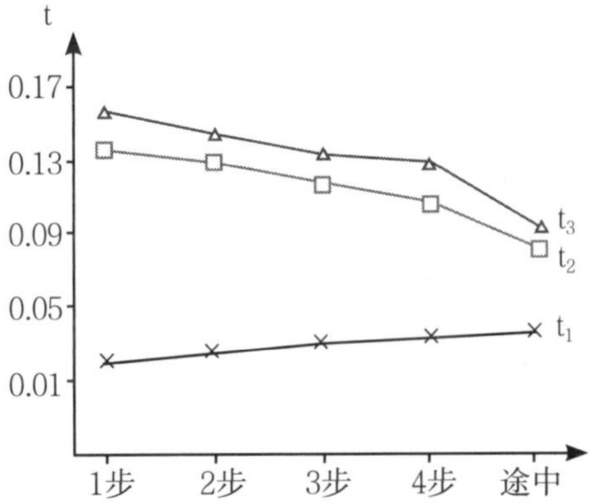

t_1：前支撑时间；t_2：后支撑时间；t_3：支撑时间（单位：秒）

图5-14　加速跑蹬地力时间特征的变化

（引自冯雅芳《起跑后加速跑蹬地力测试结果与分析》）

在蹬地作用力方面，蹬地合力冲量（$\boldsymbol{F}\cdot t$）与垂直力冲量（$\boldsymbol{F}_z\cdot t$）逐步减小。其原因主要是蹬地时间减少。左右方向蹬地力的冲量（$\boldsymbol{F}_y\cdot t$）变化不大。而前后方向蹬地力冲量（$\boldsymbol{F}_x\cdot t$）有明显下降趋势（图5-15）。这除了蹬地时间减少的原因之外，主要是随着加速跑距离的增加，跑速逐渐接近途中跑，因此蹬地的任务也逐渐由加速人体变为维持高速的匀速跑，所以表现出上述变化趋势。

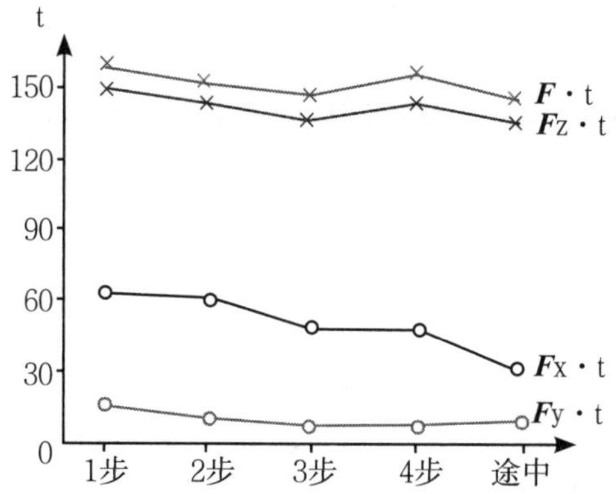

图5-15　加速跑蹬地力冲量变化（单位：牛顿·秒）

（引自冯雅芳《起跑后加速跑蹬地力测试结果与分析》）

二、途中跑

途中跑是通过运动员蹬地动作，使自身以适宜的速度或以尽可能大的速度向前跑进，在人体跑速较慢的情况下，蹬地动作可以使人体加速向前跑。但当达到自身极限速度时，就不能再增加速度，而只能将最高速度维持在一个相当短的跑程内。此时蹬地动作所产生的动力，正好与地面及空气阻力所抵消。也就是说，在后蹬时人体产生的加速度运动，与着地后的前蹬阶段及腾空阶段的减速运动所抵消。在前蹬阶段内水平速度损失为0.129 ± 0.08米/秒，为了能保持匀速跑，在后蹬阶段水平速度应增加 0.195 ± 0.09米/秒。

因此在匀速跑时，蹬地力的水平阻力冲量（包括空气阻力冲量）等于水平动力冲量。

对跑的技术进行生物力学分析的目的，主要是揭示跑的一般规律和寻找如何跑得更快、更经济。实践说明，单纯的理论分析，并不能达到以上目的，而必须运用实验测试方法对跑进行分析研究，才能逐步地达到上述目的。因此，这一部分内容也主要是通过对测试材料的介绍和分析，来说明跑的生物力学原理。

（一）跑的基本生物力学要素

跑步速度由步长与步频决定。步长由支撑阶段的着地距离、后蹬距离及腾空距离的三个分量组成。而步频则由全程跑的步数除以跑步时间得来。跑步时间又可分为支撑与腾空两个分量组成。跑的速度取决于跑步周期中的动作技术质量，以及周期的重复速率。跑的基本生物力学要素及主要运动学参数，见图5-16、表5-4。

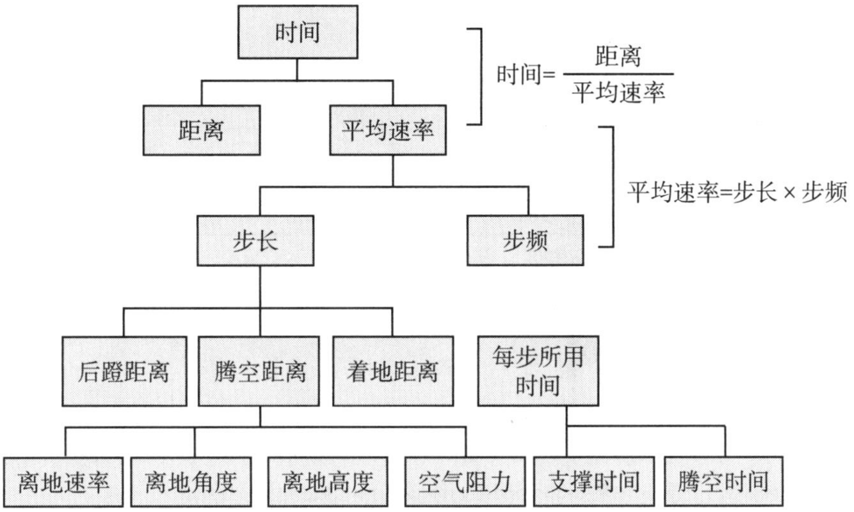

图5-16　跑的基本因素

表 5-4　男、女短跑运动员的主要运动技术参数（取统计平均值）　（依黄宗成等）

	男子100m	女子100m	女子200m	女子400m
前支撑阶段的时间	29.8ms	31.3ms	34.5ms	52.8ms
后蹬地阶段的时间	69.2ms	74.0ms	78.4ms	100.6ms
腾空阶段的时间	124.0ms	122.0ms	139.3ms	128.4ms
步频	4.495spm	4.407spm	3.969spm	3.559spm
单步重心的水平位移	2120mm	1943mm	2062mm	1976mm
单步重心的水平速度	9.504m/s	8.553m/s	8.178m/s	7.025m/s
重心腾空波动的最大高度	18.8mm	18.2mm	23.8mm	20.2mm
蹬离地瞬时重心抛物运动的抛射角度	1° 49'51"	2° 0'7"	2° 23'15"	2° 33'5"
支撑阶段躯干与水平面的夹角	79.0 °~82.9°	79.5 °~ 82.8°	81.4 °~82.8°	83.3°~85.5°
着地时重心与支撑中心连结对运动方向的夹角	107.6°	107.7°	108.0 °	111.0°
蹬离地瞬时重心与支撑中心连线对运动方向的夹角	61.4°	61.0°	62.4°	60.4°

（二）跑步的生物力学原理

1. 步长、步时的构成

左右脚着地点之间在运动方向上的距离为步长。在影片测量时也可由人体质心的水平位移作为测量步长的依据，即由着地距离、腾空距离及后蹬距离三个分量组成步长（图5-17、表5-5）。

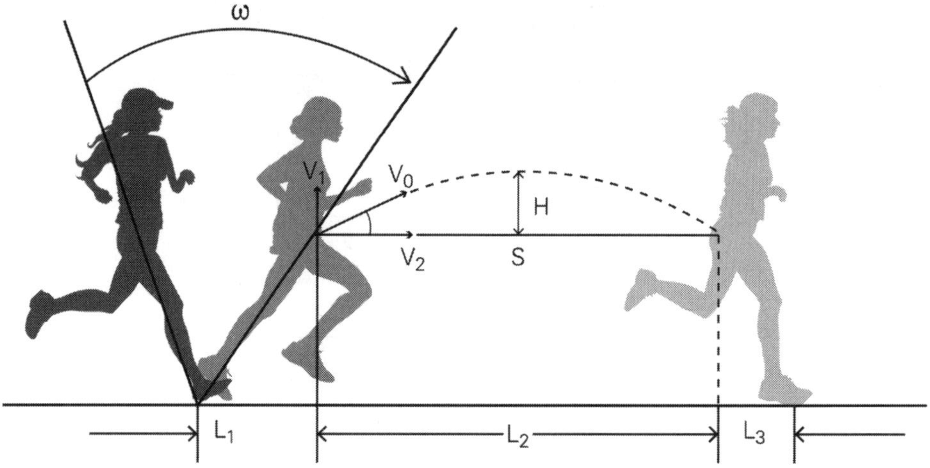

图5-17　步长的组成（$L=L_1+L_2+L_3$）

表 5-5　男女短跑运动员步长构成（单位：米）

性别	L_1	L_2	L_3	L
男	0.69	1.112	0.351	2.153
	32.2%	51.6%	16.3%	
女	0.618	0.991	0.308	1.917
	32.2%	51.7%	16.1%	

从跑的技术原理分析，较小的着地距离可增大着地角，减少阻力作用，有利于跑速的发挥，实测材料证实了这一点（表5-6）。

当比赛距离增大时，跑速相应减小，而着地距离相应增大。如将女子100米的着地距离定为100，200米为107.3，400米为141.3。

表 5-6　23届奥运会男子200米决赛步长材料　（沃夫曼）

	第一名	第二名	第三名
着地距离	0.217/0.276	0.284/0.286	0.327/0.309
脚着地速度	−7.93/−7.18	− 5.34/ − 5.22	−6.47/−7.20

注：表格中结果为至少两个复步的平均值，前面数据为125米处数据，后面数值为180米处数据。

我国高水平运动员一个单步时间为0.216秒，其中支撑时间为0.088秒（占单步的40.7%）；腾空时间为0.128秒（占单步时间的59.3%）。支撑与腾空时间之比为1∶1.46。在支撑阶段中缓冲时间占41%，蹬伸时间占59%（图5-18）。

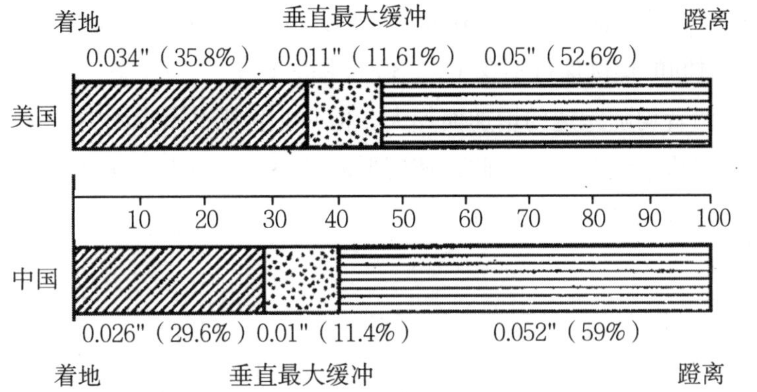

图5-18　支撑腿各动作阶段的时间比例（依黄宗成等）

步长、步时是跑步时身体位移在空间与时间方面运动学特征的表现。其合理组成是以着地距离较短、缓冲时间较长为宜。因为着地距离较短，可以增大着地角，减小着地后的阻力及阻力冲量，有利于保持跑速。而缓冲阶段时间较长，是缓冲动作充分的表现。它可以增大膝关节活动范围，减小后蹬角，从而提高蹬地效率。据对比分析提示，我国短跑运动员缓冲动作不充分，缓冲时间偏短（图5-18）。

2. 步长、步频指数

卡列尔·霍夫曼通过对国际重大比赛的实测材料的研究指出，欲达到男子短跑世界水平，其步长与步频指数应是：

步长指数：平均步长/身高≥1.15

最大步长/身高≥1.24

平均步长/腿长≥2.16

最大步长/腿长≥2.24

步频指数：身高×步频≥8.1

身高×腿长≥4.34

中国高水平短跑运动员的平均步长为2.30米，步频为4.63步/秒。而美国高水平运动员分别为2.48及4.8。这是不同水平短跑运动员在步长与步频上差异的反映。

当跑速从40%（3.9±0.7米/秒）增至最大跑速（9.3±0.3 米/秒）时，一个单步的时间由0.38±0.10秒降至0.24±0.10秒，支撑时间和腾空时间也随跑速的提高而缩短，但并不按同一比例变化。起初，在低速跑时，腾空时间比支撑时间短，随着速度的增加，则腾

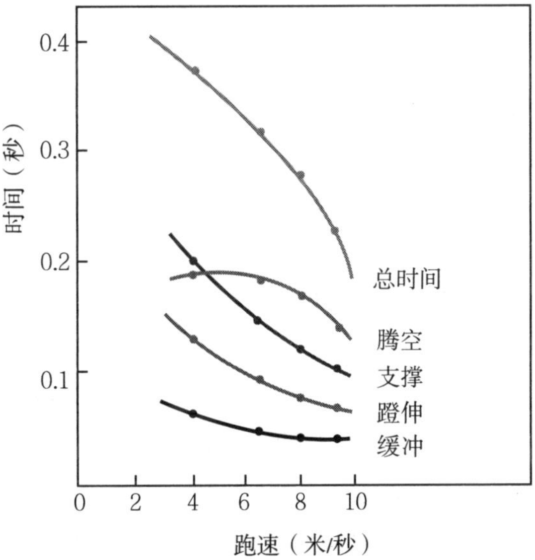

图5-19　不同跑速时步时构成的变化（P.v.Komi）

空时间比支撑时间长。相应曲线的交点在4.5米/秒处。前支撑与后支撑时间随跑速的提高而缩短，但它们占支撑时间的比例保持不变（1：3）（图5-19）。

步长和步频，两者均随跑速的增加而加大，但并非直线关系（图5-20）。另一方面，重心上下波动的振幅与跑速成反比。因此，速度低时重心波动最大（10.9±0.6厘米），而速度最高时，重心波动最小（6.7±0.4厘米）。

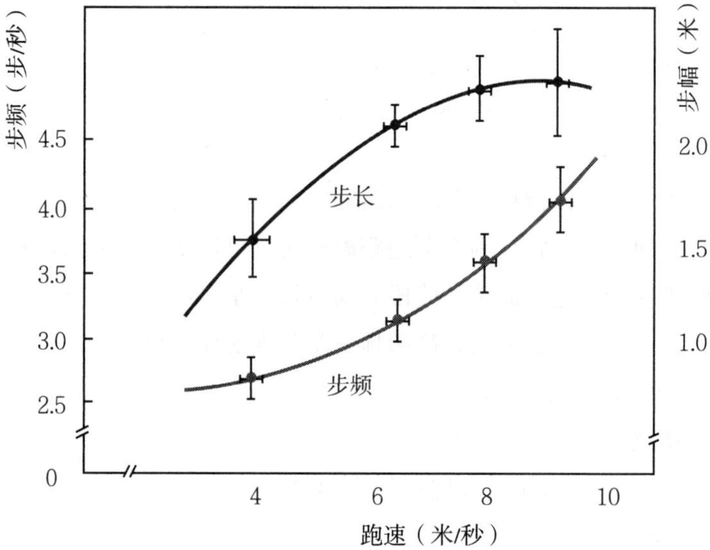

图5-20 不同跑速时步长、步频的变化（P.ν.Komi）

3. 摆动技术原理

通常两臂摆动是与摆动腿的摆动同步进行的，因此仅用摆动腿的摆动说明跑步的摆动技术原理。

高水平短跑运动员在蹬离地面后，摆动腿的大腿先做短暂的后伸（约0.025秒±0.007），然后快速前摆，在第二次腾空瞬时，达到最大前摆值（163.7°±10.6°）。但大腿前摆的时间（0.22″± 0.008″）较后摆时间（0.11″±0.01″）约长1倍。当大腿开始前摆后，小腿迅速向大腿做屈膝折叠，在身体处于垂直时相达到最大屈曲程度（29.8°±2.8°）。膝关节的屈曲（0.15″±0.004″）与伸展（0.15″±0.01″）所用的时间几乎相等。（图5-21）

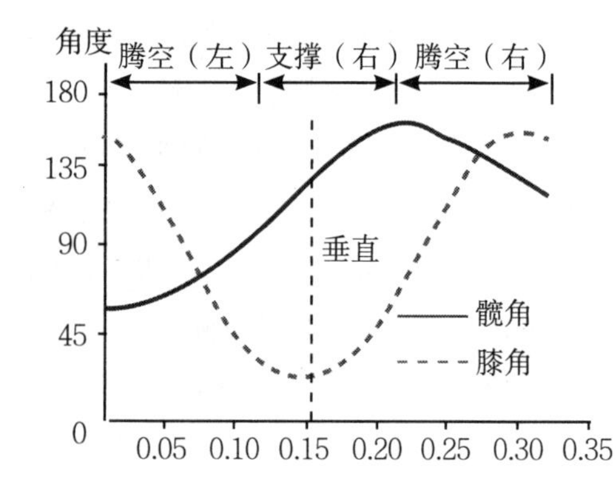

图5-21 摆动腿角度随时间变化（依李诚志资料）

因此，摆动腿的摆动可分为大腿后伸、前摆及后摆三个阶段。它们各占总时间的6.0%，61.5%及32.5%。小腿相对于膝关节做屈曲、伸展及再次屈曲的动作，这三个动作阶段各占总时间的46.0%、45.9%及8.1%。

大腿前摆最大角速度出现于小腿充分屈曲、身体处于垂直时相（图5-22）。

在支撑阶段，摆动腿摆动时，其质心垂直方向上的加速度一直是增加（图5-23）。这与跳跃项目中摆动环节加速度值的变化相类似。

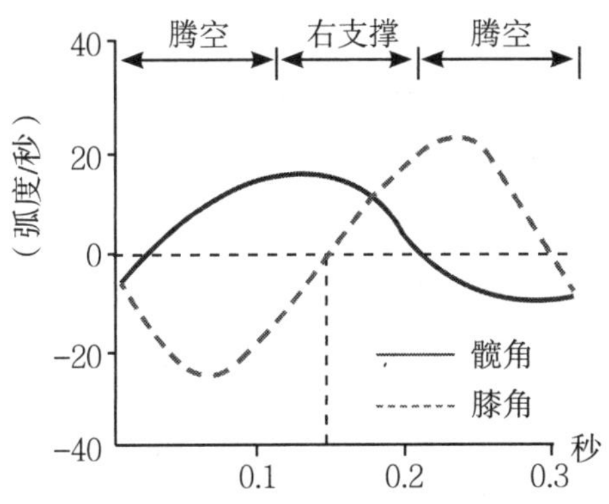

图5-22　摆动腿角速度随时间变化（依李诚志资料）

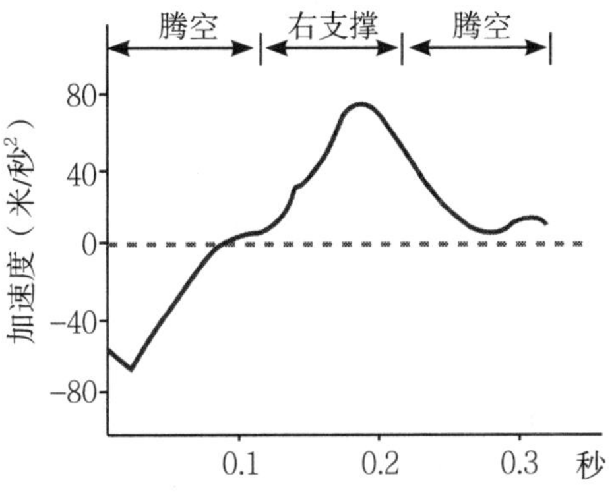

图5-23　摆动腿质心竖直加速度-时间曲线图

跑步时摆动动作的意义有：

（1）良好的摆动技术特征，可使脚在着地瞬间获得较大的运动速度（与人体前进相反方向）。由于脚的运动速度大，一方面可有助于形成较短的着地距离。另外可减少着地时脚与地面的碰撞阻力。

（2）与跳跃动作中的摆动动作相类似，在支撑阶段摆动腿质心的竖直加速度方向背离支点。因此其惯性力指向地面，增加了支撑腿的负荷，从而提高了蹬地力，有利于提高蹬地效果。

（3）摆动动作是跑步周期的重要组成部分，因此摆动动作直接与步幅、步频有关。

（4）与下肢相对比，上肢的质量较小，而且相对肌肉力量较强。由人体惯性参数的资料可知，上肢的肩关节及肩带肌肉生理横断面与上肢质量之比为16.60：1，而下肢的髋关节肌肉生理横断面与下肢质量之比为8.94：1。因此，在摆动时上肢比下肢容易加速，并容易维持在高节奏的摆动状态，所以上肢的摆动动作，对下肢的快速摆动及提高步频起促进作用。

4. 蹬地动作技术原理

跑步的缓冲作用，主要由踝关节做负功完成。此阶段踝关节角度变化34°～38°角，膝关节为4°～10°角。但髋关节却不参与缓冲动作，而在着地后就已经进行蹬伸（伸展）活动（图5-24）。因此髋关节在支撑阶段的开始就进行促使身体重心前移活动。

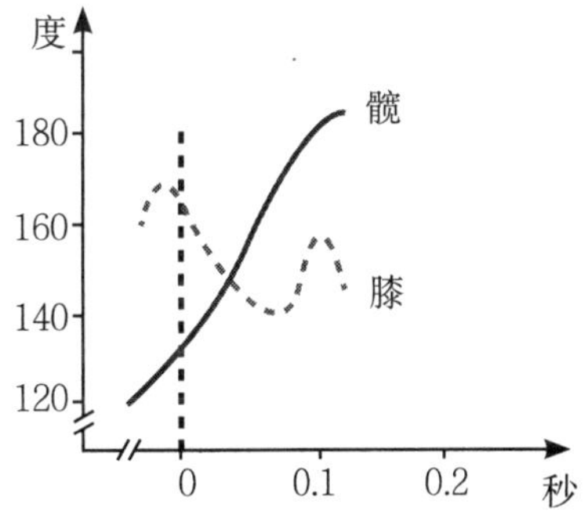

图5-24　支撑阶段髋、膝关节角度变化（丁・瓦泽尔）

整个支撑阶段在促进身体前移方面，各关节的活动所起的作用大致是相同的。髋关节做功为64焦耳，膝关节与踝关节各为72焦耳，但它们发挥作用的动作时相不同。即在支撑阶段的开始及前半时期，髋关节的伸展活动起主要作用；在支撑阶段的后半部分，特别是在蹬伸阶段，膝、踝关节的活动起主要作用。

关于膝关节伸展程度问题在体育界的看法渐趋统一。认为短跑运动员在完成蹬伸动作时，膝关节不必充分伸直，在膝伸结束时，膝关节角在150°~165° 之间（参见图5-21）。其原因是当膝关节以165° 角伸展到180° 角时，髋关节与踝关节之间的距离非但没有增加，反而缩短8毫米。这是由于此时胫骨关节面向股骨关节面曲率半径大的那一部分滑动。另外，蹬地功率与跑速之间的相关关系很小。甚至发现国家级优秀短跑运动员发挥的蹬地功率，比二级运动员还小。这是因为短跑时不需要每一次蹬地时都产生很大的蹬地力（如像跳跃那样），而是需要蹬地功率与步频的最佳配合。因此跑得最快的运动员的蹬地冲量都是较小的，而主要是正确的摆腿动作。

在蹬地过程中，踝关节的活动幅度虽然很大（34°~38° 角），但小腿三头肌的收缩幅度却很小，在缓冲时只被拉长3~4厘米，而在蹬伸阶段其长度几乎不变。因此蹬伸与缓冲时踝关节的活动是由小腿三头肌腱的弹性变形与复原进行的。踝关节结构功能的生物力学特点，对于奔跑能力具有重要意义。它可以在跑的制动阶段，通过肌腱的弹性形变（被拉长）而储存能量。因此踝关节可利用非代谢能工作，这对于提高蹬地率和提高跑的效率都具有重要意义。

5. 躯干前倾

跑步时（后蹬阶段）运动员受到一个垂直分力$\boldsymbol{R}_{\mathrm{v}}$的作用，它有向上加速人体并使人体绕横轴向前转动的趋势；另外，还受到水平分力$\boldsymbol{R}_{\mathrm{H}}$的作用，它有使人体向前加速并向后转动的趋势。此外，运动员还受到空气阻力A的作用，它有阻碍人体向前运动并使人体向后转动趋势（图5-25）。

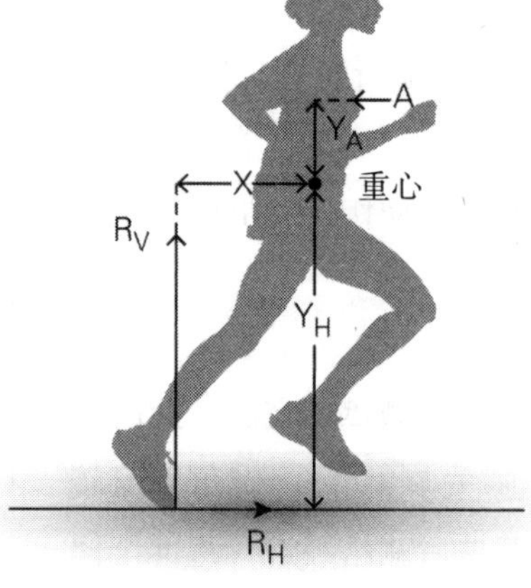

图5-25　躯干最佳倾斜度取决于作用于运动员各偏心力矩

因此，使运动员向后转动的力矩等于：

$\boldsymbol{R}_{\mathrm{H}} \cdot \boldsymbol{Y}_{\mathrm{H}} + \boldsymbol{A} \cdot \boldsymbol{Y}_{\mathrm{A}}$

使运动员向前转动的力矩等于：

$\boldsymbol{R}_{\mathrm{v}} \cdot \boldsymbol{X}$

所以，跑步时向后转动力矩与向前转动力矩相互抵抗，以使人体保持平衡。显然跑步时的身体倾斜程度（后蹬角度的大小）取决于上述两力矩的作用结果。当向后转动力矩较大时，可使得它抵抗向前转动力矩的作用较强，跑步时运动员就可采用身体较前倾的姿势。因此跑步时身体的前倾程度及后蹬角的大小，取决于运动员受力条件。如果要用较小的后蹬角、较前倾的姿势进行跑步，必须具有较大的水平分力和向后转动力矩。否则，运动员尽管“想”加大前倾，减小后蹬角，但实际上运动员仍然以较大的后蹬角与较小的前倾状态去进行跑步。

（三）蹬地力测量结果与分析

1. 短跑蹬地力测试结果

用三维测力台可测得跑步时蹬地力的三个相互垂直的分力$\boldsymbol{F}_x$、$\boldsymbol{F}_y$及$\boldsymbol{F}_z$，得到三维蹬地力-时间曲线图。$\boldsymbol{F}_z$力是正压力，它所围成的面积称正压力冲量。力$\boldsymbol{F}_y$与跑进方向一致，它围成两个面积，一个称制动冲量，另一称积极动力冲量。力$\boldsymbol{F}_x$是横向作用力，它所围成的面积称侧向冲量（图5-26B）。

将力$\boldsymbol{F}_x$与$\boldsymbol{F}_z$合成，可得合力在额状面内的矢量端图；$\boldsymbol{F}_x$与$\boldsymbol{F}_y$合成，可得蹬地力在水平面内的矢量端图；力$\boldsymbol{F}_y$与$\boldsymbol{F}_z$合成，可得矢状面内的矢量端图（图5-26A、C、D）。

由矢量端图与跑步各动作阶段进行对应分析，可知在蹬地的各阶段，跑道作用于人体的外力的大小、方向及性质，以及它与人体（重心）的关系。因而能全面地、定量地反映出人体与支撑点相互作用力的形式。要特别强调指出，在各个阶段外力并不通过人体质心。

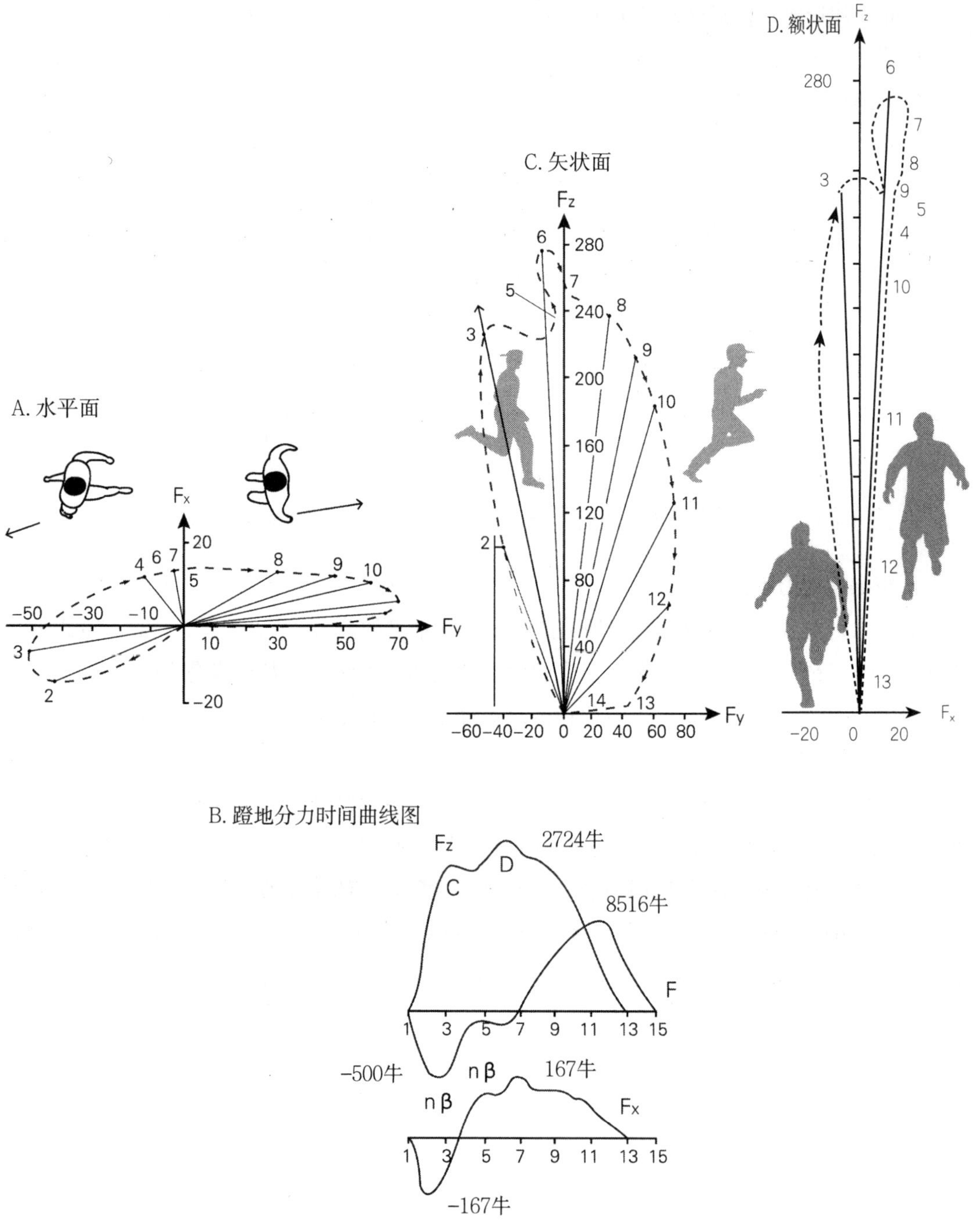

图5-26　短跑蹬地力（依B. B. Tiona）

对较多人数的较高水平的短跑运动员的测验材料说明，蹬地正压力的极值为体重的4倍，动力极值为体重的0.5~0.8倍。这可以作为短跑技术诊断的指标之一。

跳高、跳远项目可用正压力的冲量衡量起跳效果和运动成绩的水平。因此可用冲量作为起跳技术的诊断指标。但对短跑来说，用蹬地力的动力冲量作为技术诊断指标并不有效。因为动力冲量必须联系跑速及阻力冲量进行分析，才能说明问题。阻力冲量可表征前蹬阶段人体速度损失的情况，因此阻力冲量可作为技术诊断指标。因为当人体处于最高速度跑进时，不能再通过后蹬动作使跑速增加，所以动力冲量只能稍大于阻力冲量。因此，技术好的运动员，其动力冲量不一定比跑得慢的运动员大。

由以上分析可说明，对跑的动力学特征指标的测定分析：能较好地用于说明跑的技术原理，而作为技术诊断的指标并不很有效。

2. 简要分析

蹬地力的***F***y分力是影响跑速的主要因素，所以主要分析它的作用机制以及相应的技术动作要求。

（1）如何减小制动冲量

研究结果表明，水平速度的损失与制动冲量有关，与制动的极值无关。并指出借助于减少力的作用时间，可使冲量减少。具体方法（技术动作）如下：

①支撑腿着地后，髋关节不应参与缓冲活动，而应不间断地伸展髋关节。这一技术动作在很大程度上取决于腾空阶段两腿的摆动速度。因为着地后的伸髋关节活动，是腾空阶段伸髋动作的继续，所以在腾空阶段向后摆腿速度快，说明伸髋力矩较大，那么着地后髋关节克服阻力矩的能力较强，因而可以不间断地做出伸展髋关节动作。测试材料表明，着地时脚相对于跑道的速度在1.5~0.5米/秒的范围内。

这一技术动作还有利于发展伸膝关节力矩。

②增大着地角、减少水平阻力及作用时间，有利于减少阻力冲量。

③脚着地时，应该力求减小脚与跑道的相对运动速度。这个技术动作有利于减小脚与跑道的撞击作用，因而减少阻力作用。这个技术动作，还有利于脚着地后的伸展髋关节动作。

（2）如何增大动力冲量

①蹬地力冲量的产生　对蹬地力曲线的分析说明，动力冲量（图5-27）是由两种技术动作产生的，在缓冲阶段，支撑腿膝关节做退让工作。因此该阶段的冲量（***a***）是伸膝关节肌群做退让式收缩，由摆动动作的惯性力产生的。它的大小取决于摆动动作的效果和膝关节的退让性收缩能力。

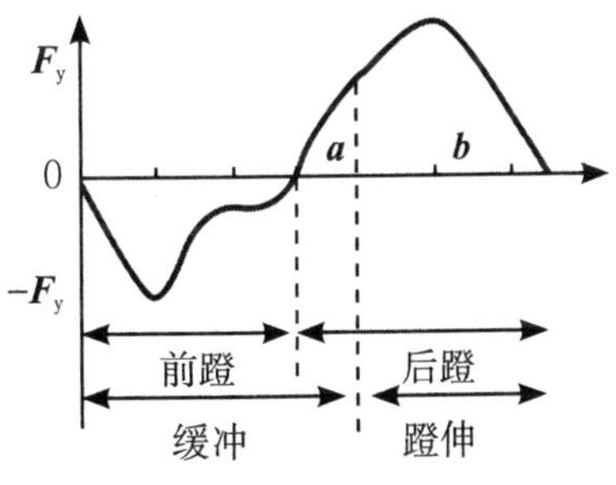

图5-27　冲量与支撑阶段的关系

冲量（***b***）是在前面动作的基础上，由膝关节、踝关节的伸展动作产生的。它的大小主要取决于膝、踝关节肌克制性工作能力及摆动动作加速度值的大小。

上述分析说明，蹬地力由摆动及蹬伸两种技术动作产生的，而且支撑腿是以退让与克制两种收缩形式完成蹬地动作的。

② 增大动力冲量的动作技术　做好全身整体动作，借助于加大缓冲动作幅度，使膝、踝两关节的伸展动作幅度增大，并能减小后蹬角。从而增大蹬地力的水平分力，使动力冲量增加。

第五节　跳的生物力学分析

各项跳的目标是使运动员的身体在空间产生位移，并要求达到最大远度（如跳远、三级跳远），或最大的高度（跳高、撑竿跳高），或者同时要求远度及高度（体操的跳马）。同时依据有关竞赛规则，使已经获得的位移得到最有利的承认：如在远度跳跃中，运动员力求在身体不后倒的情况下使两腿尽可能远地着地；在高度跳跃中，则力求使身体越过的高度接近或超过身体重心所达到的最大高度的横杆。

一、跳的一般原理

各项跳跃有其共同的规律与原理，所以首先论述它们的共性，然后再逐项分析具体项目的生物力学原理。

（一）助跑

苏联运动员德·约塞利亚尼原地跳高的纪录为1.63米，但当他助跑两步仍用双足起跳，就能跳过1.85米的高度。这一事实说明助跑对起跳高度有重要影响。

助跑的作用在于起跳前，赋予人体适宜的运动速度。这样可以为缩短起跳时间，提高肌肉的势能以及增强起跳力创造条件。并且为起跳时身体处于最佳姿态做好准备，形成运动员与起跳板相互作用的最佳条件。具体分析如下。

1. 助跑速度

助跑速度是起跳后人体腾起速度的重要组成部分，各项跳跃项目的起跳过程中均存在着制动。因为起跳结束时，人体运动的水平速度均减少（跳远减少10%～15%，跳高减少60%以上），只是增加了垂直速度。因此对跳远远度起十分重要作用的人体腾起水平速度，主要取决于助跑速度。所以助跑速度对运动成绩有十分重要的影响。

2. 为缩短起跳时间及增大起跳力创造条件

起跳时间与助跑速度和跳远成绩为负相关（r = −0.43和−0.64，尼格，1974年），说明助跑速度快时，起跳时间较短。这是因为起跳是在身体具有一定运动速度的情况下进行的。因此助跑速度会对起跳时间的长短有一定影响。在其他条件（如起跳动作幅度）不变的情况下，缩短起跳时间能提高起跳高度。

起跳过程中身体运动速度的损失，是由于起跳力的制动分力冲量作用。随着助跑速度的加大，制动冲量相应增加（因为速度损失近似为一个恒量）。因此助跑速度的增加，增大了起跳腿的肌肉负荷，引起肌肉收缩力（退让式收缩）的相应增加，这实际上增大了起跳力。

3. 提高肌肉的弹性势能

起跳动作的缓冲阶段，下肢肌肉做退让式收缩，因此肌肉产生弹性势能。由于助跑速度愈大，地面的制动及踏跳腿的负荷也愈大，因此缓冲动作提高了肌肉的弹力和弹性势能（如做徒手下蹲时下肢肌肉可储存394焦耳的势能）。

（二）起跳

起跳是依靠起跳腿的缓冲、蹬伸动作，以及全身整体动作（肢体的摆动和躯干的伸直）完成的。起跳的目的是使人体保持一定水平速度情况下，获得尽可能大的垂直速度。为了取得良好的比赛效果，还必须使人体获得适宜的角动量。

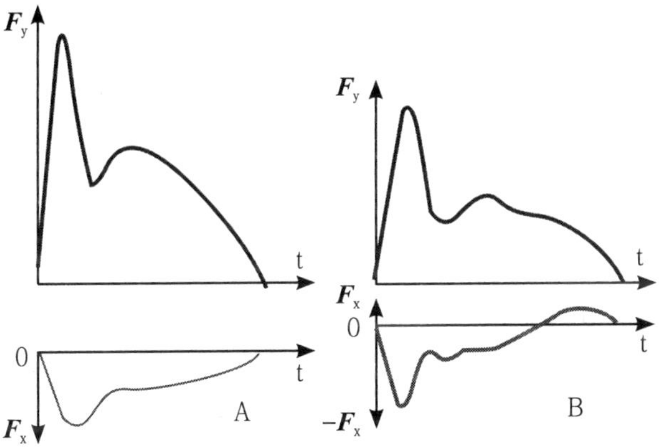

图5-28 跳高（A）与跳远（B）起跳垂直力（F_y）和水平力（F_x）冲量图

由起跳力冲量图（图5-28）可知，不论是跳高还是跳远的起跳动作，其结果是使人体水平速度（通过助跑获得的）下降（$\Delta \boldsymbol{v}_x=\frac{-\boldsymbol{F}_x \cdot \Delta t}{m}$），垂直速度增加（$\Delta \boldsymbol{v}_y=\frac{\boldsymbol{F}_y \cdot \Delta t}{m}$）。因此在起跳力的作用下身体运动状态的变化，主要表现于身体在垂直方向上速度的增加，使身体运动方向发生变化。所以起跳动作的实质是使运动员如何能获得尽可能大的垂直速度（同时应使水平速度的损失保持在合理的范围内）。

在起跳过程中，设人体质心在竖直方向做匀加速运动，并且在起跳开始瞬间人体垂直速度为零，因此有：$\boldsymbol{v}_y=\frac{2H}{t}$　　$H=\frac{1}{2}\boldsymbol{a}_y \cdot t^2=\frac{1}{2}\boldsymbol{v}_y \cdot t$

在这里H为起跳过程中身体质心升起的高度，t为质心做竖直加速运动的时间，$\boldsymbol{v}_y$为起跳结束时人体质心竖直方向运动的速度。

由以上分析可知，在起跳时加大质心向上升的高度，或缩短起跳时间，均可增大质心向上腾起速度。

1. 如何增大重心上升的高度

（1）在缓冲阶段起跳腿的屈曲下蹲动作，使身体重心下降。因而增加了起跳过程中身体重心垂直位移的高度（图5-29）。

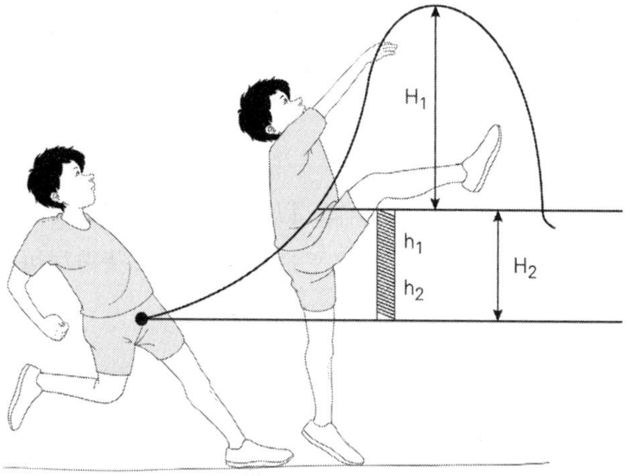

H_1起跳后人体重心升起距离　H_2起跳时人体重心升起距离

h_1由于摆动重心在体内相对位移的距离　h_2由于下蹲使重心升起距离

图5-29　跳高时身体质心垂直位移的机理

（2）肢体的摆动动作可大幅度地提高身体重心高度。

（3）起跳腿的提踵（伸展踝关节）对身体重心升起高度起重要作用。

2. 如何缩短起跳时间

如前所述起跳时间与助跑速度和跳高成绩负相关。下面引用两次实验材料说明。

李某2次试跳：

成绩	1.85米	2.03米
跳起时间	0.18秒	0.15秒

张某的4次试跳：

成绩	1.50米	1.60米	1.70米	1.80米
起跳时间	0.30秒	0.28秒	0.26秒	0.22秒

由力学原理可知，减少起跳时间能提高人体腾起速度的原因是增加了起跳力的冲量。而且起跳时间与跳高成绩是负相关，因此实际上是只增加了起跳力的结果。所以必须采用合理的起跳技术，才能保证起跳力的发挥及合理的利用。

二、跳远

（一）影响跳远远度的因素

普遍认为从助跑向起跳过渡，是跳远技术最重要一环。影响跳远远度的因素由图5-30表示。

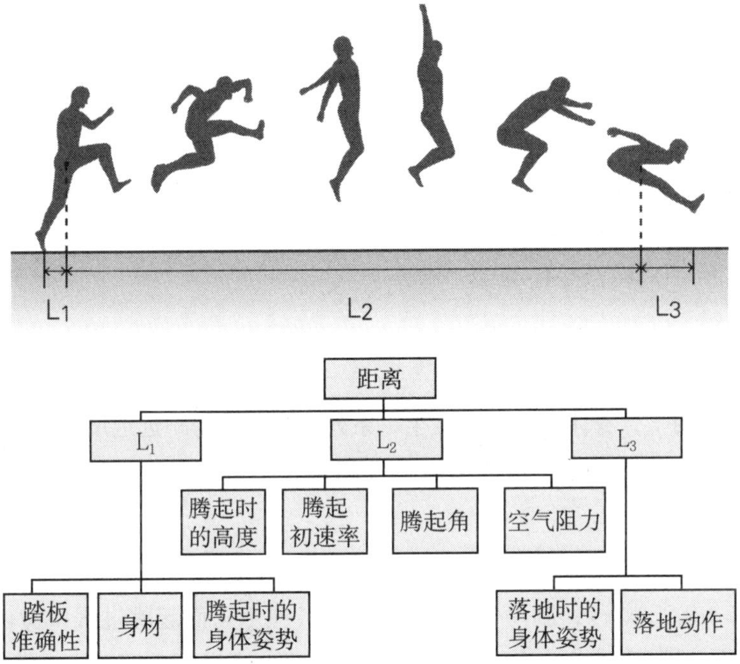

图5-30 决定跳远成绩的基本因素

跳远远度由三个分量组成：

起跳距离L_1：身体腾起瞬间起跳板前沿与身体重心之间的水平距离；

腾空距离L_2：腾空阶段身体重心通过的水平距离；

落地距离L_3：足跟接触沙面瞬间身体重心与足迹最近点之间的水平距离。

三个分距离在跳远成绩中所占的比例为5.0%、72.0%及23.0%。

起跳距离取决于运动员踏板的准确性、身材和腾起瞬间的身体姿势。决定腾空距离的变量，与决定抛射体远度的变量是一样的：腾起时的高度、腾起初速度、腾起角和空气阻力。

腾起角由腾起时运动员身体质心的垂直速度与水平速度决定的。由于运动员在短暂的起跳时间内（0.11~0.13秒）不可能产生很大的垂直速度，因此，腾起角远小于抛射体最佳远度所要求的45°角，约在20°角。比蒙的身体质心腾起角为24°，这是文献资料中所查到的最大的参数。

腾起时的高度（腾起瞬间的重心高度与着地瞬间的重心高度之差），取决于运动员身高和腾起及着地时的身体姿势。

（二）助跑

起跳时间与助跑速度为负相关。说明跳得远的运动员，其助跑速度快，起跳时间较短。

卢金（1949年）通过对1956名男性和1240名女性运动员测试材料的分析，认为助跑速度是一个非常重要的因素，但随着成绩的提高这个因素的重要性减小。卡拉斯等人（1983年）对不同水平比赛约700次起跳的分析，支持上述意见。这意味着尽管助跑速度是一个决定性因素，但在同一个水平级别中，成绩的差异来源于技术上的差异。

苏·卡等人（1986年）提出依据助跑速度（最后5米）对跳远成绩D的估计值：

男子关系式是：$D \leqslant 1.3636V-5.71$

$D \geqslant 1.3636V-6.09$

女子关系式是：$D \leqslant 1.287V-4.73$

$D \geqslant 1.227V-4.93$

（三）起跳

在起跳力的作用下，身体运动状态发生一系列有利于获得跳远远度的变化。（图5-31）

起跳时着地角在64°～69° 角范围内，凡超过这一范围的试跳成绩均不好。离地角在73°～83° 角之间。

起跳的缓冲阶段，在起跳力的制动冲量（d=82.6±22.9 牛顿·秒）作用下，使身体水平速度损失1.15±0.25米/秒，制动行程为73.7±10.7厘米（而起跳过程中身体总水平位移为105.6±11.9厘米）。与此同时，动能损失398±150焦耳，势能增加了83±22焦耳。

在制动阶段垂直力冲量（b=117.2±44.7牛顿·秒）的作用下，使身体重心垂直速度达到起跳结束时腾起速度的87%。在该阶段身体质心升高10.4±2.5厘米，整个起跳阶段身体质心垂直位移为22.3±4厘米。

在起跳过程中产生的垂直速度，使身体质心的运动发生变化。根据跳远成绩与助跑速度方程（$L=0.021v^2+0.725v-165$ 米±0.38米），在助跑速度为9～11米/秒、跳远成绩为6.56 ～8.84米时，起跳后的身体腾起角为21.6°±3.1° 角。

水平速度和垂直速度与跳远成绩的相关系数分别为0.79和0.03（尼格，1974年），说明水平速度是影响跳远成绩的最重要因素，因此在跳远时应采用尽可能保持水平速度的技术。

但是在起跳的蹬伸阶段，垂直速度和水平速度与跳远成绩不相关（r =0.10）。跳远成绩取决于助跑速度和起跳腿制动阶段退让式收缩能力的观点是符合生物力学原理的。

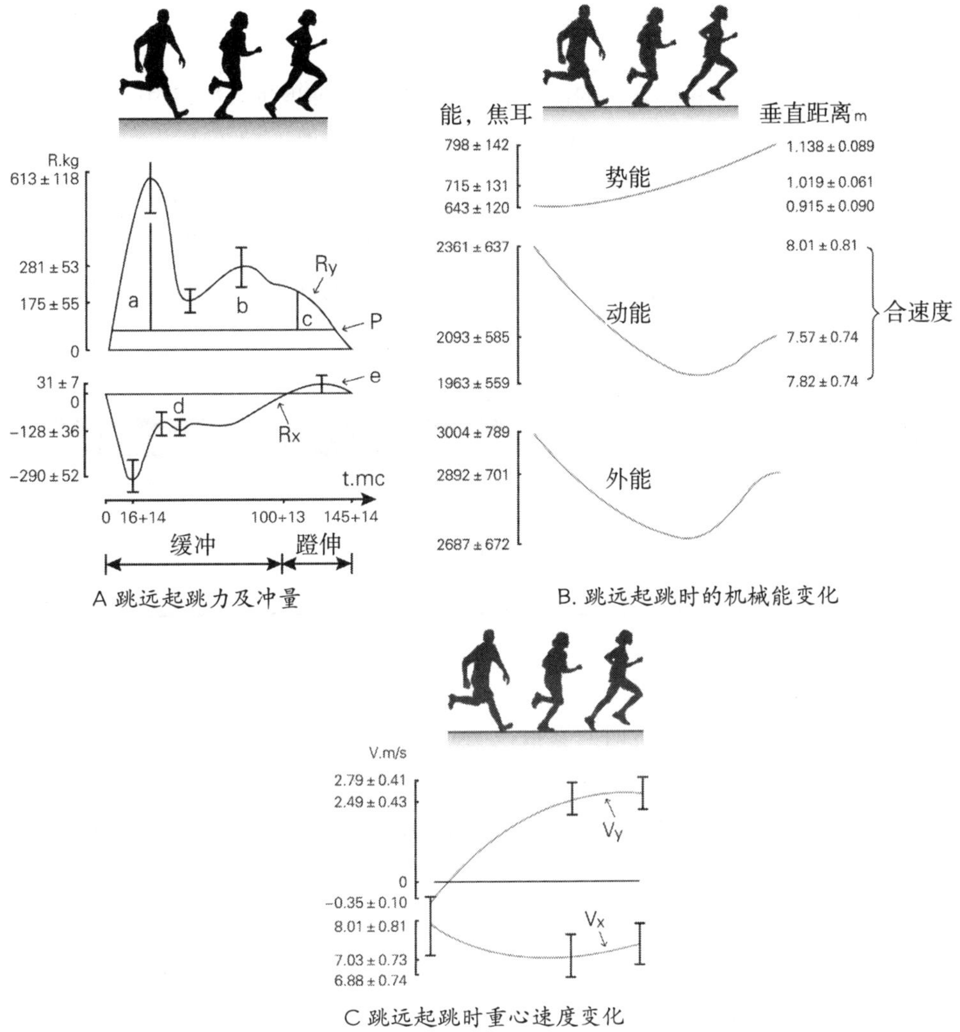

图5–31　跳远起跳时身体质心移动的动力学与运动学特征（依丘巴113人测试结果）

三、跳高

（一）影响跳高成绩的因素

运动员的跳高成绩由三个分量组成，即腾起瞬间身体质心高度、质心腾起高度及超越横杆的高度。它们占横杆高度的百分比约为67.5%、36.6%和4.1%。

（二）助跑

助跑应能使运动员从一种与自己的能力及技术相协调的速度进入最理想的起跳位置。

弧线助跑的最大优点是能够延长身体质心在起跳过程中向上加速的垂直用力距离。因此有助于提高身体腾起速度。倒数第三步降低身体重心位置，也可增加质心向上加速的垂直用力距离。在起跳着地瞬间，身体质心的高度为直立时高度的47%~52%（平均为49%）。

下面引用一些实际材料说明运动员起跳时对助跑速度的利用是如何随能力和技术的提高而提高的。（表5-7）

表5-7　跳高成绩及其助跑速度

姓名	成绩（米）	助跑速度（米/秒）
库特加・宁	2.02	7.0（1964年）
	2.10	7.3（1965年）
布鲁梅尔	2.15	7.5
朱建华	2.37	8.19

（三）起跳

下面引用贾尔试跳2.25米高度时的参数说明起跳过程中身体运动状态变化情况。在0.190秒的起跳过程中质心运动速度发生明显变化，水平速度由8.5米/秒下降到3.7米/秒，垂直速度由-0.8米/秒上升为4.7米/秒，腾起瞬时质心合速度为5.9米/秒，腾起角为52°角，质心上升0.61米。

起跳时间与起跳姿势有关，俯卧式为0.174～0.265秒。背越式I型（两臂依次摆动，摆动腿屈膝摆为I型）的起跳时间为0.120～0.200秒。Ⅱ型（两臂同时摆，摆动腿直腿摆为Ⅱ型）的起跳时间为0.170～0.230秒。

运动员的肌肉成分与起跳时间的长短有关（图5-32），但与跳高成绩相关不明显（J.蒂汉耶）。也就是说快肌多的运动员起跳时间较短，而慢肌多的运动员起跳时间较长，但这两种运动员都可得到较高的成绩。

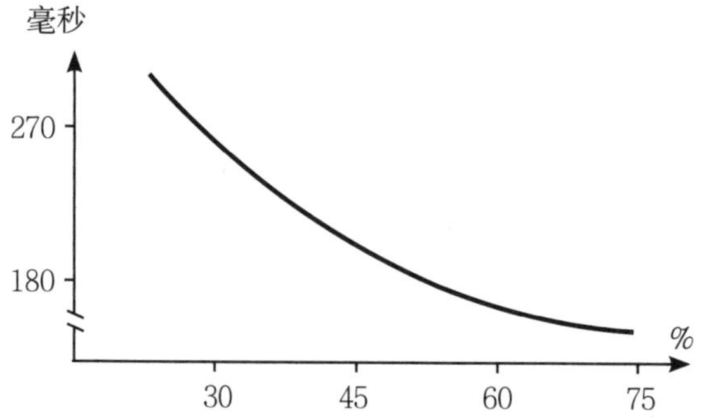

图5-32　起跳时间与快肌百分比的关系（J.蒂汉耶）

所以依据运动员肌肉成分的不同的特点，采用相应的不同的起跳技术。即快肌多的运动员采用I型起跳技术，慢肌多的运动员采用Ⅱ型起跳技术，其训练效果明显，实验组的成绩提高12.3厘米；而对照组的成绩只提高4厘米。

运动员腾越横杆时必须具有一定角动量，为了产生足够的外力矩，在起跳时运动员往往过早倒向横杆，而影响了起跳效果，这是跳高运动员普遍存在的技术缺点。实际上在起跳时，由于运动员具有指向横杆的运动速度（朱建华为4.93米/秒），在起跳过程中产生很大的背向横杆的制动力，并由此产生外力矩，形成使身体倒向横杆的角动量。因此，一些优秀运动员，起跳时并不过早倒向横杆，两臂及摆动腿向正上方摆动，腾起瞬间身体质心在起跳点的正上方（图5-33），这样的起跳技术较合理，既充分利用了起跳力，又有足够过杆的角动量。

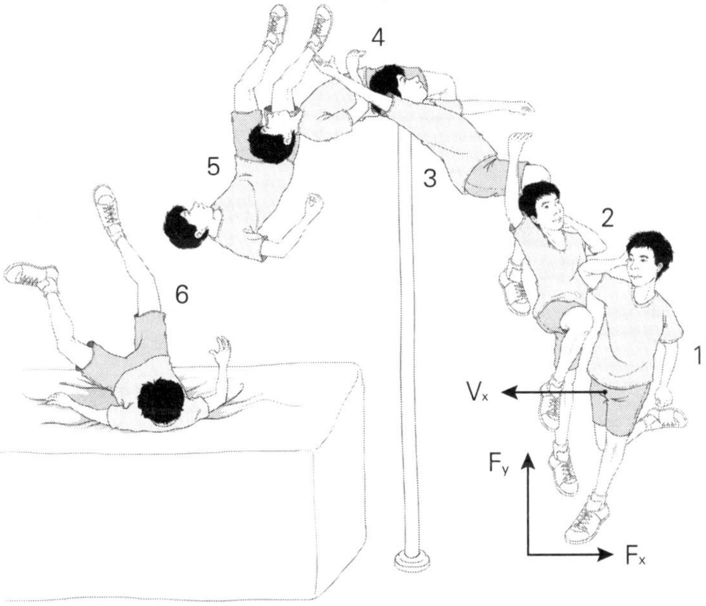

图5-33　背越式跳高（起跳时越过横杆所需角动量的产生原理）

四、撑竿跳高

为了便于分析，将撑竿跳高分为四个阶段：助跑、起跳、支撑和无支撑。

1. 助跑阶段：倒数第二步着地（TD2）到倒数第一步着地（TD1）。

2. 起跳阶段：起跳脚着地（TD1）到起跳脚离开地面（TO1），该阶段要完成插穴（PP）。

3. 竿子支撑阶段：起跳脚离开地面（TO1）到人推开竿子（PR）。

4. 无支撑阶段：人推开竿子（PR）到结束。

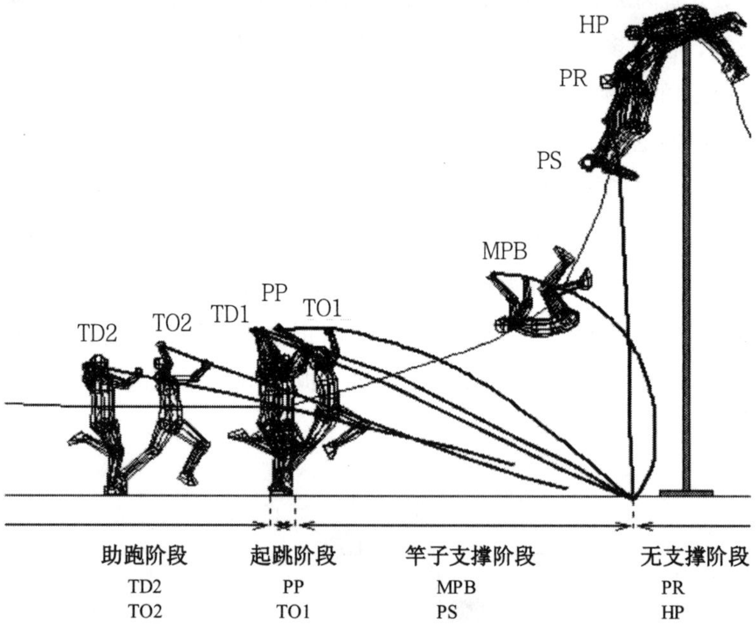

TD2=倒数第二步接触地面
TO2=倒数第二步起跳
TD1=最后一步接触地面
PP =插穴
TO1=最后一步起跳
MPB=竿子最大弯曲
PS=竿子伸直
PR=竿子离手
HP=身体重心最高点

图5-34 撑竿跳各时相的划分（Angulo-Kinzler等）

（一）撑竿跳成绩的影响因素

H_1：腾起瞬时(TO1)身体的质心高度。

H_2：推开竿子瞬时(PR)与腾起瞬时(TO1)之间身体的质心高度差。

H_3：人体质心最高点(HP)与推开竿子瞬时(PR)身体质心的高度差。

H_4：人体质心最高点(HP)与横杆间的高度差（图5-35）。

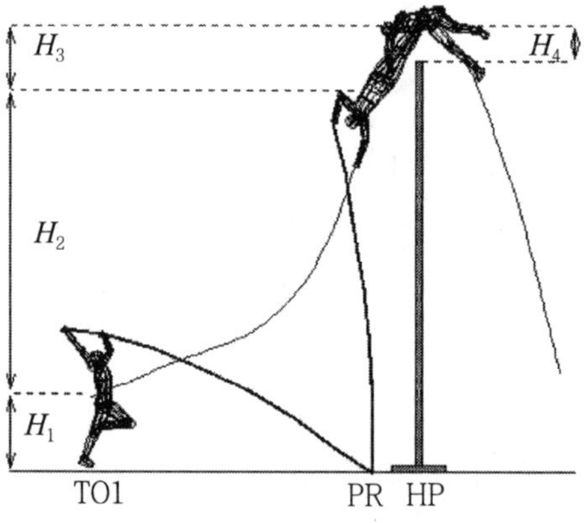

图5-35　撑竿跳成绩的影响因素

（二）持竿助跑

持竿助跑是撑竿跳高的第一个环节，其主要目的就是使人—竿系统在助跑过程中获得较大的速度，从而为插穴起跳做准备。此外，握竿高度以及竿上的悬垂摆体速度在很大程度上也取决于助跑的速度。

Angulo-Kinzle等人的研究发现，大多数优秀运动员的一个普遍特点：最后一步步长比倒数第二步短。这是由于缩短最后一步步长使得运动员在起跳时有较高的身体重心高度，这样更有利于水平助跑速度向垂直起跳速度平稳转化。所以，运动员起跳时要避免过分制动和重心轨迹的突变。

（三）插穴起跳

持竿助跑获得的水平速度，通过正确的插穴起跳动作才能最大限度地转化为竖竿和摆体的动量，因此插穴起跳是撑竿跳高技术的关键环节。

起跳方向直接影响着撑竿的弯曲和转动速度，以及影响正确的悬垂技术和悬垂阶段的长短。有关研究表明，使用玻璃纤维竿时的腾起角越小，则撑竿的弯曲度越大。我国和国外的几名优秀的女子撑竿跳高运动员的腾起角大约在21° ~26° 之间。较大的腾起角起跳方向过于向上，造成起跳的垂直分力过大，不利于弯竿和竖竿。

起跳技术的优良主要表现在能否将助跑所获得的水平速度通过插穴起跳转变为向上方摆起的运动速度。在此转换过程中，速度的损耗越小，说明技术越好。

起跳速度与横竿高度密切相关，运动员起跳时的速度越大，能够越过的高度越高。起跳速度可分为起跳水平速度和起跳垂直速度。起跳水平速度与垂直速度是两个互相关联的量，在起跳时必须合理分配。水平速度有助于使撑竿弯曲、储存能量和竖竿，垂直速度有助于腾起高度和撑竿向海绵包的转动。

腾起角为起跳时重心速度与水平面的夹角，由垂直速度、水平速度的比值决定。由于垂直速度的提高需要损失相对很大的水平速度，因此就不能过分追求垂直速度。所以改变腾起角获得合理的水平和垂直分速度就显得格外重要。

竿弦角是插穴瞬间竿与水平面的夹角。如果竿弦角增大，那么沿竿方向的分速度（φ为腾起角，α为竿弦角)相对变小，则不利于弯竿贮存多的弹性势能；如果竿弦角减小，那么垂直于竿的分速度就会减小，减小到一定程度竿就有可能转不到竖直位置（如图5-36所示）。

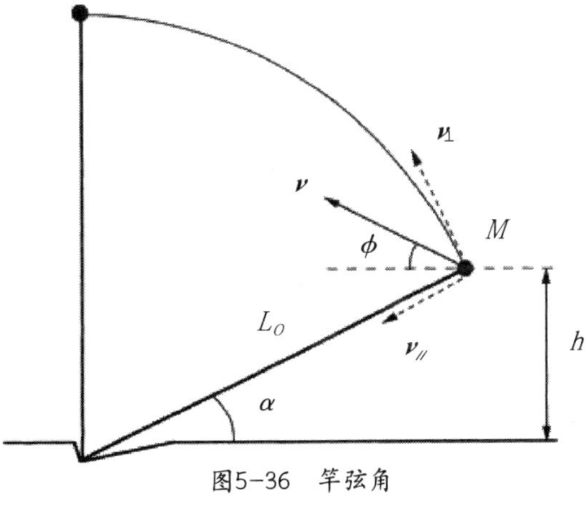

图5-36　竿弦角

（四）竿子支撑阶段

竿子和人转动的方向是相反的。如图5-37所示，当人体重心位于地面反作用力延长线的下方时，**F**p将产生逆时针旋转力矩（Tccw），这时人进行摆体并不困难；当人体重心位于地面反作用力延长线上时，力矩为零；当人体重心位于地面的反作用力延长线上方时，**F**p将产生顺时针旋转力矩（Tcw），它将逐渐减小逆时针转动的角动量。

为了加快摆体的速度，人会减小相对于上握竿点的转动惯量以增加角速度，也就是通过屈体团身加速逆时针的旋转。屈体团身的另一个作用是，随着腿加速离开竿子底部，人的手会离穴斗更近，从而增加对竿子的力，储存更多的能量。

当摆体达到背水平时，人相对于上握竿点的转动惯量达到最小值。竿子开始把储存的弹性势能转化为人的机械能。在这个阶段结束的时候，人体重心旋转的方向一定会改变，因为越过横杆的时候需要顺时针的角动量。

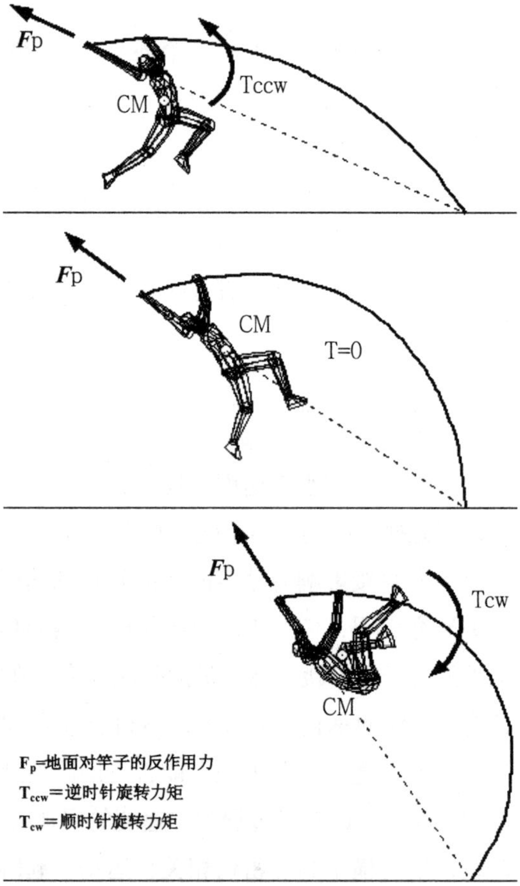

图5-37 在竿子支撑阶段，力矩的产生以及变化（Angulo-Kinzler等）

注：本图假设地面的反作用力通过上持竿手（实际情况是通过两手间的某一位置）

如果要成功越过横杆，需要获得足够的顺时针角动量，所以，运动员必须处于合适的身体姿势，使竿子的反作用力略为偏离人体的重心，从而产生越过横杆所需要的转动。该偏心力还可以产生向上的冲量，使人体重心继续上升。（图5-38）

人体重心过杆时的抛物线，由水平和垂直速度、重心高度以及抛射角决定。并且人离开竿子后，水平速度和角动量将不再发生变化。所以，成功的过竿的动作需要上述多种因素的协调配合才可以完成。质心最高高度与横竿之间的差距H4（见图5-35），便说明了运动员推竿时的动作合理性和过竿无支撑阶段的动作合理性。H4越小，说明上述动作的效率越高。

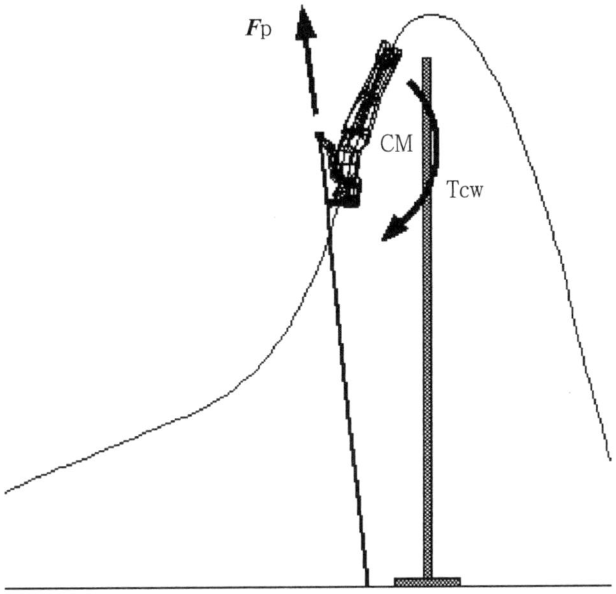

图5-38 偏心力的作用. Fp =地面对竿子的反作用力；Tcw=顺时针力矩

（Angulo-Kinzler等）

第六节 投掷的生物力学分析

一、各项投掷的一般生物力学原理

投掷的任务是在投掷过程中，运动员将身体各部分的作用集中到投掷臂对器械施力，以最大的速度及最佳初始条件将器械投出。其目的是力求将器械投掷到最大的远度。

（一）影响投掷远度的因素

投掷动作过程分为助跑（或滑步、旋转）、超越器械和投掷等动作阶段。

受空气动力学作用较小的投掷物（如铅球、链球）的飞行，可用斜抛运动进行描述和分析。由于出手点高于落地点，因此投掷物的飞行远度取决于出手速度、出手角度及出手高度。而受空气动力作用明显的投掷物（如标枪、铁饼）的飞行，不仅与上述初始力学条件有关，而且还与投掷物的姿态（如姿态角、攻角）、运动状态（如标枪的旋转及俯仰角速度）及其物理特性（如标枪的固有振动频率、转动惯量以及重心与形心的位置）有关。

影响投掷远度的基本因素归结如图5-39。

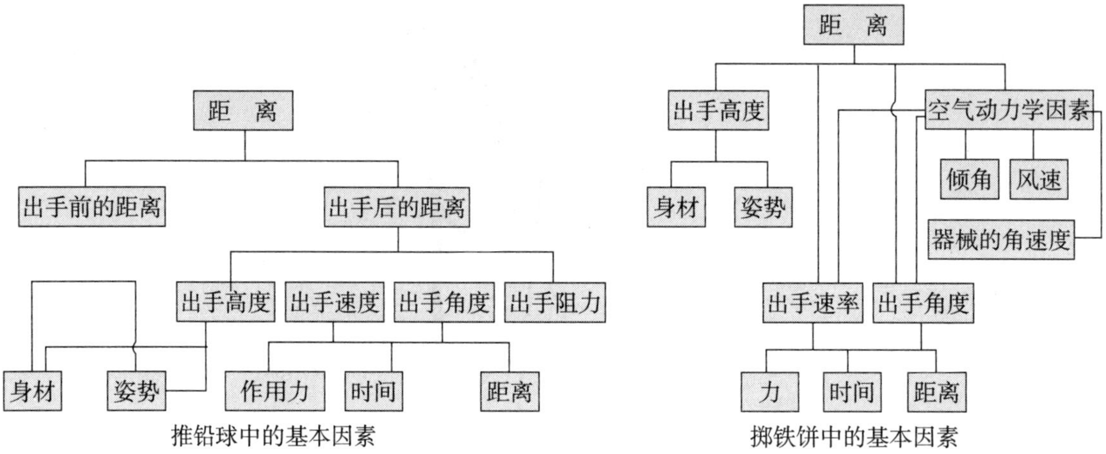

图5-39 投掷基本因素

（二）助跑

实验材料说明，原地投掷标枪的成绩为34.98米 ± 2.96米时，而改用助跑投掷标枪时，其成绩可提高到59.30米 ± 6.07米，增加的远度占助跑投掷成绩的41.02%。这个实验结果说明，由于助跑可以使运动员在投掷时具有动量，因此改善了投掷条件，增加投掷远度。助跑的作用有以下几点：

1. 增大投掷时器械的初速度

通过助跑可使身体与投掷物具有一定的运动速度，由于助跑速度可与投掷速度迭加，因而提高了器械的初速度，最后增加了器械的出手速度。

如铅球的投掷成绩为20米时，其出手速度为15米/秒。其中通过滑步铅球获得2.5米/秒的速度，通过投掷获得12.5米/秒的速度。

2. 提高肌肉的弹性势能

各项投掷项目都用“超越器械”动作进行由助跑向投掷动作进行衔接与过渡。所谓超越器械动作，从其形态上看是把器械留在身体后面，增大投掷用力的“工作距离”。而从肌肉工作性质上看，是使肌肉在做投掷动作之前，先做退让性收缩。如超越器械时运动员所做的“背弓”，躯干及整个身体的扭转，使进行投掷用力的肌肉拉伸产生弹性势能。因此助跑时身体的动能，在超越器械时转化为肌肉的弹性势能，而在投掷过程中这一部分势能释放，增大了肌肉对标枪所做的功，转化为标枪的功能，增大了标枪的出手速度。

3. 为人体动量向器械转移创造条件

由于助跑人体具有一定大小的动量，在投掷过程中可把运动员与器械看成是人与器械之间相互作用的结果。在投掷臂对器械施力过程中，也就是在相互作用过程中实现了人体动量向器械的传递和转移。

（三）投掷

投掷的实质是在人体与器械具有预先速度的基础上，人体通过投掷臂对器械施力做功，将器械以最佳初始条件投出。在投掷过程中还实现了肌肉势能的释放及人体动量向器械的转移。投掷动作技术的生物力学原理归结为下述几方面：

1. 全身各部分动作的配合原理

投掷动作是由人体各部分的活动完成的，其目的是将身体各部分的作用集中和传递到投掷臂，最后作用于器械。为此，在投掷活动中身体各部分的活动表现出一定的规律性。

（1）关节活动顺序性

在投掷时人体各环节按照由下而上的方法及时间顺序进行活动（图5-40）。因此能产生良好的投掷效果。

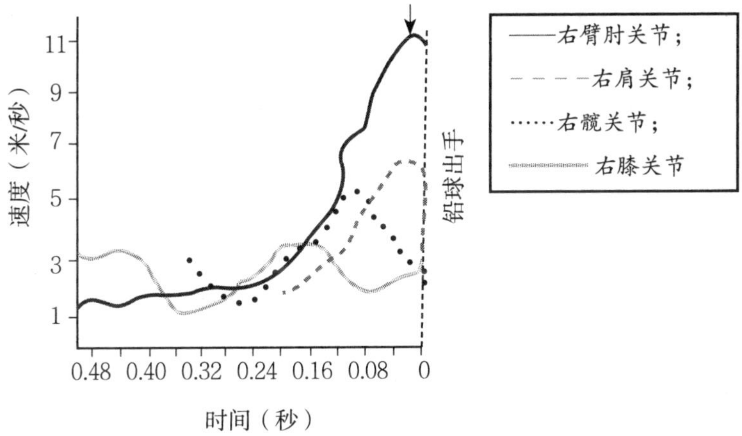

图5-40　推铅球时身体主要环节的速度

图中箭头表示最大速度。可以看出身体各个环节是由下而上依次制动的。

（2）人体各环节同时结束用力状态的特点

在投掷过程中，下肢稳固的支撑才能保证人体对投掷方向产生良好的用力状态。因此正确的投掷技术，在表现出大关节带动小关节活动的同时，还应表现出大小关节同时结束用力状态的特点（图5-41）。

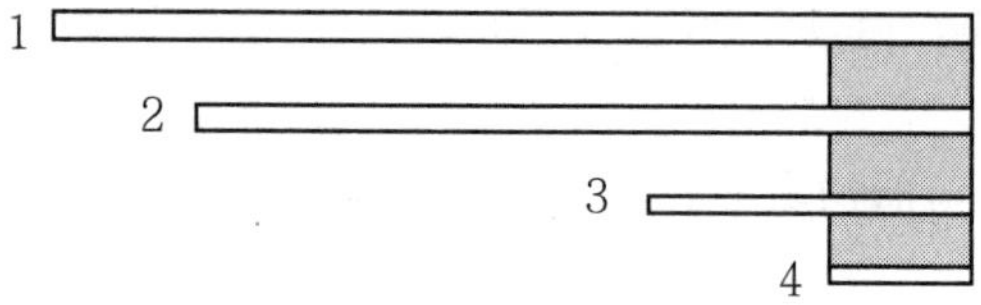

1——腿的工作时间

2——完成转臂动作肌群的工作时间

3——躯干工作的时间

4——肩和手臂推球的时间

图5-41 铅球运动员身体各环节工作图解（据О.Я.格里加勒卡材料）

图中灰色部分表示所有参加动作的身体各环节同时工作的时间。

（3）身体重心位移及速度变化的规律

在投掷过程中，身体重心在投掷方向位移不间断的特点，这是人体给投掷物产生良好施力状态的必要条件。如果身体重心在投掷方向的位移出现停顿，就会影响人体给予器械的作用力的发挥，使投掷远度下降（图5-42）。因此在投掷时，躯干及非投掷臂不应向后移，而应积极向投掷方向移动。

在投掷时身体重心速度应有明显下降的现象（图5-43）。这是因为在投掷过程中较好地实现动量传递及产生巨大推力。

身体重心速度应有明显下降与重心位移不间断的要求，两者之间并不矛盾。因为重心位移间断，表明用力“间断”或“停顿”，而重心速度下降仅表明位移量下降，而并不间断。

2. 动能与势能的正确利用

助跑使运动员投掷器械时具有动量，而超越器械动作又使运动员进行投掷用力的肌肉具有势能。

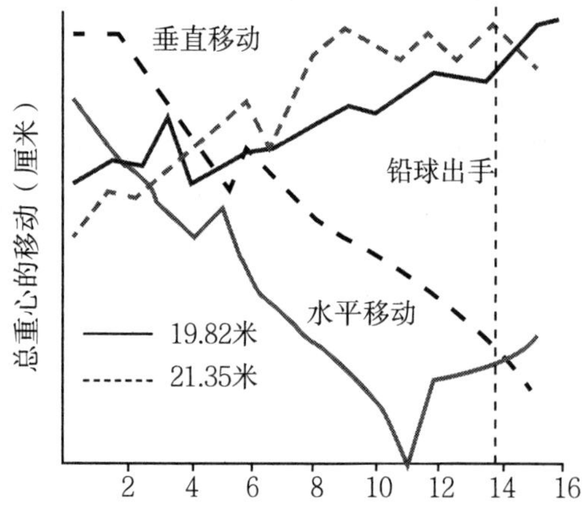

图5-42 推铅球时身体重心水平和垂直位移

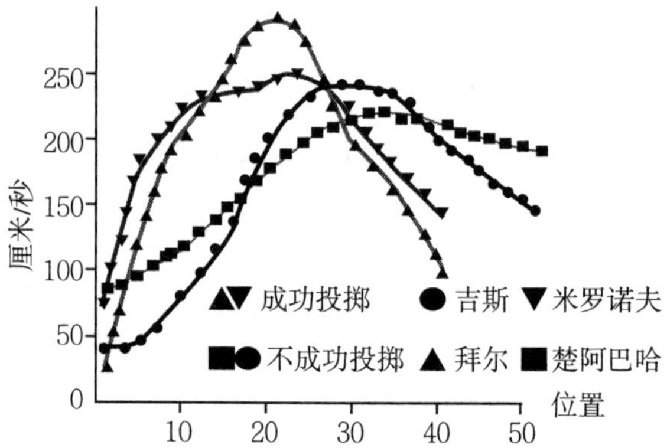

图5-43 奥林匹克选手投掷中身体重心水平速度的变化比较（铅球）

高水平运动员在完成投掷动作时有效地利用了助跑速度，在助跑与原地投（标枪）的速度差别方面，表现为高水平运动员差别大（32.10米），而低水平运动员差别小（17.42米）。而且上述两组运动员在原地投的远度方面差别不大。另外高水平组运动员在超越器械动作阶段的时间短，身体做的背弓大，而且标枪被充分引向身体后方（图5-44）。以上研究结果都说明高水平运动员在投掷过程中，较好地利用了身体的动能及肌肉的弹性势能。因此，如果在投掷过程中运动员能正确地利用和掌握人体动能和肌肉弹性势能的传递及转化规律与技巧，就会增加投掷远度。

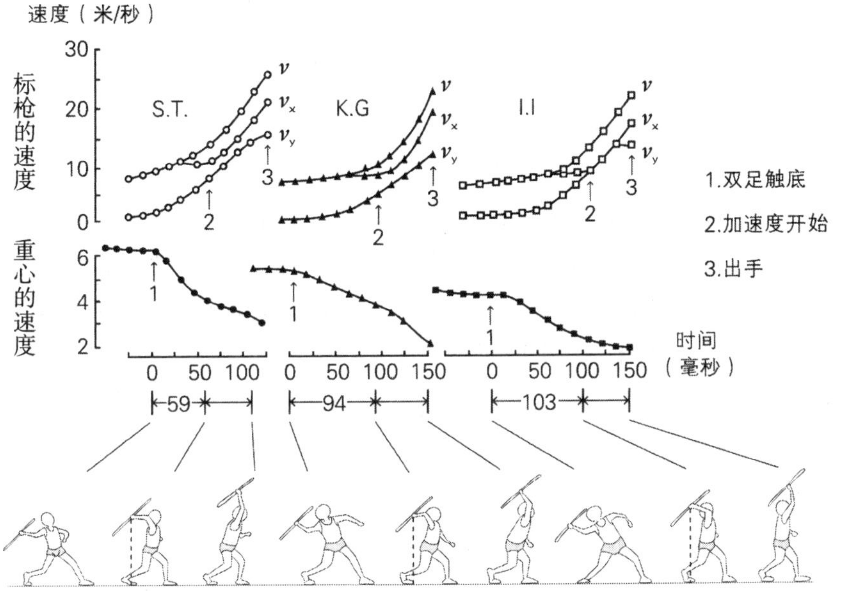

姿势优良者（S、T）、中等水平者（K、G）、较差者（I、I）、标枪速度之变化〔水平速度（v_x）、垂直速度（v_y）和相对速度（v）〕及其身体重心速度之变化。箭头1表示双足触地时刻，箭头2表示标枪开始加速时刻，箭头3表示出手时刻。

图5-44 投掷标枪

有效地利用人体动量的关键，在于投掷时有效地利用助跑速度。从图5-44可见，在投掷过程中身体（重心）速度下降，动量减少。究其原因，一方面是左腿（以右手投掷为例）着地支撑的制动造成的；另一方面是人体通过投掷臂对投掷器械施力加速过程中，投掷物的惯性力（$\boldsymbol{f}=-m\boldsymbol{a}$，$\boldsymbol{f}$是惯性力，m为投掷器械的质量，$\boldsymbol{a}$为投掷器械的加速度）与加速度反向作用于投掷运动员，使身体速度下降。如果在投掷过程中，投掷物惯性力的作用使人体速度下降所占的比例越大，动量传递的效果越好，那么助跑速度的利用率越高。因此把投掷物的惯性力使身体速度减少的值（Δv_t）除以投掷过程中身体速度减少的总量（Δv_D）所得商称为助跑速度利用率R，即：

$$R=\Delta v_t/\Delta v_D$$

超越器械时肌肉所产生的弹性势能，能否有效地转化为标枪的动能，则取决于肌肉由退让式收缩转为克制性收缩的转换时间长短，其时间间隔越短，势能的利用率越高。这一原则是依据肌肉被拉伸（做退让式收缩）后，其张力随时间的延长而下降的松弛特性而确定的。因此，在超越器械动作与投掷动作之间不应有时间上的延误。这也是高水平运动员与低水平运动员技术差别之一。

二、投掷标枪的生物力学

（一）助跑

投掷标枪一般采用肩上持枪助跑。助跑中枪尖稍低于枪尾，有利于手腕放松，便于引枪。

助跑的目的：一是要获得最后用力前的预先速度；二是要提供最后用力的优良条件（即肌肉做功条件）。因此，标枪助跑距离比较长，但需要控制助跑速度，也就是说不是助跑速度越快越好，它是与最后用力技术协调配合的，投掷能力强的运动员助跑速度可快一些。助跑后程的投掷步动作是为上述第二个目的考虑的。

助跑结束时，速度快的运动员右脚可向前方伸的远一些（以右手投掷标枪为例，下同）。速度慢的，伸的近一些。右小腿和地面的夹角为75° ～85° 。当右脚着地时，手握枪点在身体重心后较远，身体重心在右足支撑点后方，躯干向侧转，拉长肱二头肌、前踞肌、胸大肌、腹内外斜肌等肌肉群，形成良好的“超越器械”动作。持枪臂肘关节伸肌不可太用力，以免给后面屈肘动作带来不必要的对抗。此时标枪的姿态角在30° 左右，前臂和标枪的夹角在30° 以下，如超过标枪姿态角会缩短最后用力距离（图5-45）。

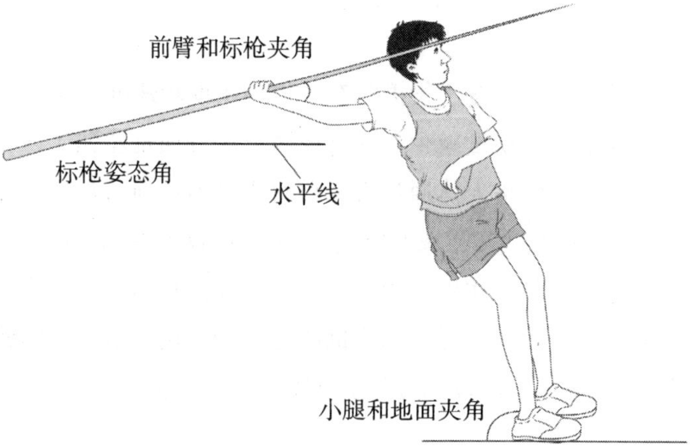

图5-45　有关角度示意图

（二）最后用力和缓冲

力学原理告诉我们，投掷标枪最后用力动作应该在尽量短的时间内完成最长的工作距离，传递给标枪的能量才大。进入最后用力阶段，左腿快速迈出，人体重心一过右脚支撑点，右腿和左腿蹬摆结合，迈出步幅和助跑速度相适宜，切忌迈左腿时人体腾空，失去用力的支撑点，左脚脚跟先着地，脚尖向前，构成有力制动以及为最后蹬伸做准备。紧接着右脚继续蹬伸，送右髋，腰腹肌肉发力，使右肩绕身体垂直轴转动，同时在左腿牢固支撑下绕矢状轴转动，被拉长的胸腹肌肉接着做强有力的收缩，依次带动上臂、前臂迅速向前，做爆发式“鞭打”动作，在左腿蹬伸配合下，投出标枪，出手点在左脚支撑点的垂直上方部位。标枪出手时，手指拨枪体，使标枪沿纵轴旋转，据测试，旋转速度可达每秒30转。现在，世界优秀运动员投掷标枪出手初速男子达到31米/秒左右，女子达到26米/秒左右。标枪的空气动力学研究结果认为，女子标枪出手投掷角约为39°，迎角为负10°左右，新改型的男子标枪迎角稍小一些。

为了使出手标枪能够沿纵轴旋转，手握标枪就不能够沿纵轴用力。因为沿纵轴用力，标枪横截面（与纵轴垂直的截面）没有切向力作用，就不能沿纵轴旋转。实际上，运动员投掷标枪手最后用力方向如图5-46所示在标枪前下方$\boldsymbol{F}$，$\boldsymbol{F}$可分解为垂直标枪纵轴的分力$\boldsymbol{F}_1$和沿标枪纵轴分力$\boldsymbol{F}_2$。由于手握标枪处和重心有一段距离d，$\boldsymbol{F}_1$和d除了使标枪沿纵轴旋转外，还产生逆时针方向使标枪绕横轴转动的力矩，使标枪抬头。所以，在最后用力开始时，标枪的姿态角要小，否则投出标枪的正迎角会很大，发挥不出标枪的滑翔性能，影响成绩。

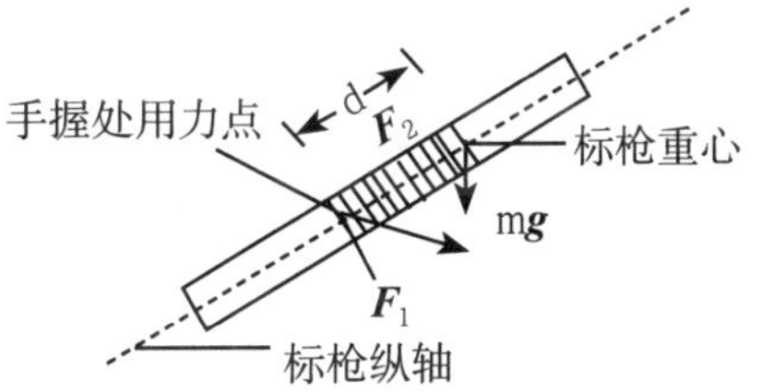

图5-46　标枪出手瞬间手的作用力示意图

投掷标枪是身体各环节依次加速和制动，出枪后人体惯性不是很大，缓冲距离约为2米。

（三）空气对标枪运动的影响

田径运动投掷项目中，空气对标枪的影响比较大且复杂。这是因为标枪质量小、出手速度快，又是比细比在86以上的特殊流线型旋成体。

标枪以零度迎角飞行，由于标枪是流线型器械，空气和标枪作相对运动流过，流线平滑，枪尾部基本没有涡流。因此，标枪只受到粘性摩擦阻力，没有受到压差阻力。标枪就所受阻力而言最小，然而也没获得升力。

标枪以正迎角飞行，标枪与空气流线夹一定角度前进，在标枪飞行的前下方一面受到气流打击压力大，背后方一面受到旋涡的压力小，造成了一个压力差$\boldsymbol{F}$，$\boldsymbol{F}$可分解为向后的压差阻力$\boldsymbol{F}_1$和向上的升力$\boldsymbol{F}_2$。如图5-47所示，标枪在飞行中还受到一个俯仰力矩（标枪飞行中受到空气合压力的作用点称为空气压力中心，气压中心对重心产生的力矩，作用效果是使标枪低头或抬头，故称俯仰力矩）作用。也就是说，标枪以正迎角飞行，除了受到粘性摩擦阻力，还受到压力差阻力、升力和俯仰力矩的作用。

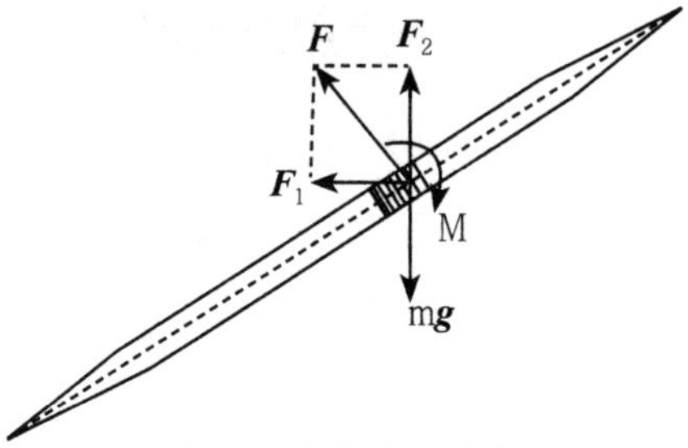

图5-47　标枪受力示意图

标枪以负迎角飞行，空气对标枪的影响基本原理和正迎角飞行一样，只是升力和俯仰力矩值的符号相反，参见图5-48。

根据标枪风洞实验，对于一定的速度（v），迎角（α）与标枪所受到的空气阻力（D）、升力（L）和俯仰力矩（M）的关系见图5-48，从图中可知，标枪所受到的空气阻力（D）、升力（L）和俯仰力矩（M）随迎角的变化而变化。

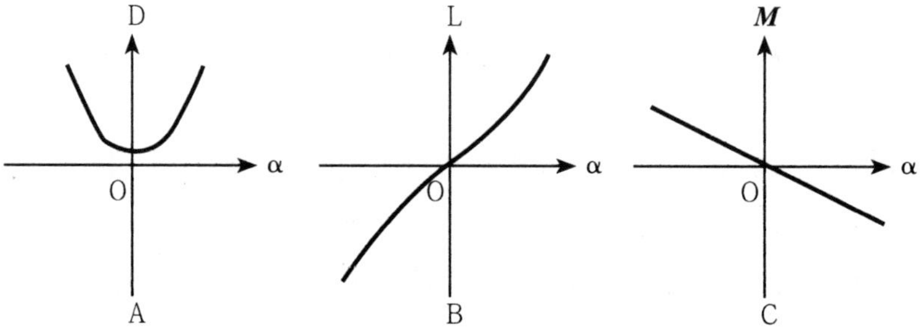

图5-48　速度v为确定时，迎角α与阻力D、升力L和力矩的M关系示意图

迎角越大，绝对值越大。比较图5-48中A图和B图，如在同一迎角下，标枪所受到的升力和阻力的绝对值不是一样的。标枪成绩是计量飞行的水平距离。阻力肯定是缩短标枪水平飞行距离，升力就需作具体分析，如升力太小，飞行不高，达不到延长飞行距离的目的；升力太大，飞的比较高，然而阻力增大，同样达不到延长飞行距离的目的。所以，对于标枪飞行来说，就应该在损失较小水平速度（阻力较小）的前提下，获得较大的垂直速度（升力较大），从而使标枪滑翔飞行达到最大的水平距离，即标枪出手要有一个适宜的迎角，获得最佳升阻比（升力和阻力之比值也称为空气动力效率）。田径运动竞赛规则规定只有投掷标枪枪尖先着地，投掷成绩才有效。因此，选择出手迎角除了要想法获得适宜的升阻比，还要考虑到和迎角密切相关的俯仰力矩使枪尖先着地。一般说，压力中心在标枪重心后面，标枪具有良好的静稳定性。但力臂绝对值不能过大，倘若力臂绝对值过大：在正迎角飞行中，低头力矩便增大，致使标枪在飞行中过早低头插地，降低成绩；在负迎角飞行中，使抬头力矩增大，就有可能形成枪尾着地而没有成绩。

标枪在空中飞行，一直绕纵轴旋转着，产生马格努斯效应，由于标枪的直径很小（男子标枪最大直径3厘米，女子标枪最大直径2.5厘米），马格努斯力也很小，标枪基本没有向侧滑行现象。因此，标枪绕纵轴旋转主要起回转效应，使俯仰力矩作用不甚明显，即俯仰力矩不致于使标枪很快抬头或低头，达到飞行稳定、延长滑翔距离的目的。

综上所述，对标枪飞行不能像铅球一样可简单作为质点分析，更不能用真空条件下的抛射体公式来计算成绩。要说明标枪飞行情况，必须把空气动力的影响因素考虑在内，而标枪获得空气动力效应的充分必要条件是迎角不为零。从另一方面来认识，注意到了空气对标枪的影响，就不会片面议论投掷角的问题，而是把投掷角、迎角、出手初速、运动员投掷动作等因素综合起来考虑，确定一个运动员具体的适宜投掷角和迎角。

思考题

1. 分析研究动作技术的一般方法是什么？
2. 划分动作阶段的依据是什么？
3. 试述短跑运动员采用蹲踞式起跑的原因。
4. 跑步时摆动动作的意义是什么？
5. 跳跃项目中助跑的作用是什么？
6. 跳高、跳远时两臂及摆动腿的合理摆动的运动学特征是什么？
7. 跳高时运动员肢体的摆动起什么作用？
8. 走步式跳远时，运动员腾空阶段的走步动作的作用是什么？
9. 背越式跳高弧线助跑的优点是什么？
10. 投掷项目助跑的作用是什么？
11. 投掷项目中运动员全身各部分动作的配合原理是什么？
12. 高水平投掷运动员最后用力阶段的动作有何特点？

参考文献

[1] 全国体育学院教材委员会. 运动生物力学[M]. 北京: 人民体育出版社, 2005.

[2] 金季春. 人体基本运动的生物力学分析[M]. 北京: 北京体育大学出版社, 2010.

[3] 孙嘉利,王桂清.步态分析.[J] 中国疗养医学, 2010 （5）19 ：5 .

[4] Melinda M. Franettovich, George S. Murley, Bianca S. David, Adam R. Bird. A Comparison Of Augmented Low-Dye Taping And Ankle Bracing On Lower Limb Muscle Activity During Walking In Adults With Flat-Arched Foot Posture[J]. Journal Of Science And Medicine In Sport, 2011.

[5] George S. Murley, Karl B. Landorf, Hylton B. Menz, Adam R. Bird. Effect Of Foot Posture,

Foot Orthoses And Footwear On Lower Limb Muscle Activity During Walking And Running: A Systematic Review[J]. Gait & Posture. 2009(29):172–187.

[6] 张德荣，赵志玲.我国优秀女子竞走运动员技术特征研究[J]. 天津体育学院学报，2001：16(4).

[7] Hoga K，Ae M，Enomoto Y，Yokozawa T，Fujii N.Joint torque and mechanical energy flow in the support legs of skilled race walkers [EB/OL] . Sports Biomech，2006 Jul，5(2):167–82.

第六章 运动生物力学参数测量方法

教学提示

运动生物力学的参数大致可以分为人体惯性参数、运动学参数、动力学参数以及肌电参数等。人体惯量参数是与被测量个体的人体形态有关的参数，主要有人体各个环节的质量、重心位置以及转动惯量。运动学参数，是运动生物力学实验方法中应用最广泛的方法。主要参数包括位移、速度、加速度、角度、角速度、角加速度。动力学参数主要包括力和力矩。主要测试仪器是测力台、等速力量测试设备以及足底压力分布测试设备。

第一节　人体惯量参数测量方法

人体惯性参数是指人体整体及环节的质量、质心位置、转动惯量及转动半径。这些参数是建立人体模型，进行技术动作影像分析的基础材料。因此惯量参数影响模型计算及影像解析的准确性。

一、重心测量板

重力是地球对物体的引力，人体整体所受的合重力的作用点就是人体重心的位置。在运动生物力学研究中，人体重心的轨迹、位移、速度以及加速度等指标是评价人体运动状况的重要指标，所以，掌握人体重心的测量方法是非常必要的。

一维重心测量板用来测量人体的一维重心位置，即人体重心至头顶或脚底的距离。进一步可以计算人体重心的相对位置，即人体重心至头顶或脚底的距离与身高的比值。一维重心测量板是由支点、体重秤和带有抵趾板的平衡板组成。

依据静力学中的力矩平衡原理进行人体重心位置的测定，如图6-1所示。设板重$G_{板}$，空板时秤的读数为$\boldsymbol{F}_1'$；人的体重为$G_{人}$，人重心到抵足板的距离为$\boldsymbol{x}$，板重心到抵足板的距离为d，人躺在板上后（两足紧贴抵足板，足背屈）体重秤读数为$\boldsymbol{F}_1$。

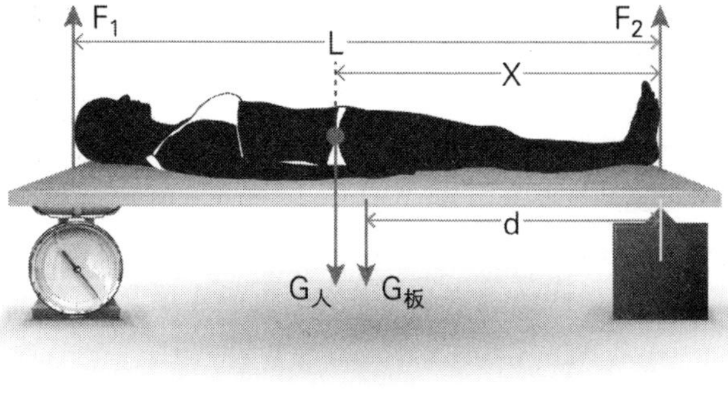

图6-1　一维重心测量板示意图

则根据力矩平衡原理有

$$F_1 \cdot L = G_{人} \cdot x + G_{板} \cdot d \qquad (6\text{-}1)$$

和 $$G_{板} \cdot d = F_1' \cdot L \qquad (6\text{-}2)$$

将（2）式代入（1）式得 $F_1 \cdot L = G_人 \cdot x + F_1' \cdot L$

上式整理可得 $\boldsymbol{x} = \dfrac{F_1 L - F_1' L}{G_人} = \dfrac{(F_1 - F_1')L}{G_人}$ （6-3）

为了便于比较可计算人体总质心的相对高度，即质心绝对高度与身高的比值。其公式为

$$重心相对高度 = \frac{重心绝对高度}{身高} \times 100\% \tag{6-4}$$

根据物体平衡时合力矩均为零的原理，利用二维平衡板可以测出某一静止姿势时的人体总重心位置（图6-2）。

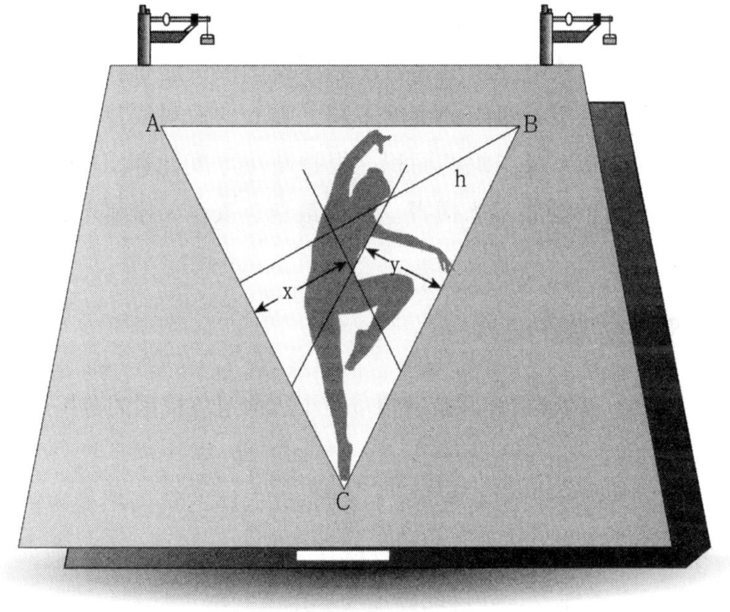

图6-2　二维平衡板测量人体任意姿势时的身体总重心位置

二、人体惯量参数模型

人体惯量参数是与被测量个体的人体形态有关的参数，主要有人体各个环节的质量、重心位置以及转动惯量。人体惯量参数研究是运动生物力学的基础研究。人体惯量参数是其他应用研究的依据。比如安全护具的研究，安全帽保护人体最重要的大脑，如果缺乏人体头部惯性参数，设计不良的安全头盔反而会影响头部正常转动，使头部受到损伤；在汽车安全设计上，真实可靠的人体惯量参数对于汽车撞击研究使用的假人是非常重要的；残障人士所需要的假肢也需要人体惯量参数。

人体惯量参数的测量，是一个非常重要的难题。一百多年来，人们一直在探索能够真实反映个体特征的环节惯量参数测量方法，可以分为尸体研究法、活体测量法、数学模型法和物理模拟法。人体环节的惯量参数的研究由尸体解剖法发展到放射线技术，大幅度提高了研究的准确度和便利性。尸体解剖法最大的优点是能够直接测量，缺点是较难获得具有代表性的尸体，而且不可能进行大样本研究，样本量较小。重心板能够活体测量人体整体重心的位置，但是无法测量人体各环节的质量及质心位置。浸水法假设人体密度均一，从而计算惯性参数，但是人体各环节因为受骨骼、肌肉等差异，密度并不一样。这种方法的优点是，对于活体测量的设计比较简单、费用低廉。数学模型法把人体各环节简化称几何体，计算各环节的质量和质心位置。这种方法简单易行，但是人种、性别、年龄等因素会造成极大的差异，所以应用文献中的参数不可能与真实人体一样，会造成极大误差。放射线法的准确率高。最早采用是伽马射线，精度高，但是放射量过高，危害人体健康。电脑断层扫描法（CT法）是近几年较新的方法，将人体分为多层，以不同厚度的断层进行扫描，根据人体横截面的图像获得人体解剖影像。由于各组织的密度不同，吸收的放射线量也不同，所以影像的灰度值也不同，从而可以计算出各组织的面积，根据断层厚度计算出质量、重心位置和转动惯量。CT法也会给被试者的健康带来损害。目前最新、安全又准确的方法是核磁共振成像法（MRI法）。

（一）人体惯量模型介绍

下面分别从环节划分、抽样群体和转动惯量三个方面对各模型的数据进行介绍。

1. 环节划分

目前划分人体环节的方法大约有两种：一种是以人体的结构功能为依据，分割环节的切面通过关节转动中心，并以关节中心间的连线作为环节的长度；另一种是以人体体表骨性标志点作为划分环节的参考标志，并以此确定环节长度。前一种划分方法与人体结构功能相适应，在影像解析时更符合运动规律，可减少测量误差，但在人体测量时不易准确确定划分点；后一种划分方法尽管易于测量，但不如前者能更好地满足运动生物力学研究的基本要求。五种常用的人体惯性参数模型的环节划分方法如表6-1所示。Zatsiorsky与郑秀瑗模型，躯干均分为三段，在测量躯体动作时更有意义。

表6-1　五种人体环节划分方法的对比

环节		Clauser	Chandler	Zatsiorsky	郑秀瑗	何维华
头		头顶点—颈颏交点	头顶点—颈颏交点	头顶点	头顶点—颈椎点	头顶点—第七颈椎
躯干	上躯干	颈颏—大转子	颈颏—耻骨下缘	第七颈椎棘突—胸骨下点	颈椎点—胸剑联合点	第七颈椎—会阴点
	中躯干			胸骨下点—脐点	胸下点—髂棘上点	
	下躯干			脐点—髂前点	髂棘上点—会阴	
上臂		肩峰点—桡骨头	肩关节中心—肘关节中心	肩峰点—肱桡点	肩峰与腋前—桡骨头	肩峰点—桡骨头
前臂		桡骨头—桡骨茎突	肘关节中心—腕关节中心	肱桡点—茎突点	桡骨头—桡骨茎突	桡骨头—桡骨茎突
手		桡骨茎突—第三掌骨	腕关节中心—第一指骨关节中心	茎突点—指点	桡骨茎突—中指点	桡骨茎突—中指末端
大腿		大转子—胫骨上端	髋关节中心—膝关节中心	髂前点—胫骨上点	髂前上棘—胫骨上点	髂前上棘—胫骨上端
小腿		胫骨上点—胫骨内踝	膝关节中心—踝关节中心	胫骨上点—胫骨下点	胫骨上点—内踝尖	胫骨上端—胫骨内踝
足		足跟—第二趾	跟后缘—趾尖点	胫骨下点—趾点	内踝尖—足底	脚跟—脚趾末端

2. 抽样群体

表6-2中的尸体数据均为年老者、病死者及罪犯，能否用于推测正常人体解剖，其代表性有争议。尸体的身高接近其人群总体的平均身高（55~57百分位数），然而体重却远低于人群的平均体重（14~23百分位数）。所以，这些数据的结果能否代表健康人群的数据，值得考虑。上述研究男性尸体均属于高加索人种，体型较蒙古人种高大，各环节的长度、质心、重量百分比也不同。生物体死亡之后，其体内的水分会流失，而改变了各组织的比重与成分，进而影响了各环节的体积、质量、质心位置以及转动惯量，所以与活体建立的人体环节参数形成了不可避免的差异。

表6-2　美国男性成年尸体的研究

研究	尸体数量	年龄（岁）	身高（厘米）	体重（千克）
Dempster，1955	8	68.5 （52 ~ 83）	169.4 （155.3 ~ 186.6）	59.8 （49 ~ 72）
Clauser，1969	13	49.3 ± 13.7 （28 ~ 74）	172.7 ± 5.94 （162.5 ~ 184.9）	66.5 ± 8.7 （54.0 ~ 87.9）
Chandler，1975	6	54.3 ± 7.4 （45 ~ 65）	172.1 ± 5.7 （164.5 ~ 181.7）	65.17 ± 13.2 （50.6 ~ 89.2）

Zatsiorsky的研究中，100名男性受试者（56名体育学院学生、26名工学院学生、以及18名研究人员），身高、胸围、腿长等指标与普通大学生的平均值差不多，但体重比一般大学生多3.5千克，所以肌肉重量大约比正常人群多4千克。所有女性被试者为国家级运动员，由于身

材较高、体脂较低，这些数据并不能代表该年龄段的一般女性。

郑秀瑗的研究中，根据1982年发表的“中国青少年儿童身体形态、技能与素质研究”所提出的身高正态分布曲线，挑选出男女青年各50名作为样本。用该小样本建立计算人体惯性参数的数学模型，经清华大学男女成年人各300余名的中型样本的修正到预期精度后，又将中国成年人人体尺寸数据库衔接，该库有男女各一万余名数据，可称为大样本，使所建立的数学模型更有代表性。

何维华的研究目的是建立中国台湾人的环节惯性参数，并研究了普通青年与运动员的区别。运动员以台湾排球甲组选手为研究对象，所以是否能应用于其他运动项目人群中，值得商榷（表6-3）。

表6-3　几种活体研究样本属性的对比

研究	方法	样本描述	样本量	年龄（岁）	身高（厘米）	体重（千克）
Zatsiorsky 1983	λ射线扫描	苏联人	100男	23.8 ± 6.2	174. ± 6.2	73.0 ± 9.1
			15女	19.0 ± 4.0	173. ± 3.3	61.9 ± 7.3
郑秀瑗 1994	CT扫描	中国大陆	50男	21.3 ± 1.3	171. ± 5.7	58.9 ± 4.3
			50女	20.4 ± 1.1	158. ± 4.6	50.4 ± 4.7
何维华 2002	MRI	中国台湾	32男青年	21.5 ± 1.5	173. ± 6.0	69.7 ± 8.0
			8男运动员	21.1 ± 0.8	182. ± 4.7	76.5 ± 7.7

3. 转动惯量

Dempster（1955）的研究只包含一个轴的转动惯量，Clauser（1969）没有转动惯量参数。Chandler（1975）研究包含三个轴的转动惯量。但该研究有一些瑕疵：某些肢体环节不满足两个主轴的转动惯量之和大于第三个主轴的转动惯量。并且该研究设计没有采用有效的统计学抽样，无法推测出人群总体的这些转动惯量参数。基于这些数据的线性回归方程算出被试者的转动惯量可能是负值（Veeger，1991）。所以，在需要转动惯量的时候，该研究没有意义。所以，需要使用转动惯量时，应考虑三种活体研究的结果。

（二）选用合适的人体模型

应用研究应首先考虑研究对象与模型的抽样群体的样本属性是否一致，例如种族、性别、年龄以及人体测量学参数。如果是动力学研究，则必须考虑模型是否提供了转动惯量及其准确性。最后，要考虑模型人体环节划分的方法是否满足要求（图6-3）。

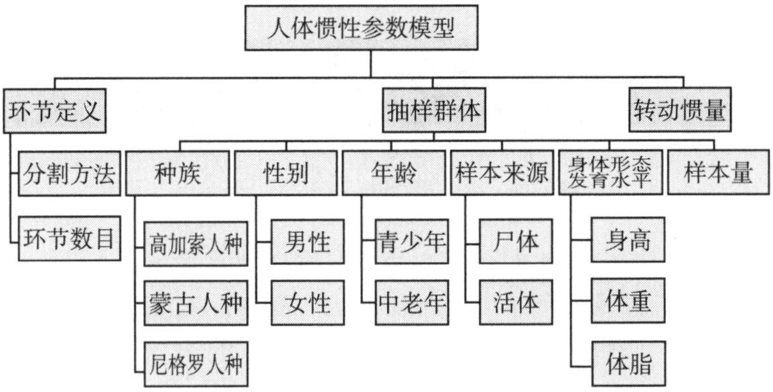

图6-3　人体模型选取需注意的问题

吕维加等人在对德国、日本、美国、苏联人体模型比较研究的基础上，认为Zatsiorsky的模型更适用于中国人。纪仲秋等在吕维加等人比较研究的基础上同样把Zatsiorsky数据与郑秀瑗数据进行了实测对比研究，结果显示后者比前者更加适合于中国男青年。这充分体现了种族在体态上的特征差异。

然而这两项活体研究在环节划分的时候，均使用的是骨性标志点作为定义肢体质心和肢体长度的参考点，这些体表骨性标志点与当前研究中使用的关节中心距离较远，不能满足运动生物力学研究的需要。

de Leva通过大量精心挑选的人体测量学的数据，来调整Zatsiorsky人体模型数据。所选用的肢体标志点是关节中心或者其他通常使用的标志点，而不是Zatsiorsky模型中的骨性标志点，以满足运动生物力学研究需要。如果使用de Leva的方法，将郑秀瑗、何维华人体模型使用的体表骨性标志点调整为关节中心点，因为样本是中国人，可能会更加适用于我国的运动生物力学研究。de Leva人体模型的参数如下表6-4、表6-5、图6-4、图6-5所示。在表中，环节质量表示相对于身体质量的比例。环节重心位置表示相对于环节近侧端点或者头顶点。环节重心位置和回旋半径（r）表示相对于环节长度。图表中第一部分是常用的骨性标志点；第二部分是可选择替换的其他骨性标志点，比如上中下躯干。

表6-4　de Leva模型的男子人体参数（质量73kg，身高174.1cm）

环节	起点	止点	纵向长度（mm）	质量（%）	纵向质心位置（%）	矢状轴回旋半径（%）	横轴回旋半径（%）	纵轴回旋半径（%）
头	头顶点	两下颌角中点	203.3	6.94	59.76	36.2	37.6	31.2
躯干	胸上点	两髋关节中心中点	531.9	43.46	44.86	37.2	34.7	19.1
上躯干	胸上点	胸骨下点	170.7	15.96	29.99	71.6	45.4	65.9
中躯干	胸骨下点	脐点	215.5	16.33	45.02	48.2	38.3	46.8
下躯干	脐点	两髋关节中心	145.7	11.17	61.15	61.5	55.1	58.7
上臂	肩关节中心	肘关节中心	281.7	2.71	57.72	28.5	26.9	15.8
前臂	肘关节中心	腕关节中心	268.9	1.62	45.74	27.6	26.5	12.1
手	腕关节中心	第三掌指关节点	86.2	0.61	79.00	62.8	51.3	40.1
大腿	髋关节中心	膝关节中心	422.2	14.16	40.95	32.9	32.9	14.9

续表

环节	起点	止点	纵向长度（mm）	质量（%）	纵向质心位置（%）	矢状轴回旋半径（%）	横轴回旋半径（%）	纵轴回旋半径（%）
小腿	膝关节中心	外踝	434.0	4.33	44.59	25.5	24.9	10.3
足	足后跟点	趾尖点	258.1	1.37	44.15	25.7	24.5	12.4
可选择的其他的骨性标志点								
头	头顶点	第七颈椎棘突点	242.9	6.94	50.02	30.3	31.5	26.1
躯干	第七颈椎棘突点	两髋关节中心中点	603.3	43.46	51.38	32.8	30.6	16.9
躯干	两肩关节中心中点	两髋关节中心中点	515.5	43.46	43.10	38.4	35.8	19.7
上躯干	第七颈椎棘突点	胸骨下点	242.1	15.96	50.66	50.5	32.0	46.5
前臂	肘关节中心	桡骨茎突点	266.9	1.62	46.08	27.8	26.7	12.2
手	腕关节中心	第三指指尖	187.9	0.61	36.24	28.8	23.5	18.4
手	桡骨茎突点	第三指指尖	189.9	0.61	36.91	28.5	23.3	18.2
手	桡骨茎突点	第三掌指关节点	88.2	0.61	79.48	61.4	50.2	39.2
小腿	膝关节中心	踝关节中心	440.3	4.33	43.95	25.1	24.6	10.2
小腿	膝关节中心	内踝点	427.7	4.33	45.24	25.8	25.3	10.5

表6-5　de Leva模型的女子人体参数（质量61.9kg，身高173.5cm）

环节	起点	止点	纵向长度（mm）	质量（%）	纵向质心位置（%）	矢状轴回旋半径（%）	横轴回旋半径（%）	纵轴回旋半径（%）
头	头顶点	两下颌角中点	200.2	6.68	58.94	33.0	35.9	31.8
躯干	胸上点	两髋关节中心中点	529.3	42.57	41.51	35.7	33.9	17.1
上躯干	胸上点	胸骨下点	142.5	15.45	20.77	74.6	50.2	71.8
中躯干	胸骨下点	脐点	205.3	14.65	45.12	43.3	35.4	41.5
下躯干	脐点	两髋关节中心	181.5	12.47	49.20	43.3	40.2	44.4
上臂	肩关节中心	肘关节中心	275.1	2.55	57.54	27.8	26.0	14.8
前臂	肘关节中心	腕关节中心	264.3	1.38	45.59	26.1	25.7	9.4
手	腕关节中心	第三掌指关节点	78.0	0.56	74.74	53.1	45.4	33.5
大腿	髋关节中心	膝关节中心	368.5	14.78	36.12	36.9	36.4	16.2
小腿	膝关节中心	外踝	432.3	4.81	44.16	27.1	26.7	9.3
足	足后跟点	趾尖点	228.3	1.29	40.14	29.9	27.9	13.9
可选择的其他的骨性标志点								
头	头顶点	第七颈椎棘突点	243.7	6.68	48.41	27.1	29.5	26.1
躯干	第七颈椎棘突点	两髋关节中心中点	614.8	42.57	49.64	30.7	29.2	14.7
躯干	两肩关节中心中点	两髋关节中心中点	497.9	42.57	37.82	37.9	36.1	18.2
上躯干	第七颈椎棘突点	胸骨下点	228.0	15.45	50.50	46.6	31.4	44.9
前臂	肘关节中心	桡骨茎突点	262.4	1.38	45.92	26.3	25.9	9.5
手	腕关节中心	第三指指尖	170.1	0.56	34.27	24.4	20.8	15.4
手	桡骨茎突点	第三指指尖	172.0	0.56	35.02	24.1	20.6	15.2
手	桡骨茎突点	第三掌指关节点	79.9	0.56	75.34	51.9	44.3	32.7
小腿	膝关节中心	踝关节中心	438.6	4.81	43.52	26.7	26.3	9.2
小腿	膝关节中心	内踝点	426.0	4.81	44.81	27.5	27.1	9.4

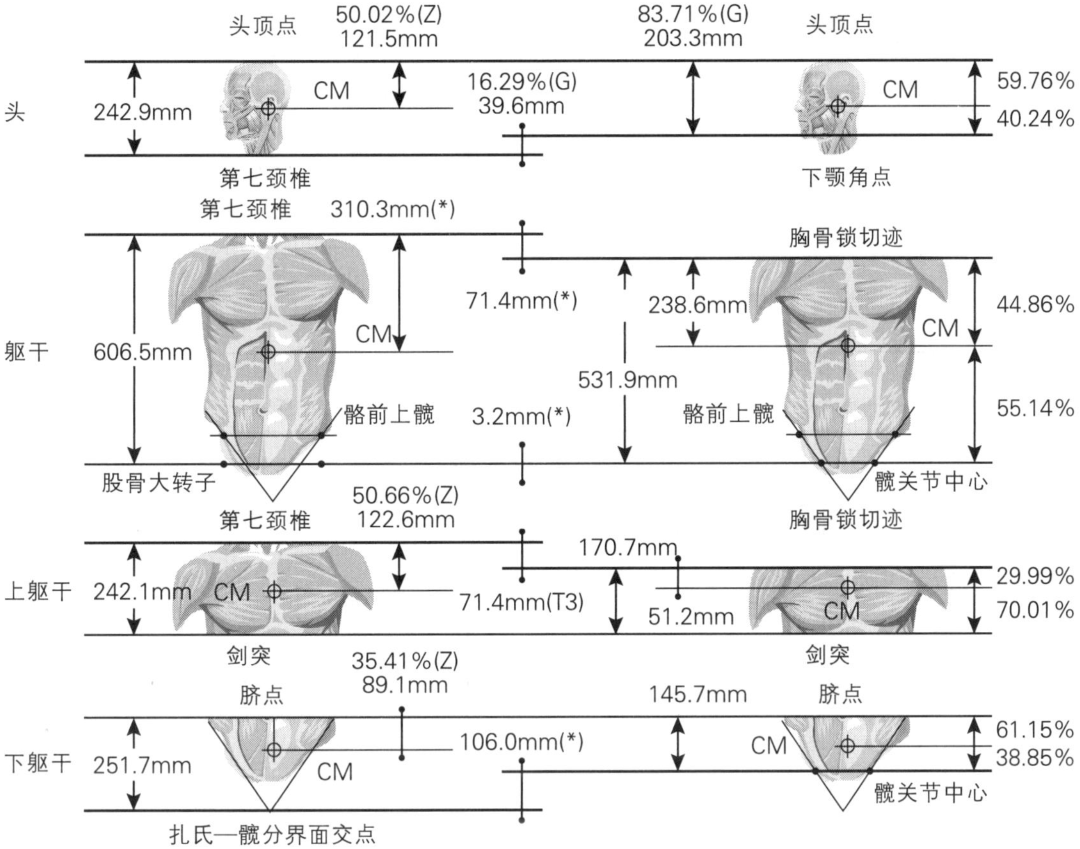

图6-4　男子各环节相对重心位置位置（头与躯干）

左方为原始扎齐奥尔斯基模型；右方为调整后的人体模型；中间阴影部分，表示两种模型的差别。C代表Clauser等（1969）；D代表de Leva（1996）；G代表Gordon等（1989）；Z代表Zatsiorsky等（1990）；*表示见文献de Leva（1996）。（注：扎氏髋分界面：即大腿与躯干分界面，过髂前上棘，与矢状面成37°角。）

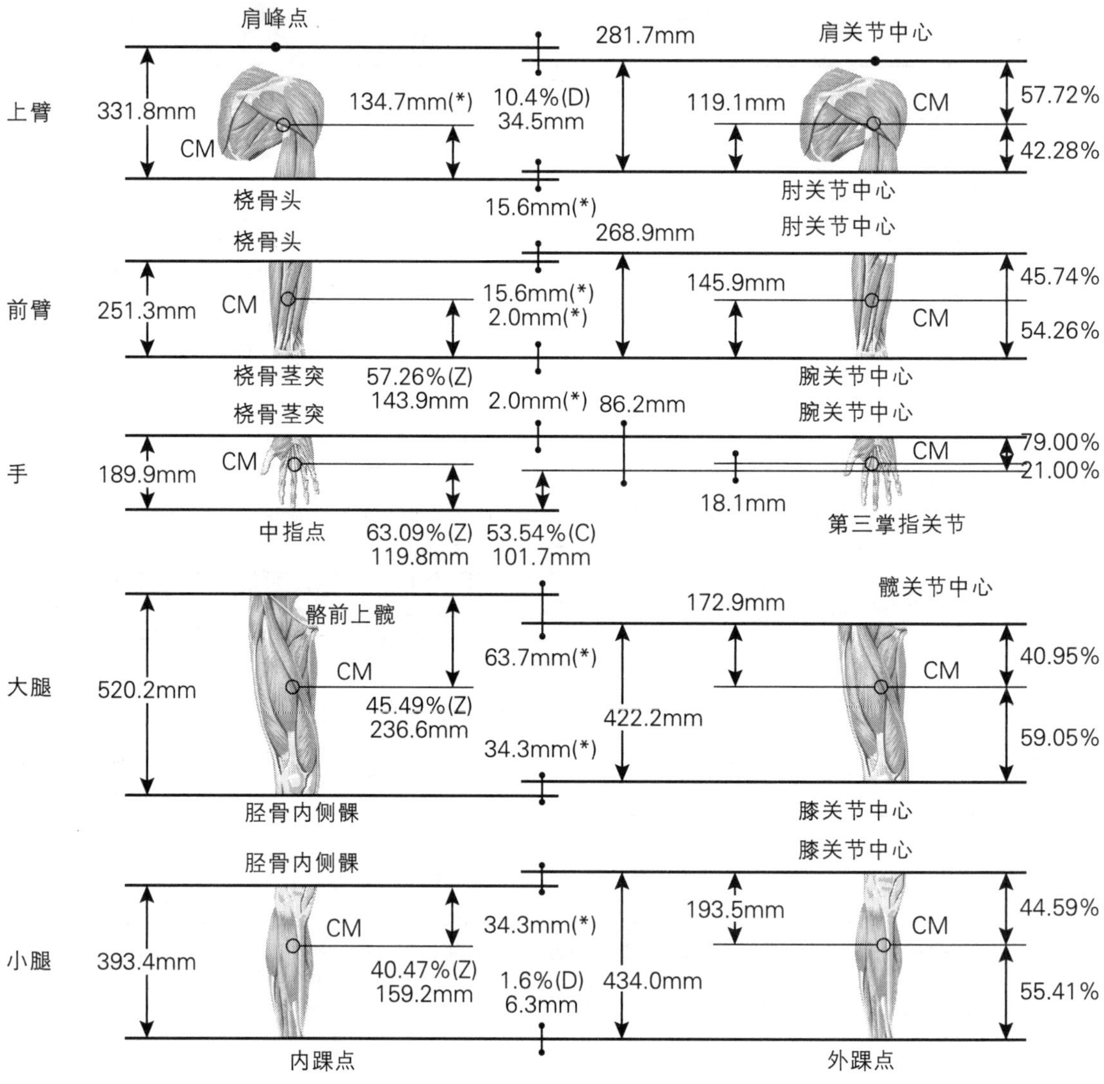

图6-5　男子各环节相对重心位置（四肢）

三、使用人体惯量参数测算人体重心

既然人体重心是人体各环节所受重力的合力作用点，那么知道了人体各环节的相对重量和重心位置，就可以利用下式计算出人体重心的坐标（因为每一张图片都是平面的，所以在一张图片上均只能测到人体重心的二维坐标）：

$$X_C=\sum_{i=1}^{n}P_iX_{iC}\ Y_C=\sum_{i=1}^{n}P_iY_{iC}$$

式中X_C、Y_C是人体重心在坐标系OXY中的相应坐标值；X_{iC}、Y_{iC}分别为人体各环节重心在同一参考坐标系中的相应坐标值；P_i是人体各环节的相对重量（即环节重量与体重的比值）；

n是计算人体重心坐标时所取的环节总数（根据所采用的人体模型不同而定）。

下面提供了布拉温－菲舍尔人体模型，其各环节相对重量和环节重心半径系数见表6-6。

表 6-6　布拉温－菲舍尔人体模型环节参数表

环节	环节相对重量	环节重心半径系数
头	0.0706	
躯干	0.4270	0.44
上臂（左、右）	0.0336	0.47
前臂（左、右）	0.0228	0.42
手（左、右）	0.0084	
大腿（左、右）	0.1158	0.44
小腿（左、右）	0.0527	0.42
足（左、右）	0.0179	0.44

注：头的重心位于蝶骨鞍背后面7mm处，相当于两耳廓上缘连线的中央；手的重心位于中指的掌骨小头处。

人体各环节重心在各环节中，几乎都有一个固定的位置。纵长环节的重心大致位于纵轴上，靠近近侧端关节。上表中的环节重心半径系数即为近侧端关节中心至环节重心的距离与环节长度的比值。在画出的人体运动简图上，可根据各环节的长度与环节重心半径系数的乘积以及近侧端关节中心点来确定环节重心在人体运动简图上的位置，然后可在坐标纸上读出各环节重心点的二维坐标（X_i，Y_i）。

第二节　运动学参数测量方法

运动生物力学研究的一个重要部分是如何获得科学的、真实的运动学参数，从而进一步使人们从运动生物力学的角度揭示运动的本质。人体运动学参数的测定是运动生物力学实验方法的核心内容。影像测量是一种非接触的定量测量方法，在不影响训练和比赛、不给运动员增加任何负担的情况下，就可通过对运动技术图像的获取、解析，获得人体运动的位移、速度、人体重心等各项特征参数，以及运动器械运动的各种运动学的定量参数，从而比较真实地反映出运动的情况。

一、运动学数据采集方法的发展

影像分析技术的进步很快，20世纪80年代初还普遍采用高速摄影加图数转换板，到80年代末录像分析已逐步取代了影片分析，图数转换板与计算机显示器已一体化。以前热点讨论的数据平滑、重心测算、速度参数形式已由标准化软件完成，如Ariel、SIMI以及视迅等录像解析系统，如图6-6所示。与此同时，光电技术也开始应用于运动检测当中，摄像头通过自动识别红外光反射标志点来获得运动学参数，如Qualisys、Motion Analysis以及Vicon等运动分析系统（如图6-7）。运动生物力学运动数据采集方法的发展过程如表6-7所示。

表6-7　运动学数据采集方法的发展

采集方法	设备	优点	缺点
摄影机	摄影机、胶片、镜头等	精度高；清晰度高；拍摄频率高。	维护成本高；快门速度、焦距调整不方便；胶片处理过程繁琐，且不宜保存。
摄像机	摄像机、磁带	维护成本较低；不需要冲洗胶片，反馈快速；曝光时间、焦距自动调整。	拍摄频率低；清晰度不高。
高速红外光点运动捕捉系统	红外摄像头、反光标志物	拍摄频率高、分辨率高。维护成本低。反应快速。	起始投资高；没有真实的被试者的图像。

前两种方法的优点是对人体不施加任何约束，这是正式比赛中唯一可行的方法。分析人体运动的目的，是要获得关节点的瞬时位置，但是直接拍到的却是多帧的画面，为了从画面中提取关节点的位置信息，就需要在数字化仪上对着影片（或是在显示屏幕上对着录像）进行逐帧、逐点的分析，这是一项十分繁重的手工劳动，并且不可能及时获得测试结果。另外，这些方法都需要肉眼来确定每幅画面上的关节点位置，由于人体在运动时关节点会发生位移，对同一个关节点，每幅画面的位置不同，但又要求每幅画面重复点到同一关节点上，这样必然会产生较大的人为误差。

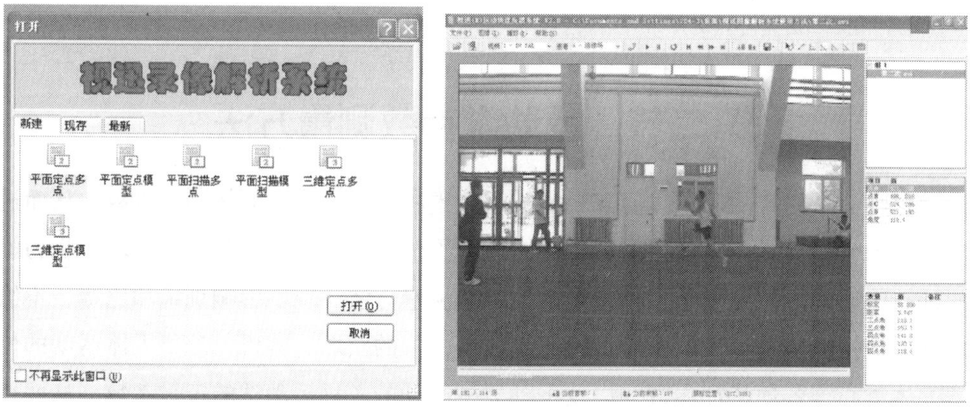

图6-6　视迅解析系统

从20世纪六七十年代开始，由于将光电技术用于运动检测中，出现了上表中的第三种测试方法——高速红外光点运动捕捉系统。高速红外运动捕捉系统，拍摄频率高，可以对测试结果快速反馈；还能省却人工进行逐帧、逐点解析的繁重工作，从而避免人工判断测量点所产生的人为误差。其缺点是该测量方法没有真实运动图像的显示，在被试者身上需要贴反光标志点，容易受到室外光线的干扰，因此主要适用于实验室研究。（图6-7）

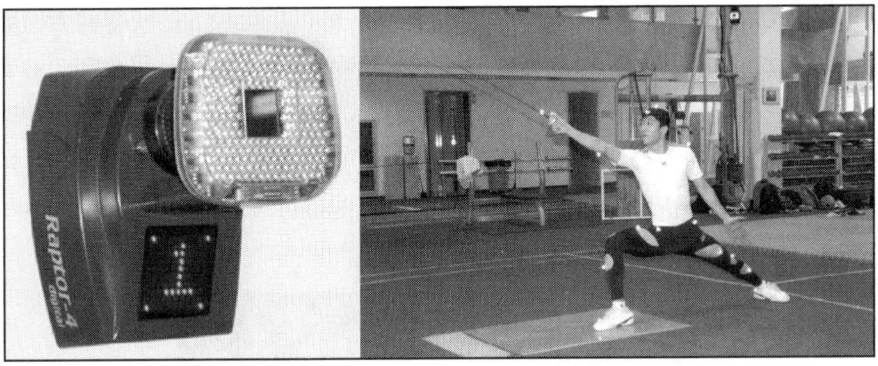

图6-7　高速红外光点运动捕捉系统

二、测量原理

（一）二维测量原理

摄像机最主要的部分就是镜头，镜头由凸透镜构成，根据凸透镜成像的光学原理，如图6-8所示，设物距为u，焦距为f，像距为v，则

$$\frac{1}{f}=\frac{1}{v}+\frac{1}{u}$$

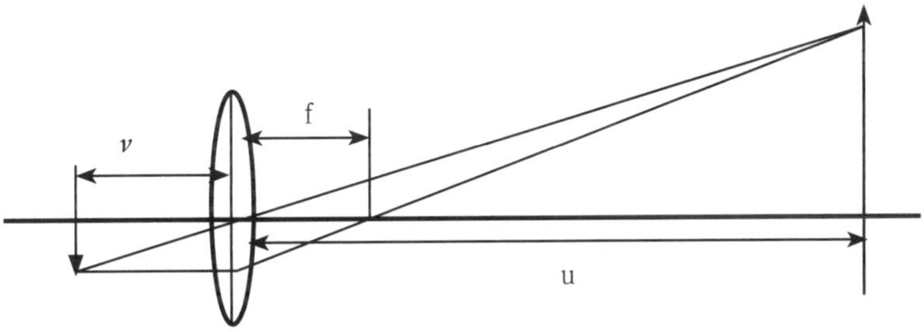

图6-8　物距、像距与焦距的关系

由于使用最长的望远镜焦距不超过150 mm左右，而物距则可达10～50 m左右，因此u远远大于v，这时可近似认为$\frac{1}{u}\approx 0$，所以上式可简化成：$\frac{1}{f}=\frac{1}{v}$即 $f=v$，这就是说，镜头的中心到焦点的距离（到底片的距离）就可以认为是焦距。

从图6-8中不难看到图像和实物之间的比例就是焦距与物距之比，即按三角形相似关系可得：$K=\frac{u}{f}=\frac{\text{实际长度}}{\text{图像长度}}$

K为放大倍数，它对于摄影测量是非常重要的参数。如果我们事先知道放大系数（k）和图像尺寸，物体尺寸就可以计算出来。

为了获取放大系数k的值，就必须进行二维标定。可以用两种方法获得放大倍数K的值。第一种是在拍摄现场记录下焦距f，测量从镜头到运动物体之间的物距u，u/f即为放大倍数K。另一种方法便是把固定长度的比例尺放在运动平面内，使比例尺与摄影机主光轴垂直。在拍摄运动物体之前或之后，拍摄比例尺。应注意，固定住摄影机位置不动，摄影机主光轴发生变化，比例系数将发生变化。经过投影放大后的底片图像可测得其图像尺寸，这时，比例尺尺寸/图像尺寸，便是放大倍数K（图6-9）。

图6-9　摄像机拍摄示意图

（二）三维测量原理

使用多个摄像头，基于二维的摄像平面得到标志点的三维坐标。这种照相测量技术的算法首先由Abdel-Aziz和Karara（1971）提出，称为直接线性转换方法（DLT）。

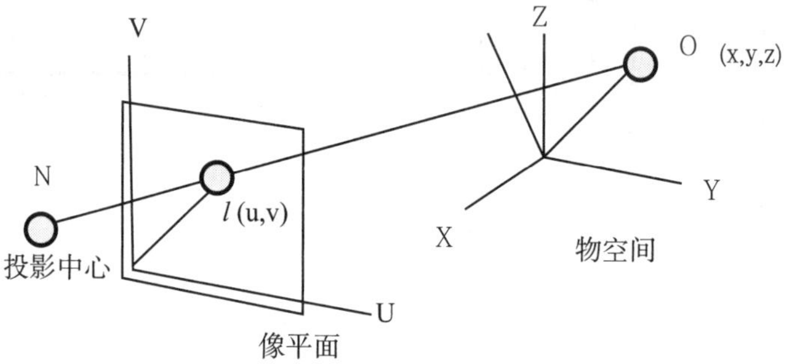

图6-10　成像物体的坐标系

在图6-10中，定义了两个参考系：物空间的参考系（XYZ轴）和图像平面参考系（U,V轴），摄像机的光学系统把物空间的物体映射到像平面中成像，（x,y,z）是物空间里的坐标，而（u,v）是物体的像在像平面里的坐标。点l、N、O在同一条直线上，这就是DLT方法的基础：共线性。设投影中心（N）的物空间坐标为（x_0,y_0,z_0），矢量为$\overline{NO}$。在像平面的坐标系中添加第三个坐标轴——W轴，垂直于像平面，构成空间坐标系，则点l的坐标就成为（u,v,o）。

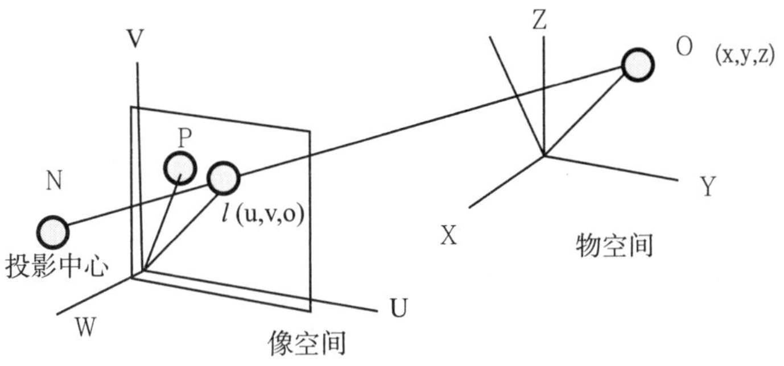

图6-11　像平面转化为像空间

引入一点P，它是从投影中心N到像空间且平行于W轴和像平面相交的直线交点，点P和点N之间的距离为PN=w_0。设P在像空间的坐标为（u_0, v_0, o_0），点N在像空间的坐标变为（u_0, v_0, w_0），矢量$\overrightarrow{Nl}$=（u-u_0，v-v_0，-w_0）。因为三点共线，所以$\overrightarrow{Nl}$ =c$\overrightarrow{NO}$。这里c是一个比例常数（图6-11）。

因为$\overrightarrow{NO}$是指物空间表示，$\overrightarrow{Nl}$是指像空间表示。需要进行坐标转换，坐标系转换矩阵为：

$$\mathbf{T}_{I/O}(\alpha,\beta,\gamma)=\begin{bmatrix} t_{11} & t_{12} & t_{13} \\ t_{21} & t_{22} & t_{23} \\ t_{31} & t_{32} & t_{33} \end{bmatrix} \tag{6-5}$$

α, β, γ 为欧拉角，将上述（6-5）式代入等式，消去c，得到

$$u-u_o-\Delta u=-\frac{w_o}{\lambda_u}\ \frac{t_{21}(x-x_o)+t_{22}(y-y_o)+t_{23}(z-z_o)}{t_{11}(x-x_o)+t_{12}(y-y_o)+t_{13}(z-z_o)}$$

$$v-v_o-\Delta v=-\frac{w_o}{\lambda_v}\cdot\frac{t_{31}(x-x_o)+t_{32}(y-y_o)+t_{33}(z-z_o)}{t_{11}(x-x_o)+t_{12}(y-y_o)+t_{13}(z-z_o)}$$

其中Δu、Δv表示光学误差，为像空间与物空间坐标系的长度单位的比例换算关系。将（2）（3）整理化解，得：

$$u+\Delta u=\frac{L_1X+L_2Y+L_3Z+L_4}{L_9X+L_{10}Y+L_{11}Z+1}$$

$$v+\Delta v=\frac{L_5X+L_6Y+L_7Z+L_8}{L_9X+L_{10}Y+L_{11}Z+1}$$

参数L_1到L_{11}，反映物空间坐标系与像空间坐标系之间的关系。若已知6个以上的空间点（x,y,z）及其像坐标（u,v），便可以算出摄像机参数L_1到L_{11}。若已知L_1到L_{11}参数，可根据像空间的坐标（u,v）算出物空间的坐标（x,y,z）。

三、拍摄方法的选择

根据拍摄范围的大小，需要选择不同的拍摄方法。从拍摄的维度来分拍摄方法可分为二维拍摄（平面拍摄）和三维拍摄（立体拍摄）。二维是平面拍摄，多用于简单、对称且运动大致集中在一个平面上，比如行走、跑步等。二维拍摄只需要一台摄像机，拍摄简单易行，后期数据处理也较三维拍摄简单得多。但大多数运动都是三维的，这时需要三维拍摄。三维拍摄至少需要两台摄像机，能准确描述实际运动，但是后期数据工作量巨大。所以如果二维拍摄能够满足研究需求，就尽量不要用三维拍摄。

（一）平面定点拍摄

二维拍摄由一台摄像机就可完成。若研究在5~6米范围内的动作技术，而且运动方向不变时，可采用定点或小角度跟踪拍摄方法。定点拍摄是指摄像机不动，其主光轴垂直于运动平面，正对动作位置，摄像机距离运动平面20米以上，采用常速拍摄即可，可用常速数码摄像机。拍摄现场布置如图6-12。

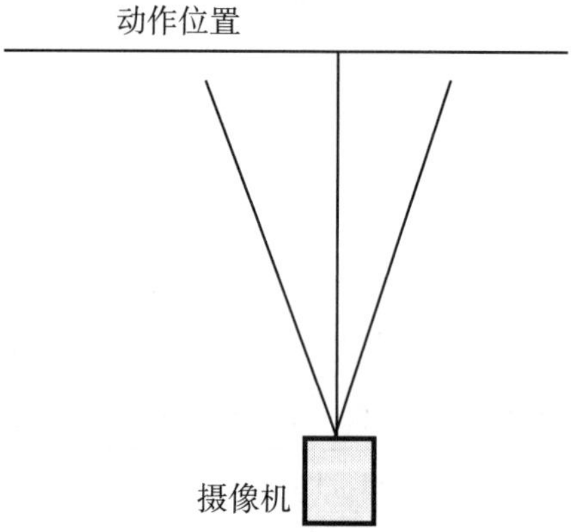

图6-12　平面定点拍摄

此种方法的优点在于：（1）简单易行。（2）不影响人体的运动，可以在正式比赛中进行拍摄。其缺点是：（1）只能测出人体和物体在垂直于摄像机主光轴平面上的运动参数，所以此种方法只适用于人体和物体（通称受测体）在一平面上或主要在一个平面上的运动项目。（2）测量的平面范围较小。

（二）三维定点拍摄

动作范围与平面定点拍摄相同，但动作不在一个平面内，此时必须采用三维定点拍摄。这种拍摄方法的要点是：准备一个精度较高的标定框架（图6-13），框架上至少有6个已知坐标的标定点，通过前面提到的DLT法得到11个摄像参数，最终求出点的三维坐标。两台摄像机在运动平面同侧均距运动平面20米以上对准动作位置，两台摄像机主光轴相交角度在60°~120°之间，采用高速或常速拍摄，注意两台摄像机要同步拍摄。此拍摄方法可得到较准确的空间坐标，缺点是拍摄范围有限，只限于动作点处2米直径范围内。拍摄现场布置如图6-14。

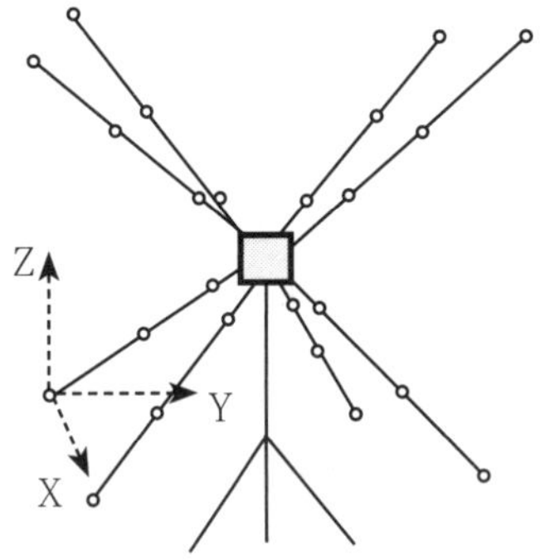

图6-13　三维框架示意图

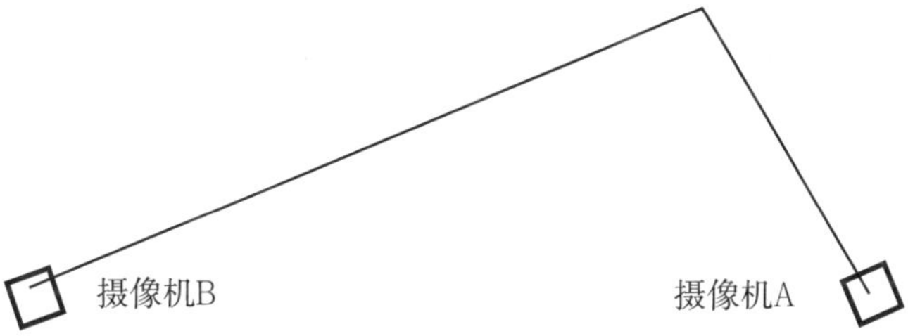

图6-14　三维定点拍摄现场

四、注意事项

（一）拍摄距离

拍摄距离是摄像机的镜头至运动平面的垂直距离。

图6-15是二维定点拍摄现场的俯视示意图。摄像机设在A点，AB为拍摄距离，CD为运动平面。EF为以C点为中心的拍摄平面，C点为拍摄范围的一个端点。θ越大，拍摄平面越偏离运动平面，所以误差也越大；反之，θ角越小，误差也越小。一般控制拍摄距离为运动范围的4~6倍，并使摄像机在运动平面的投影位于研究范围的中心部位。拍摄距离一般应大于10米。

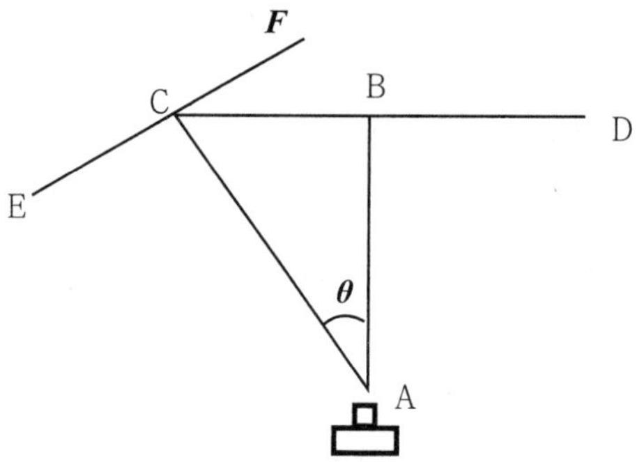

图6-15　二维定点拍摄现场的俯视示意图

（二）摄像机的拍摄频率

拍摄速度的确定主要取决于运动员的动作速度，同时还受研究重点的影响，例如要研究跳远运动员的踏跳阶段，需要拍摄速度足够快，以获得足够多的踏跳阶段的照片。拍摄频率（速度）有常速和高速之分，常速是指50Hz。需要注意的是：不是所有的拍摄都是频率越高越好。拍摄频率的选择与被测体的运动速度有直接的关系，被测体的运动速度越高，拍摄的频率也需要越高。譬如测量走步、举重等速度较慢的运动可采用50Hz拍摄，测量百米跑需要100Hz～200Hz，测量羽毛球离拍时的瞬时速度则需要达到500Hz的拍摄频率，频率太低，会出现连羽毛球在何时离拍都难以识别清楚。相反，如果不需要高速拍摄而采用高速拍摄的话，不仅会增加不必要的工作量，还会出现因降低分辨率而降低录像解析精度的现象。

第三节　动力学参数测量方法

一、测力台

三维测力台是采集动力学参数的常用设备之一。该仪器由测试平台、信号放大器和计算机数据采集系统三部分组成。三维测力台可以测量力、力矩、压力中心以及力梯度等指标。目前使用的三维测力台根据其力传感元件可分为应变式测力台和压电式测力台。应变式测力台，固有频率较低，测静态力和准静态力有良好效果，但测试冲击力效果较差。美国生产的BERTEC和AMTI三维测力台都是应变式测力台。另一类是压电式测力台（如瑞士生产的KISLER三维测力台），固有频率极高，这类测力台测试各类动态力、冲击力效果良好，例如跳高、跳远的踏跳力；但测试静态力效果较差。由于体育运动中大量的技术动作是冲击性的，因此压电晶体式测力台在科研中应用相对更加广泛。三维测力台可用于测定跳高、跳远等的起跳力，表示运动员的竞技能力；还可以测试动作的稳定性，如射击、射箭动作的稳定性等。

通常压电式测力台在测力台的四个角上放置12块石英晶体力传感器，每个角有3块，分别对X、Y、Z轴方向的作用力敏感。因此每个角均可测量三维力，四个角的三维力进行组合，可计算出总的三维力的大小、方向及作用点（通常称为压力中心），同时还可计算出转矩。三维测力台在设计时已确定了其坐标的方向（图6-16）。当外力***F***=f（t）作用于测力台上时，力***F***在X、Y、Z方向的分量$\boldsymbol{F}_x$、$\boldsymbol{F}_y$、$\boldsymbol{F}_z$如图6-16所示。它们分别代表力***F***向前后、向左右和向下三个方位的分量。

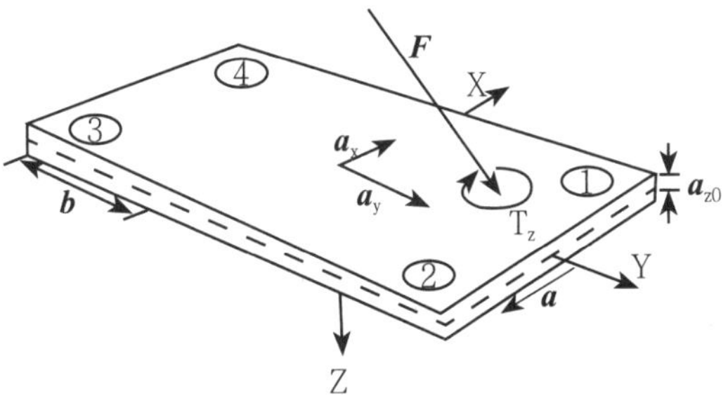

测力台示意图

使用测力台为奥运冠军李金子测试步法

图6-16　三维测力台

质心和压力中心之间的区别

质心（COM）和压力中心（COP）这两个术语经常被混淆。压力中心轨迹常被错误认为是质心轨迹。身体的质心是各个环节质心的加权平均值。压力中心的轨迹总体上独立于质心，它是作用在测力台所有力的合力的位置。这些力依赖于脚的位置和踝关节肌肉的控制。因而，压力中心是质心不平衡时神经肌肉对身体作出的反应。

质心和压力中心之间的区别论证见图6-17、图6-18。一个被试者站立于测力台，前后晃动。每幅图显示了在五个不同时刻的位置变化。时刻1质心（由重力矢量***W***表示）在压力中心（由地面反作用力***R***表示）前方，两个力作用线到踝关节的垂直距离分别以g和p表示，在静立状态W和***R***恒相等。现假设躯体关于踝关节旋转、同时忽略脚的质量，那么绕踝关节逆时针力矩为$\boldsymbol{R}\times p$，顺时针力矩为$\boldsymbol{W}\times g$。在1时刻，$\boldsymbol{W}g>\boldsymbol{R}p$，躯体将产生顺时针角加速度α，同时也有顺时针角速度$\boldsymbol{\omega}$。为纠正向前的不平衡，被试将增加跖屈活动，这样在时刻2，压力中心在质心之前，于是$\boldsymbol{R}p>\boldsymbol{W}g$。因而，角加速度α将反向，角速度$\boldsymbol{\omega}$也将减少，直到时刻3，角加速度α的时间积分使角速度$\boldsymbol{\omega}$反向。于是角加速度α和角速度$\boldsymbol{\omega}$都变成逆时针了，躯体将后仰。时刻4，被试对后仰的反应是跖屈活动减小，使$\boldsymbol{W}g>\boldsymbol{R}p$，然后角加速度α将变成反向，稍后，角速度$\boldsymbol{\omega}$减小、反向，躯体将恢复到起始状态（时刻5）。从压力中心和质心这一系列变化中，跖/背屈使踝关节力矩改变来控制压力中心，从而调节躯体质心。显然，压力中心必须连续地在质心前后移动；因而压力中心的活动幅度在某种程度上比质心大。

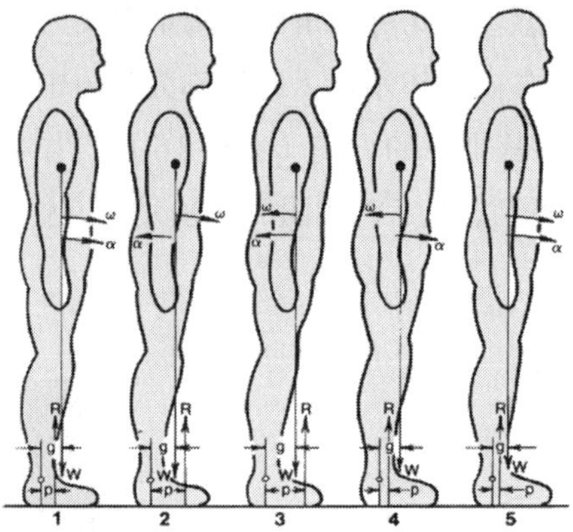

图6-17　站立在测力台的被试前后晃动。描述了5个不同时间点，表明质心和压力中心位置和躯体角加速度和角速度有关。

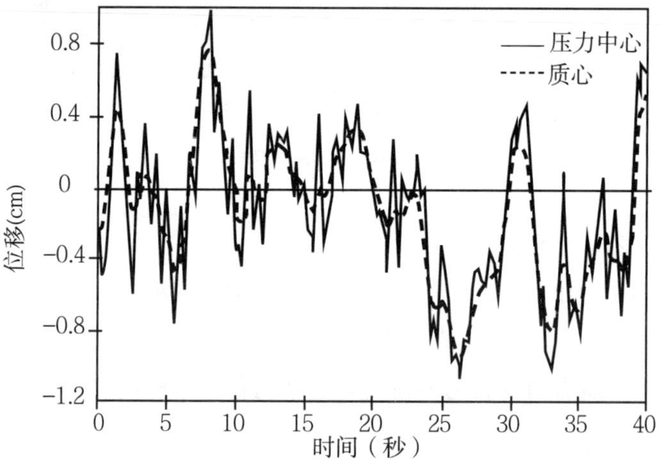

图6-18　静止站立时在前后方向的压力中心和质心的典型的变化。由图可知压力中心与质心的变化并不一致，且压力中心振幅超过质心。

二、等速肌力测试系统

等速肌力测试设备（图6-19）可以测试等长（关节角度固定）或等速（恒定的关节角速度）情况下单关节的力矩。等速条件又可以分为向心收缩和离心收缩两种。采用等速肌力测试系统测试肌力时，仪器所提供的阻力与肌肉收缩的实际力矩输出相匹配，即整个关节活动中每一时刻都能承受相应的最大阻力。通过等速测力仪的测试可以直接得到主要参数（指标）：峰值力矩、功率、最大力矩对应的角度等。目前，等速测试在国内外已经广泛用于运动员肌肉力量的评定、训练和运动器官系统伤病防治与康复上。常见的有CYBEX、BIODEX以及ISOMED2000等。

在20世纪60年代，在康复医学界开始应用等动练习（isokinetic exercise）作为病人的康复手段。到80年代开始扩大应用到一般人和运动员的肌肉力量测试和训练领域，特别是著名的美国游泳教练，印第安那大学教授康西尔曼提出游泳运动员不应用一般重力阻力来训练力量，而要用等动力量训练法，并实际训练出了许多世界冠军，震惊了游泳界。这以后，等动力量训练器也开始了在竞技体育领域的应用，陆续发表了上千篇关于等动力量训练的文章。但是，另一方面，许多著名的运动生物力学专家对此提出了不同的看法。“即使等动力量测试仪可以使关节做恒速运动。肌肉也不是做等动收缩”（J. H. Challis，1994；2000），“在评价运动员肌力和成绩方面，等动力量测试仪有其局限性，这些仪器并不能用于精确界定运动员在运动准备阶段或运动过程中的机能特征和可能存在的缺陷”（M. C. Ciff，2000）。托齐奥尔斯基在《人体运动的动力学》一书中也说：根据力量训练专门化的事实，除了游泳和划船运动员外，等动力量训练方法不是第一选择（Zatsiorsky，2002）。在解释这些仪器的测试结果和应用时，应注意其正确的使用范围。

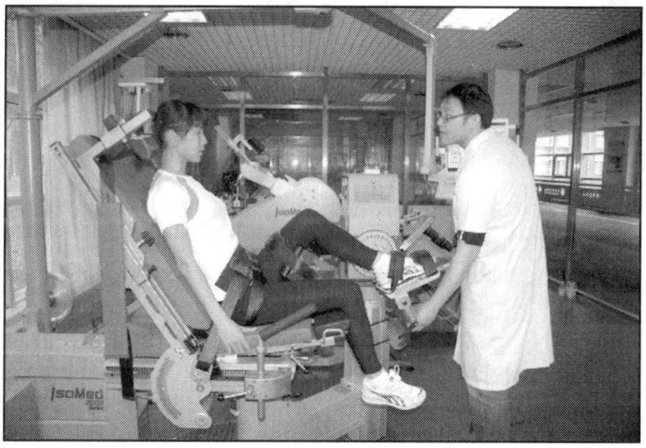

图6-19　等速肌力测试系统

三、足底压力测试系统

人体正常运动时，脚是唯一与外界直接接触的人体部位。脚部受力的大小和方向、脚底皮肤触觉信息的反馈，对人体运动及平衡控制产生巨大的影响。因此，对足底压力及其分布的测量及评估一直被人们所关注。足底压力是足底和支撑面之间的一对作用力与反作用力。

目前这一测量方法在运动鞋的研究已经有广泛应用，不仅可以为运动员设计特定的运动鞋，还可以为病人设计特殊的康复用鞋。比如糖尿病足，在压强高的地方容易造成局部溃烂，通过足底压力测试系统可以设计足底压强更加均匀的鞋，从而避免病人的脚溃烂。

在早期研究中，足底压力测定使用足印法或测力台测量。脚印法是人足在石膏、泥、橡胶等易变形物质上留下的足印或痕迹，足底各部位的压力大小只能根据足印的形态及深浅作出大致判断，属于定性分析。测力台的优点是精确度高、数据可靠，能够得到三维力值，但是仅能得到足对地面的合力，而无法得到足底压力分布的信息。

足底压力分布测试系统主要有两种：测力平板（图6-20）和测力鞋垫（图6-21）。测力平板可以测量人体与支撑面之间的压强以及压力中心的位置，不足之处在于只能测量一维数据（垂直方向），其测量精度和可靠性稍逊于测力台。测力鞋垫则是将传感器安置在鞋中，可以对足部与鞋的接触特性作出评价，这就克服了测力板和测力台的不足，它可以将传感器放置在需要测量的部位，由于鞋垫与足底贴服，因此它可以连续测定足底压力、时间等参数，并可以进行实时监测和反馈。鞋垫测量对设计运动鞋具有较高实用价值。

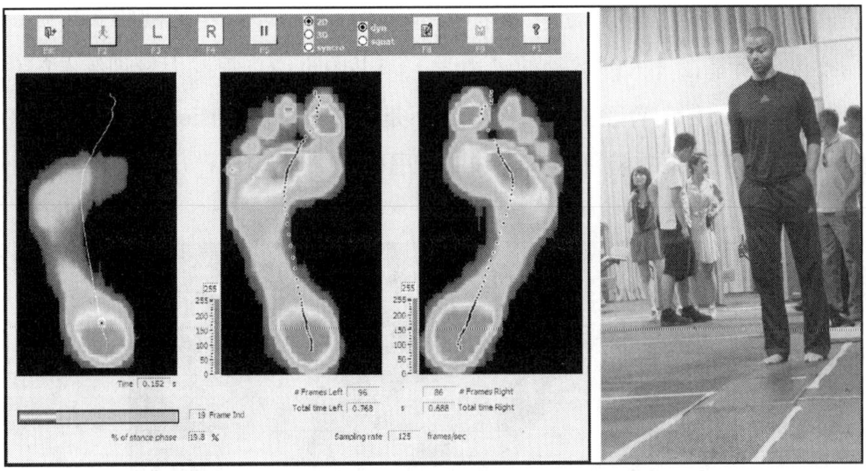

图6-20　足底压力平板测试系统

足底压力对足部损伤有指示作用，若足底局部压力过大，容易造成该部位伤害，因此若能使足底压力平均且降低，即能减少伤害发生的可能性。Sneyers（1995）指出足部各区若足压分布平均，可以降低运动伤害，也就是说足底最大压力和最小压力的差距越小越好。Hayes & Seitz（1996）探讨足部伤害机制时，除了考虑最大足底压力最大值外，也需考虑接触时间，因此最大足底压力对时间的积分有着重要意义。而足部承受的能量与足部病变有相当大关系，根据W=***F***s则足部所承受的能量跟作用力与足底形变量有关；由于足底形变难以测量，因此只能以力来预测足部所承受的能量，即以力量与时间的积分来预估。

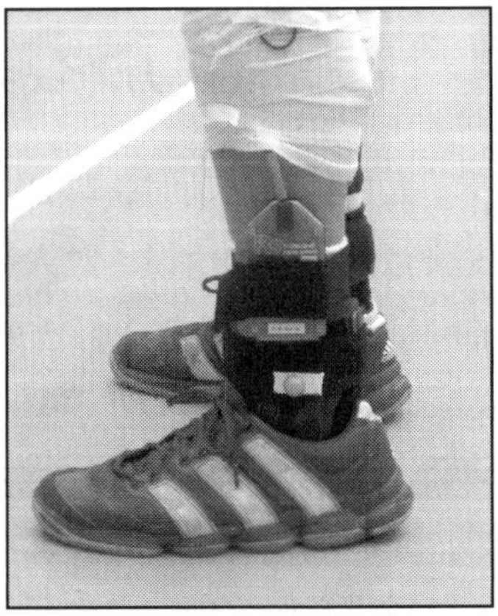

图6-21　足底压力鞋垫测试系统

足底压力测量技术在临床上，尤其是足部疾病的医疗、康复中的应用可以说非常广泛，足部一些畸形，如马蹄足、高弓足、扁平足等，其足底压力分布均有其各自的特征。足底压力在临床上的研究对临床疾病的医治和预防起到了积极的作用。

第四节　肌电参数测量方法

骨骼肌在兴奋时，会由于肌纤维动作电位的传导和扩布，而发生电位变化，这种电位变化称为肌电。用适当的方法将骨骼肌兴奋时发生的电位变化引导、记录所得到的图形，称为肌电图（图6-22）。

采集肌电信号的电极有两种：一种是针电极，另一种是表面电极。用针电极采集肌电时需要将电极插入受试者的肌肉内，因此会造成一定程度的损伤。用针电极所引导记录的肌电图是运动单位电位。而在体育科学研究中一般用表面电极采集肌电信号。这种方法在记录时将电极贴于皮肤表面即可，不会造成损伤。用表面电极引导记录的肌电图往往是由许多运动单位电位叠加而成的干扰相肌电图。由于体表的阻抗会显著影响测试结果，一般先去除测试部位皮肤表面的体毛，再用细砂纸轻轻擦拭皮肤，从而去除老死的角质层，最后用75%的医用酒精反复擦拭皮肤。

肌电是由运动神经系统产生的一种可测的电生理反应。从皮肤表面通过电极引导、放大、显示并记录下来的神经肌肉系统活动时的生物电信号，它与肌肉的活动状态和功能状态之间存在着不同程度的关联性，因而能在一定程度上反映神经肌肉的活动。在临床上广泛应用于诊断神经肌肉功能，判定神经系统、肌肉功能障碍及疾病治疗疗效等，在运动医学中用于肌肉疲劳、运动损伤程度的判定。在生物力学方面用于步态分析、疲劳分析、动作分析研究。

肌电信号振幅常用来解释肌力的大致情况，但是一定严格控制实验条件。很多因素可以影响肌电振幅，包括肌肉长度的变化、皮肤的阻抗以及电极的位置。因此，一般来说比较不同个体肌电的绝对值没有意义。所以不同个体间的肌电比较时，需要将肌电振幅标准化为相对值，比如与肌肉最大自主收缩（Maximum Voluntary Contraction，MVC）时肌电的比值。

一、表面肌电信号分析方法

肌电信号的分析方法有很多，主要有时域分析法、频域分析法和小波分析法等。时域分析指标有积分肌电（Integrated Electromyography，IEMG）、均方根振幅（Root Mean Square，RMS）等。频域分析指标主要有平均功率频率和中位频率等。小波分析法是一种将时域和频域相结合的分析方法。这些参数对于研究人体肌肉特征（协调程度、收缩类型及强度）和判断肌肉疲劳程度及损伤具有重大价值。

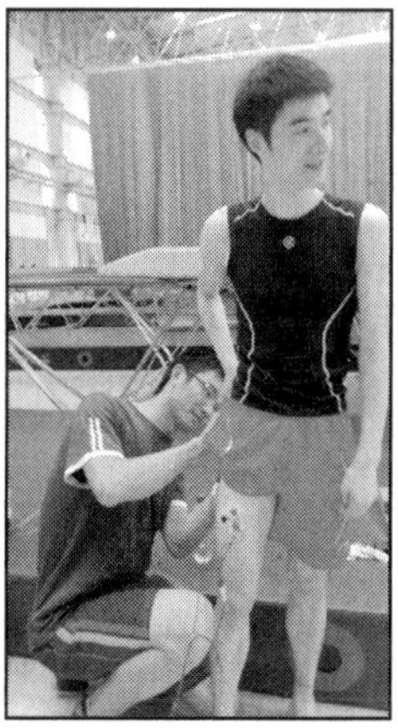

图6-22　肌电测试

（一）时域分析

时域分析是将肌电信号看作时间的函数，通过计算得到肌电信号某些统计特征，将这些统计特征作为信号特征用于模式分类。时域分析参数主要包括原始肌电、积分肌电、均方根振幅以及平均振幅等。肌电图上可得到肌肉参与活动的起始时间、各肌肉的活动时序，以及肌肉用力程度。这些都是表征运动技术质量的重要信息。

20世纪前期，大多数有关神经和肌肉协调关系的研究都是基于对原始肌电图的观察、分析。原始肌电图包含所有最基本的肌电活动信息，利用原始肌电图可定性研究肌电活动的振幅大小和时程长短，以此说明肌肉在某动作中所起的作用是主要的还是次要的，以及各肌肉激活的时序特征、肌肉是否参与运动。直至现在，应用原始肌电图定性分析和反应肌肉协调模式仍然是较好的手段。

积分肌电（IEMG）是指所得肌电信号经整流滤波求单位时间内曲线下面积的总和，即在时间不变的情况下，IEMG值的大小在一定程度上反映参加工作的运动单位的数量的多少和每个运动单位的放电大小。它可反映肌电信号随时间进行的强弱变化，这种肌电变化规律并不因为肌肉位置或用力方式的变化而改变，是评价疲劳的重要手段。

均方根振幅（RMS）是指一段时间内所有振幅的均方根值，可用来描述该时间内肌电的平均变化特征。RMS是放电有效值，其大小取决于肌电幅值变化，一般认为与运动单位的募集和兴奋节律的同步化有关。IEMG和RMS均能在时间维度上很好地反映肌肉活动状态，具有较好的实时性。

（二）频域分析

频域分析，主要是将肌电信号进行快速傅立叶转换（Fast Fourier Transform，FFT），获得肌电信号的频谱或功率谱，能较好地在频率维度上反映表面肌电的变化。该分析方法常用指标为平均功率频率（Mean Power Frequency，MPF）和中位频率（Median Frequency，MF）。研究结果发现，在完成相同负荷的工作状态下，肌肉疲劳会导致肌电的振幅值增加，而且肌电信号的傅立叶频谱曲线也会发生不同程度的左移现象，并导致反映频谱曲线特征的MPF和MF值相应下降，可以据此进行肌肉疲劳检测。

由于表面肌电通过快速傅立叶转换所得的频谱曲线并非为典型的正态分布，所以从统计学角度来看，应用中位频率描述频谱特征的变化优于平均频率，但在具体的研究中发现，在评价肌肉活动状态和功能状态的敏感性方面平均频率要优于中位频率。

（三）小波分析法

小波分析法是一种将时域和频域相结合的分析方法，又称为时频分析法。“小波”顾名思义就是小的波形，“小”指其具有较快的衰减性，“波”则指波动性。具有可变的时域和频域分析窗口，被称为数学显微镜，其作用类似宽带不变、中心频率可变的带通滤波器，在高频时使用短窗口，在低频时使用宽窗口，从而为信号的实时处理提供了一条可靠的途径。适当选择基本小波后通过二进伸缩和平移产生的一组正交函数，对于不同功能状态和活动状态下的肌电信号，可在不同尺度下观察其频率的变化和时间特性，可以在任意细节上分析肌电信号，且其对噪声不敏感，一次小波分析法是表面肌电信号分析的有力工具。

二、表面肌电和肌力的关系

中枢神经系统对肌力的控制主要是通过调节肌肉兴奋度和增加收缩的运动单位数量来实现的。而肌肉兴奋度的变化和参与收缩的运动单位的数量的变化都会引起肌电的变化。所以肌电信号与肌力必然存在某种关系。长期以来研究人员一直在试图确定肌电-肌力关系，从而利用肌电来估算肌力。但是精确地确定肌电-肌力关系十分困难。迄今为止，这方面的努力都未成功。确定肌电-肌力关系的主要困难在于（1）很难精确地得到单块肌肉的肌电和肌力；（2）很难确定肌电和肌力两种信号间的时间差，即肌电-肌力延迟（电机械延迟）（Electromechanical Delay，EMD）。比如，不同肌肉的肌电之间存在干扰；即使能够得到单块肌肉的受力，也仅限于动物模型，因为道德和法律不允许对人体做这样的实验。

大多数研究均使用等长收缩来研究肌电-肌力关系。稳定状态下的等长收缩会简化肌电-肌力关系。这些简化包括：（1）忽略肌肉长度-张力对肌电-肌力关系的影响；（2）忽略肌肉速度-张力关系对肌电-肌力的影响；（3）忽略肌电-肌力延迟。即使通过这样的简化，使用等长收缩得到的肌电肌力关系，在不同的文献结果中差异也很大。大部分研究发现肌电-肌力关系是线性的；但是也有研究表明肌电-肌力关系不遵循线性关系。

Woods的研究表明（图6-23），一些肌肉在低激活水平时，标准化后的肌电和等长收缩力不是线性关系。在他的研究中发现，在低激活水平下（小于30%MVC），肱二头肌、肱三头肌的肌电-等长收缩力关系是非线性的。他在研究中还测试了股外侧肌，不同受试者的测试结果存在差异性，有些人是线性关系，有些人不是。Woods对这一现象的解释是：首先，不同的肌纤维类型在肌肉中不是均匀分布。先被激发的低阈值的肌纤维大多在深层，所以被表面肌电电极得到的信号就要减弱很多。其次，即使肌肉中肌纤维均匀分布，因为I型和II型肌纤维有着不同的膜性质，也会导致肌电-肌力关系的非线性。II型肌纤维有着更高的静息电位、更高密度的Na离子通道、更高的动作单位上升期和传动速度。这些说明II型肌纤维可能比I型产生更高的EMG信号强度。Woods提出了肌肉中肌电和肌力呈非线性关系的解释。当肌肉激活在较低水平时，更多募集的是I型肌纤维，所以肌电-肌力系数比较低。当肌肉激活水平增加时，更多的是II型肌纤维募集，肌电-肌力系数就会增加。

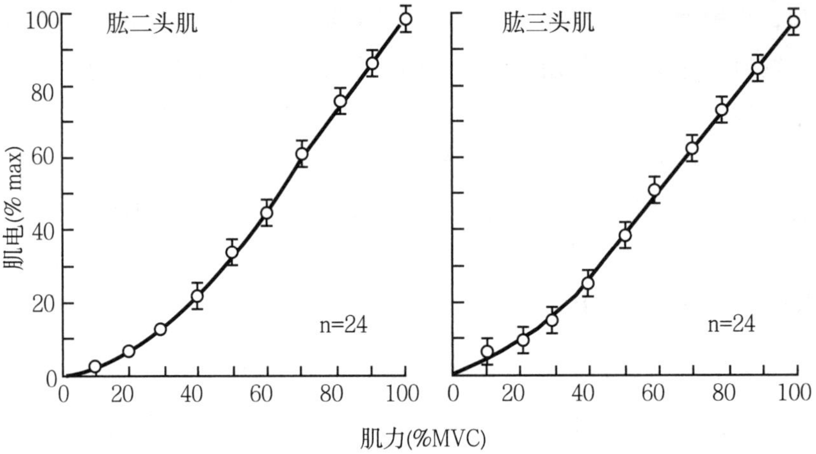

图6-23　标准化后的肱二头肌、肱三头肌的EMG与肌肉等长收缩力的关系

有些研究使用等动收缩（即关节角速度恒定的收缩）。然而恒定的关节角速度并不代表恒定的肌肉收缩速度。这些研究的结果也并不理想。所以在动态情况下，因为肌肉长度随时间变化，需考虑长度-张力关系和速度-张力关系。

应用肌电信号可以无损伤地完成骨骼肌纤维类型的预测，其基本理论依据是抗阻负荷过程中某些肌电信号特征与不同类型肌纤维比例呈一定的相关性，例如肌电信号的中值频率与I型肌纤维比例呈线性负相关，而与II型肌纤维比例呈线性正相关。但是利用肌电信号来预测骨骼肌纤维类型时，预测精度还需进一步提高。另外，不同肌肉活动类型也可以根据肌电现象进行分析。一般而言，动力性工作时肌肉收缩时间短，肌电时程小，发放频率高，振幅较大；而静力性工作时，肌电时程长，频率低，且振幅较小。因此，通过肌电信号的幅值和频谱特征，可以判断肌肉处于何种工作状态中。

在体育科学研究领域中，肌电技术还被应用在以下三个方面：其一，用于测定人体活动的反应时、运动时和电机械延时等生理特征，其研究结果可以用于运动员选材以及训练控制等；其二，从生理学角度分析肌肉活动的协调关系，通过肌电信号来评定某一动作中肌肉激活的先后顺序以及肌肉发力的顺序，可用于运动技术的分析和评价；其三，评定运动员的肌肉训练程度，一般而言，无训练者在完成某一动作时，由于不该参与活动的肌肉也参与作用，其肌电信息杂乱，而训练程度较高的运动员在完成相同动作时，肌肉放电整齐，并具有一定的规律性。

思考题

1. 人体惯量参数的测量有哪些方法？各有什么优缺点？
2. 在实际工作中如何选择二维拍摄还是三维拍摄？
3. 在拍摄中分别有哪些注意事项？
4. 生物力学中用于测量动力学指标的常用设备有哪些？分别可以获取哪些信息？
5. 足底压力测试在实际生活中有哪些指导性意义？
6. 什么是肌电图？在体育科学研究中，肌电技术常应用于哪些方面？

参考文献

[1] David A. Winter. Biomechanics and Motor Control of Human Movement[M]. Wiley, 2009.

[2] Gordon Robertson, Graham Caldwell, Joseph Hamill and Gary Kamen. Research Methods in Biomechanics[M]. Human Kinetics, 2004.

[3] 郑秀瑗. 现代运动生物力学（第2版）[M]. 北京:国防工业出版社, 2007.

中英文专业词汇

中文专业词汇	英文专业词汇
A	
阿基米德定律	Archimedes' Principle
B	
摆动动作	Swinging
摆动动作原理	Swinging Action Principle
鞭打动作	Whipping Action
鞭打动作原理	Whipping Action Principle
变速直线运动	Linear Motion with Accelaeration
伯努利定律	Bernoulli's Law
不稳定平衡	Unstable Equilibrium
C	
参考系（或参照系）	Reference System
测力台	Force Platform
冲量	Impulse
仰角	Tilt Angle
D	
蹬伸动作	Leg–extension
蹬伸动作原理	Leg–extension Action Principle
等速测试	Isokinetic Test
等长收缩（或静力性收缩）	Isometric Contraction
定轴转动	Fixed Axis Rotation
动量	Momentum
动量定理	Law of Momentum
动量矩定理	Law of Consercation of Moment
动量守恒定律	Law of Conservation of Momentum
动能	Kinetic Energy
动作技术原理	Sports Technical Principles
F	
非惯性参考系（动参考系或动系）	Non–Inertial Reference System
浮力	Buoyancy
浮心	Center of Floating
复杠杆原理	Complex Leverage
复合负荷	Composite Load
复合运动	General Motion
G	
刚度	Stiffness
刚体	Rigid Body
杠杆原理	Lever Principle
各向异性	Anisotropy
功	Power

中文专业词汇	英文专业词汇
攻角（迎角）	Attack Angle
骨的功能适应性	Functional Adaptation of Bones
固定轴	Fixed Axis
关节活动顺序性原理	The Principle of Joint Activities in Order
惯性	Inertia
惯性参考系（静坐标系或静系）	Inertial Reference System
惯性定律	Law of Inertia
轨迹	Orbit
H	
合力	Resultant Force
缓冲动作	Amortization
缓冲动作原理	Amortization Principle
回转半径	Radius of Gyration
混合支撑平衡	Mixed Support Balance
J	
肌电图	Electromyography (EMG)
积分肌电	Integrated Electromyography (IEMG)
肌力臂	Muscle Arm
肌力矩（动力矩）	Muscle Torque
肌肉松弛	Muscle Relaxation
机械能守恒定律	Law of Conservation of Mechanical Energy
激活状态	Active
极限应变（或延伸率、压缩率）	Maximum Strain
加速度	Acceleration
加载速率	Loading Rate
剪切负荷	Shear Load
角加速度	Angular Acceleration
角速度	Angular Velocity
角位移	Angular Displacement
静力学	Statics
绝对运动	Absolute Movement
均方根振幅	Root Mean Square(RMS) Amplitude
K	
快速傅立叶转换	Fast Fourier Transform
L	
拉	Pull
拉力负荷	Tensile Load
离心力	Centrifugal Force
离心收缩（或退让性收缩）	Eccentric Contraction
理想流体	Ideal Fluid

中文专业词汇	英文专业词汇
力臂	Arm
力点	Power Point
力矩	Moment
力偶	Couple
力偶矩	The Moment of a Couple
力学	Mechanics
流管	Flow Tube
流量	Flow
流体的连续性原理	Principle of Continuity Of Fluid
流线	Flow Lines
路程	Distance
M	
马格努斯效应	Magnus Effect
摩擦力	Friction
摩擦阻力	Friction Resistance
磨损	Wear and Tear
N	
牛顿第二运动定律	Newton's Second Law of Motion
牛顿第三运动定律	Newton's Third Law of Motion
牛顿第一运动定律	Newton's First Law of Motion
扭旋负荷	Twisted Load
扭转动作	Twisting Action
拍摄距离	Object–focal Point Distance
P	
疲劳性骨折	Stress Fracture
片流	Sheet Flow
频域分析	Frequency Domain Analysis
平动	Translation
平行轴定理	Parallel Axis Theorem
平衡杠杆或静止杠杆	Equilibrium Lever
平衡角	Equilibrium Angle
平均功率频率	Mean Power Frequency
平均加速度	Average Acceleration
平面定点拍摄	2D Videography with Fixed View
Q	
牵连运动	Implicated Movement
潜伏期	Incubation
强度	Strength
强度极限	Ultimate Strength
屈服应变	Yield Strain
屈服应力（屈服极限）	Yield Stress

中文专业词汇	英文专业词汇
躯干扭转动作原理	Torso Twist Action Principle
曲线运动	Curvilinear Motion
R	
人体惯量参数	Body Inertia Parameters
润滑性	Lubricity
S	
三维定点拍摄	3D Videography with Fixed View
上支撑平衡	Uper Support Balance
渗透性	Permeability
生物力学	Biomechanics
生物学	Biology
升阻比（滑翔数）	Lift–drag ratio
省力杠杆	Force Lever
实体轴	Physical Axis
时域分析	Time Domain Analysis
势能	Potential Energy
瞬时加速度	Instantaneous Acceleration
瞬时速度（即时速度）	Instantaneous Velocity and Speed
速度	Velocity
速度杠杆或费力杠杆	Speed Lever
速率	Speed
随遇平衡	Indifferent Equilibrium
T	
弹性力	Elastic Force
弹性势能	Elastic Energy
特征画面	Movement Characteristics Frame
投掷角（出手角）	Angle of Release
湍流	Turbulence
推	Push
W	
弯曲负荷	Bending Load
位移	Displacement
稳定角	Angle of Stablily
稳定平衡	Stable Equilibrium
稳定系数	Stability Coefficient
涡动	Whirl
涡旋	Vortex
Wolff定律	Wolff's Law
X	
下支撑平衡	Lower Support Balance

中文专业词汇	英文专业词汇
线速度	Linear velocty
相对运动	Relative Movement
相向运动	Opposite Movement
相向运动原理	Opposite Movement Principles
向心力	Centripetal Force
向心收缩（或克制性收缩）	Concentric Contraction
小波分析	Wavelet Analysis
斜抛运动	Projectile Motion
形状阻力	Shape Resistance
兴波和碎波阻力	Wave and Breaking Wave Resistance
“靴口”骨折	"Boots Mouth" Fracture
Y	
压力中心	Center of Pressure
压强	Pressure
压缩负荷	Compression Load
应变	Strain
应力集中	Stress Concentration
有限度的稳定平衡	Limited Stable Equilibrium
圆周运动	Circular Motion
匀速直线运动	Linear Motion with Constant Speed
运动生物力学	Sports Biomechanics
运动学	Kinematic
粘弹性	Viscoelastic
Z	
支撑反作用力	Ground Reaction Force
支撑面	Support Surface
直线运动	Linear Motion
质点	Particle
质心	Center of mass
中心频率	Center Frequency
重力	Gravity
重力势能	Gravitational Potential Energy
转动	Rotation
转动定律	Law of Rotation
转动惯量	Moment of Inertia
转动平面	Rotation Plane
转动轴	Rotation Axis
足底压力测定	Plantar Pressure Measurement
阻力矩	Moment of Resistance